부르주아 유토피아

교외의 사회사

로버트 피시만 지음
박영한 · 구동회 옮김

한국의 수필

Bourgeois Utopias

The Rise and Fall of Suburbia

Robert Fishman

Basic Books

1987

Bourgeois Utopias

The Rise and Fall of Suburbia

by Robert Fishman

Copyright © 1987 by Basic Books, Inc.
Korean translation copyright © 2000 by Hanul Publishing Co.
All rights reserved.
This Korean edition was published by special arrangement
with Perseus Books Group
through Shin Won Agency Co., Seoul.

이 책의 한국어판 저작권은 신원에이전시를 통한 Perseus Books Group와의 독점계약으로 도서출판 한울에 있습니다.
저작권법에 의해 한국 내에서 보호를 받는 저작물이므로 무단전재 및 복제를 금합니다.

옮긴이의 말

　도시와 시골 가운데 어느 곳이 더 살기 좋은 장소일까? 도시는 유익함과 편리함을 지니고 있고 시골은 아름다움과 건강함을 가지고 있다. 그렇다면 이 둘을 결합하면 사람들은 구하는 모든 것을 얻을 수 있지 않을까? 근대적 교외의 개념은 여기서 시작된다.
　18세기 영국의 시인 쿠퍼(William Cowper)는 "신은 시골을 만들었고 인간은 도시를 만들었다"고 노래했다. 그의 시구대로 도시는 인류 문명의 산물이자 새로운 문명 창조의 중심이었다. 그러나 산업혁명 이래 수많은 인구가 상대적으로 좁은 도시공간에 정착함에 따라 도시의 거주환경은 점차 악화되었다. 혼잡하고 불쾌한 도시에서 벗어나기 위해 막대한 부를 축적한 부르주아지는 새로운 형태의 주거양식을 추구하기 시작했다. '도시의 유익함·편리함'과 '시골의 아름다움·건강함'을 동시에 향유하기 위해, 부르주아지가 도심에서 주변지역으로 이주함에 따라 도시 주변지역에는 도시와 시골의 속성을 함께 지니는 새로운 주거지역이 형성되었고, 이 과정에서 우리가 지금 교외(suburb) 또는 교외지역(suburbia)이라 부르는 근대적 의미의 교외가 탄생하게 되었다. 그러므로 교외는 문명의 산물이며 근대 도시의 산물이다.
　이 책의 저자 피시만은 18세기 런던에서 근대 교외의 기원을 찾는다. 하지만 런던의 부르주아지가 18세기에 들어 급작스럽게 도시주택을 포기하고 완전히 새로운 주거양식인 교외주택으로 이주하지는 않았다. 그들은 그 중간 단계로 주말빌라(weekend villa)라는 주거양식을 선택했다. 즉, 상인 엘리트들이 도시의 본가(1차 주거)에서 주말빌라로 이주하면서 근대 교외가 형성되기 시작했던 것이다. 물론 교외는 접근성이 떨어지는 지역이라 사람들이 선호하는 장소가 아니었다. 런던에서도 18세기 중엽에 이르기까지 사람들이 선호하는 지역은 도심이었다. 당시에는 작업장과 주거가 결합되어 있었으므로 접근성이 양호한 도심이 사업을 하기에 가장 좋은 장소였다. 그러나 새로운 가족형태-폐쇄된 가정 중심의 핵가족-가 나타나면서 중산층의 작업장과 주거가 분리되기 시작했고, 이와 같은 작업장과 주거의 분리는 교외지역이 출현하게 되는 계기를 마련했다. 교외지역의 출현은 도시적 가치들의 총체적인 변형, 즉 중심과 주변의 의미 반전, 작업장과 가족생활의 분리, 새로운 도시공간형태의 창조를 필요로 했다.

저자의 주장에 따르면, 교외는 "앵글로 아메리카 중산층의 집합적 산물", 즉 부르주아 유토피아(Bourgeois Utopia)이다. 교외화는 성숙된 산업도시에 거주하는 중산층의 자동적인 운명이 아니었고 산업혁명이나 교통혁명에 대한 피할 수 없는 대응도 아니었으며, 경제구조와 문화적 가치에 토대를 둔 앵글로 아메리카 부르주아지의 의식적 선택이었다. 교외지역은 근대 가족의 복합적인 전망-도시의 부패에서 벗어나 자연과의 조화를 회복하고, 안정된 공동체를 건설하는 것-을 담아낼 수 있게 되면서 힘을 얻었다.

하지만 제2차세계대전 이후 사정은 달라진다. 인구와 기능이 점차 교외로 집중되면서 교외는 지금까지 우리가 경험하지 못했던 새로운 형태의 도시로 변모되었고, 그리하여 "전통적인 의미에서 보자면 도시도 아니고 시골도 아니고 교외도 아닌 탈중심화된 경관"이 출현하게 된다.

옮긴이의 말

　세계대전 이후 미국 대도시 주변지역의 변화과정을 교외화(suburbanization)로 볼 것인가, 탈중심화(decentralization)에 의한 새로운 도시의 형성으로 볼 것인가하는 문제는 매우 논쟁적인 주제이다. 피시만은 탈중심화 과정으로 파악하는 반면, 잭슨(Kenneth Jackson)은 교외화 과정으로 본다. 피시만은 중심도시에 의존적인 "전통적인 의미의 교외"와 대도시의 다양한 기능을 자족적으로 충족시킬 수 있는 "탈중심화된 도시"(decentralized city)를 구분하고, 전자의 종말과 후자의 출현을 주장한다. 그리하여 그는 로스앤젤레스에서 나타나고 있는 새로운 형태의 도시들을 중심도시의 교외가 아니라 주변도시 - 저자는 이를 "테크노버브"(technoburb), "테크노시티"(technocity)라 부른다 - 로 해석한다.

　교외화는 해방과 자유로움 그리고 밀려남과 탈출이라는 양면적인 의미를 함께 담고 있다. 시계열적으로 한국의 교외화를 조명해볼 때, 과거에는 후자의 경향이 강했으나 점차 전자를 추구하는 사람들이 늘어나고 있는 듯하다. 교외화는 지난 반세기에 걸친 한국 근대화의 공간적 표상이기에, 교외화를 이해하지 않고서는 도시성장의 프로세스를 논평하기가 쉽지 않다.

　그러므로 교외화는 한국 근대화의 실재를 밝히는 매우 중요한 주제이다. 1960년대 이후로 사회과학자들은 한국의 교외화를 연구해왔다. 예컨대 역자 중의 한 사람은 변화하는 도시의 실상을 밝히려는 의도에서 1960년대 서울주변지역의 교외화 현상에 대한 논문을 발표해 한국의 교외화 현상에 일찍이 관심을 가졌고, 또 다른 역자는 최근에 1990년대 수도권 전원주택 주민의 이주과정과 생활양식 변화를 통해 중산층 교외화의 새로운 징후를 포착한 바 있다.

이 책은 우리나라와 사정이 다소 다른 서양 도시들의 사례를 담고 있지만, 나름대로 우리 사회의 이해에 시사하는 바가 크다. 이 책에는 18세기 후반 런던에서 20세기 로스앤젤레스에 이르기까지 교외의 역사가 정리되어 있어서 한국의 교외화 과정을 '통시적으로' 연구하려는 사람들에게 많은 도움을 준다. '근대 한국사회에서 교외지역은 어떻게 발전되어왔고 전근대 도시와 근대 도시에서 교외지역은 어떤 역할을 담당해왔는가? 대도시권에서 새로운 도시의 출현은 어떤 의미를 가지며, 교외지역 및 전원 담론은 어떻게 상품화되어왔는가?' 독자들은 이런 의문에 대한 신선한 시각과 아이디어를 구할 수 있을 것이다.

대도시권의 현재를 진단하고 미래를 계획하기 위해 우리는 교외와 신도시의 성격을 구명하는 작업에 힘을 쏟지 않을 수 없다. 도시연구자와 도시계획가들은 교외를 "자연의 아름다움과 문명의 이기(利器) 사이의 중도" "안전하고 동질적인 공동체" "도시의 과잉인구와 사회문제에 대한 안전 밸브" 등으로 평가한다. 한국사회에서 교외는 이 가운데 어떤 역할을 담당하고 있을까? 혹시 그 어느 쪽도 아닌 잡동사니의 공간이 되어버린 것은 아닐까? 대도시 주변지역에 대한 체계적인 계획과 관리만이 이러한 우려의 목소리를 잠재울 수 있을 것이다.

이 책은 로버트 피시만(Robert Fishman)이 쓴 *Bourgeois Utopias: The Rise and Fall of Suburbia*(Basic Books, 1987)를 번역한 것이며, 필요한 곳에 역주를 달아 독자들의 이해를 돕고자 노력했다. 저작권 계약이 순조롭게 이뤄지지 않아 먼지를 듬뿍 뒤집어쓴 원고를 아무런 방도 없이 묵혀두다가 이제서야 내놓게 되었다. 베이직북스와 저작권 계약을 맺느라 고생하신 도서출판 한울의 소재두 영업기획실장님, 원고의 교정 및 교열 작업에 신경을 써주신 채은해 님 그리고 본서를 기꺼이 출판해주신 김종수 사장님께 깊은 감사를 드린다.

2000년 3월
옮긴이

지은이의 말

이 책은 유토피아[1]로부터 벗어나기 위한 시도로 착수되었다. 처음으로 썼던 책[2]에서 나는 20세기의 세 명의 계획가, 즉 에버네저 하워드, 프랭크 로이드 라이트, 르코르뷔제(나는 이들을 "도시 유토피안"이라 불렀다)를 다루었다. 이들은, 계획이란 이전에 존재했던 모든 도시형태들을 비타협적으로 거부하고 진보된 기술, 미학적 조화, 사회 정의에 토대를 둔 새로운 유토피아 도시의 건설을 추구해야 한다고 믿었다. 이들은 이상적인 20세기 도시형에 대해서는 전혀 동의하지 않았지만, 한 가지 중요한 사항, 즉 이상도시에는 교외지역(suburbia)[3]이 들어설 여지가 없을 것이라는 점에 대해서는 동의했다. 이들은 교외의 이상을 열정적으로 그리고 설득력 있게 공격했고, 당시 가장 영향력 있었던 몇몇 건축가 및 계획가 들은 이들의 주장을 지지했다.

나는 이 세 계획가들의 유토피아적 비전에서 영감을 받았으나, 이들의 이상도시계획들은 대개 탁상공론에 그쳤고 건설될 경우에도 실망스러운 것이

---

1) [역주] 유토피아라는 명사를 최초로 사용한 사람은 토마스 모어인 듯하다(M. Marin, *Utopics: Spatial Play*, translated by Robert A. Vollrath, New Jersey: Hamanities Press Inc., 1984). utopia의 어원은 ou(not, no) + topos(place)로, '어디에도 없는 곳', 다시 말해 현세에는 존재하지 않는 이상향을 의미한다. 그러나 엘리아브-펠던은 유토피아를 다소 좁은 의미로, 즉 인간이 의식적인 노력을 통해 지상에 건설한 이상사회를 지칭하는 것으로 사용한다(M. Eliav-Feldon, *Realistic Utopias: the Ideal Imagery Societies of the Renaissance 1516-1630*, Oxford: Clarendon press, 1982, pp.2).
2) [역주] 피시만이 1982년에 쓴 *Urban Utopias in the Twentieth Century: Ebenezer Howard, Frank Lloyd Wright, Le Corbusier*(the MIT Press)를 말한다.
3) [역주] 이 책에는 suburb와 suburbia라는 두 가지 용어가 교외를 지칭하는 것으로 사용되고 있다. 이하에서 suburb는 '교외'로, suburbia는 '교외지역'으로 번역한다.

었음을 떠올리지 않을 수 없다. 그러는 동안 교외의 이상은 근대 도시의 구조를 변형시키려는 현실세계의 보통사람들로부터 많은 지지를 얻고 있었다. 이와 같은 명백한 사실로부터 나는 교외지역의 역사에 대한 연구가 내가 처음에 썼던 책에 결여되어 있는 몇몇 중대한 교훈들을 가르쳐주리라는 사실을 깨닫게 되었다. 효과적이라고 입증된 새로운 도시형태를 창조한 진정한 원천은 무엇인가? 도시 성장을 이끄는 실질적인 원동력은 무엇인가? 새로운 사상들이 건조환경(built environment)을 변형시키는 힘을 가진 사람들에게 선수되는 메커니즘은 무엇인가? 특히 누가, 왜 교외를 만들어냈는가? 교외지역이 중산층을 완전히 사로잡게 된 원인은 무엇인가?

이 질문들에 대한 답을 구하기 위해 나는 내가 생각했던 것보다 훨씬 이전의 시공간, 즉 18세기 런던의 교외 그리고 그 이후의 무수한 다른 교외들로 거슬러 올라갔다. 그러나 나는 곧 내가 증명하고자 시도하고 있었던 투기적 건설업자와 토지개발업자의 실용적 작업 배후에는 강력한 문화적 이상이 깔려 있음을 깨달았다. 즉, 교외지역은 엄밀한 의미에서 유토피아로 이해되어야 한다고 믿게 되었다. 궁극적으로 교외지역의 힘은 교외 디자인이 (도시의 부패에서 해방되고 자연과의 조화를 회복하며, 부와 독립을 부여받았지만 잘 짜여진 안정된 공동체에 의해 보호받으려는) 근대 가족의 복합적이고 강제적인 비전을 담아낼 수 있다는 데서 비롯되었다. 계획가들이 생각하는 유토피아와는 달리, 교외지역은 한 천재가 혼자서 생각해낸 것이 아니었다. 오히려 교외지역은 앵글로 아메리카 중산층의 집합적 창조물, 즉 부르주아 유토피아(bourgeois utopia)였다.
 나는 '부르주아'와 '유토피아'가 쉽게 연결되지 않는다는 사실을 알고 있다. '부르주아'는 완고한 물질중심주의 그리고 이상에 대한 경멸을 내포하며, 이는 유토피아주의와 정반대되는 것인 듯하다. 실제로 이런 패러독스는 교외지역에 대한 나의 분석에서 핵심적인 지위를 차지하고 있다. 다른 근대적 유토피아들은 집합적이었지만, 교외지역은 사적 소유와 개별 가구를 중요시하면서 공동체적 비전을 구축했다. 교외지역은 토지 투기의 가변적인 물결 위에 공동체의 안정을 위한 희망을 정초했으며, 부의 궁극적 원천인 도시의 노동 세계를 배제해 인간과 자연이 조화될 수 있는 길을 열었다. 아마도 멈포드(Lewis Mumford)는 저서 『도시의 문화』(The Culture of Cities, 1938)에서 부르주아 유토피아의 이런 패러독스[4]를 가장 잘 표현했을 것이다. 여기서 그는 교외지역을 "사적인 삶을 영위하려는 집합적 노력"이라고 기술한다.
 문화형태들은 이런 모순들 위에서 번성하며, 교외 비전의 이와 같은 불가능성으로 말미암아 여러 건축가와 계획가 들은 훨씬 더 상상력이 풍부한 부르주아 유토피아의 형태들을 구상해야만 했다. 토지 투기자, 건설업자, 투자자, 주택구입자 들의 노력과 더불어, 이들의 설계는 '교외지역의 성장'을 이끌었다. 교외지역은 18세기 런던 상인들 가운데 일부 엘리트들을 위해 계획

---

 4) [역주] 중산층의 안정된 공동체를 건설하기 위해 자신들의 부의 축적의 원천이 되는 작업장을 중산층의 주거로부터 배제해야만 하는 역설. 저자는 이와 같은 작업장과 주거의 분리가 교외지역이 발전하게 된 전제조건이었다고 주장한다.

된 주변적 형태로부터 앵글로 아메리카 중산층이 선택할 수 있는 주거로, 그리고 모든 근대적 대도시를 재구성할 수 있는 도시형태로 성장했다.

이런 현저한 성장은 '교외지역의 몰락'이라는 나의 개념 안에도 있다. 도시로의 회귀를 예언하려는 것은 아니다. 또한 버려진 필지의 구불구불한 가로에서 자라는 잡초를 예언하려는 것도, 텅 빈 쇼핑몰을 휩쓸고 지나가는 바람을 예언하려는 것도 아니다. 내가 말하고 싶은 것은 그와 반대되는 것이리라. 전후 가장 중요한 도시 기능들이 대거 탈중심화되면서 과거 200년 동안에 걸쳐 교외를 발선시켰던 기본적인 도시환경이 크게 바뀌있다. 그 결과 도시와 시골의 순수한 종합으로서의 교외라는 본래적인 개념은 그 의미를 잃었다. 더 이상 순수 주거용의 '부르주아 유토피아'를 집중된 도시 중심부와 대비해 정의할 수 없다. 왜냐하면 교외 주변부가 첨단 기업과 핵심 기업들이 선호하는 장소가 되었기 때문이다. 여하튼 교외지역은 아주 잘 계승되어왔다. 교외지역은 교외의 성장을 열렬히 옹호하는 사람들조차도 결코 바라지 않는 것-새로운 형태의 도시-이 되어왔다.

이 책을 쓰는 동안 아낌 없는 도움을 준 베이직 북스(Basic Books)의 사장이자 편집장인 마틴 케슬러에게 우선 감사하고 싶다. 그의 충고와 격려-무엇보다도 이 기획에 대한 그의 확고한 믿음-가 없었다면 이 책은 출간될 수 없었을 것이다. 뉴욕 인문학연구소의 토마스 벤더가 조직한 도시문화 세미나에 참여할 수 있었던 것은 행운이었다. 이 모임을 통해 나는 마셜 버만, 크리스틴 보이어, 피터 버클리, 엘리자베스 켄달, 린다 노클린, 앤슨 라빈바흐, 볼

프강 쉬벨부시, 칼 쇼스케, 리차드 세넷, 크리스티나 스펠만, 수잔 스콰이어, 윌리엄 테일러, 안소니 비틀러 등 저명한 학자들과 빈번히 접촉했고, 그들의 생각과 논의로부터 도시와 문화에 대한 감명적인 교육을 받았다. 아울러 물질적인 지원을 해준 앤드루 W. 멜론 재단과 럿거스 연구위원회에 감사드린다.
 런던의 런던시립도서관, 맨체스터 중앙도서관의 지방사 전집과 고기록, UCLA의 특별장서부 등 세 도서관에 소장된 도시역사에 관한 최고의 장서들은 이 책의 문서 범위를 한층 높여주었다. 숙모와 숙부인 도로시와 허만 J. 피시맨께서 환대해주셔서 나는 로스앤젤레스에 오랫동안 머무를 수 있었다. 도날드 J. 올슨은 유럽 도시에 관한 해박한 지식을 기꺼이 나누어주었고, 존 서머슨 경은 혼자서는 결코 찾아내지 못했을 공공기록보관소의 중요한 자료에 대해 알려주었다. 앤드루 리와 린 홀렌 리는 충고와 정보와 격려를 그리고 무엇보다도 우정을 보여주었다. 나는 조지 버나드 쇼가 두 사람의 저명한 도시사학자, 시드니와 비트리스 웹에게 말했던 것을 이야기함으로써 그들에게 감사의 뜻을 표하고자 한다. "그들 각각은 하나의 힘이다. 그리고 그들의 결혼은 저항할 수 없는 큰 힘이었다."
 나는 친구이자 동료인 故 루이스 포만(1913~87년)에게 가장 큰 빚을 졌다. 가르침과 배움에 대한 그의 애정은 이 책을 쓰는 동안 내내 변함 없는 영감을 주었다.

Bourgeois Utopias
부르주아 유토피아 ▪ **차례**

옮긴이의 말 ▫ 5
지은이의 말 ▫ 10
서론 ▫ 17
제1장 런던: 교외지역의 탄생지 ▫ 34
제2장 부르주아 유토피아 만들기 ▫ 58
제3장 교외와 산업도시: 맨체스터 ▫ 102
제4장 도시성 대 교외성: 프랑스와 미국 ▫ 137
제5장 고전적 교외: 필라델피아의 철도 교외 ▫ 174
제6장 로스앤젤레스: 교외 대도시 ▫ 200
제7장 교외지역을 넘어: 테크노버브의 출현 ▫ 237
찾아보기 ▫ 265

서론

> 이집트와 그리스의 사원, 로마의 목욕탕과 원형극장, 중세의 대성당과 성곽이 과거 문명의 정신을 이해할 수 있게 해주듯이, 교외건축은 근대 문명의 정신과 성격을 드러낸다. César Daly, 1864[1]

모든 문명은 값진 기념물들을 가지고 있다. 부르주아 자본주의의 승리는 기술과 이윤의 결합을 축복하는 거대한 철골조 건조물들(철도역, 전시장, 현수교, 마천루)에서 가장 잘 드러나는 듯하다. 사람들은 교외지역을 카라칼라 욕장(浴場)[2]이나 샤르트르 대성당의 근대적 등가물로 간주하지 않는다.

그러나 위에서 인용한 달리처럼, 만약 우리가 "근대 문명의 정신과 성격"을 가장 잘 보여주는 건축을 찾고 있다면, 교외지역은 공장이나 마천루 자체보다도 그 건축물들을 건설한 문화에 대해 더욱 많은 것을 말해줄 것이다. 왜냐하면 교외지역은 또한 전형적인 중산층의 창조물이었고, 아마도 주택건축의 역사에서 주거와 도시 사이의 관계에 대한 사고를 완전히 뒤바꾸어버렸기 때문이다. 교외지역은 가족 및 가정생활의 강조에 토대를 두고 형성되었고, 부르주아 사회의 가족 및 가정생활의 강조는 고대 도시의 공공 건축이 찬양한 긴밀한 시민생활에 상응하는 것이었다. 각각의 교외주택이 아무리 평범하다 할지라도, 교외지역은 중세의 성곽만큼이나 인상적으로 계급의 부와

---

1) César Daly, *L'architecture privée au XIXe siècle sous Napoléon III*, 2 vols. in 3(Paris:Morel, 1864), 1:20; 저자 옮김.
2) [역주] 로마 시대(216년)에 만들어진 콘크리트 건물. 로마 대욕장으로는 유일하게 많은 부분이 아직도 고스란히 남아 있다.

득권을 드러낸다. 교외지역은 가족 생활의 새로운 이상을 구현하고 있다. 이런 이상은 풍부한 감성으로 가득 차 있어서 부르주아지는 가정을 어떠한 경배의 장소보다 신성한 곳으로 생각하게 되었다. 달리가 글을 쓴 이래로 100여 년 간의 대대적인 교외발전과정을 보건대, 모든 부르주아 사회의 진정한 중심은 중산층 주택임을 확인할 수 있다. 만약 당신이 부르주아지의 기념물들을 찾으려 한다면, 교외로 나가 주위를 둘러보라.

교외지역은 주거용 건물들의 집합체 이상의 의미를 가진다. 교외지역은 중산층 문화에 아주 깊이 뿌리박혀 있는 가치들을 표현하며, 따라서 이는 부르주아 유토피아라 명명될 수도 있을 것이다. 하지만 이 '유토피아'는 언제나 불완전한 파라다이스에 불과했다. 즉, 그것은 도시의 위험요소로부터의 피난처이자 부르주아 사회 자체의 조화롭지 못한 요소들로부터의 도피였다. 발생 초기부터 여가, 가족생활, 자연과의 합일을 추구한 교외지역은 배제의 원리에 기초해 형성되었다. 노동은 가족의 주거로부터 배제되었고, 중산층 빌라들은 노동계급주택과 분리되었으며, 교외지역의 푸른 경관은 회색빛을 띤 오염된 도시 환경과 대조를 이루었다. 교외의 형성으로 노동과 가족생활이 양분됨으로써 중산층 여성은 큰 영향을 받았다. 이 새로운 환경은 가족 내에서 여성들의 지위를 상승시킬 수 있었지만, 그것은 또한 권력과 생산의 세계로부터 여성들을 분리시켰다. 이와 같은 자기 분리는 곧 부르주아 문화의 모든 측면들을 감쌌다. 따라서 교외지역은 부르주아 유토피아(중산층의 가치들을 자신만만하게 주장하는 것)보다 더 많은 것을 표현한다. 또한 그것은 중산층 자신들이 창조하고 있었던 도시산업세계로부터 중산층이 소외됨을 뜻한다.

이 책에서 나는 근대 문화와 근대 도시에 대해 교외지역이 가지는 의미를 이해하고자 한다. 이를 위해 먼저 18세기 후반으로 거슬러 올라가 이런 도시 형태를 추적하고, 다음으로 교외의 디자인 전통이 현재에 이르기까지 어떻게 발달해왔는가를 보여줄 것이다. 다른 여러 가지 창조물들과 마찬가지로 부분적으로 교외지역이 언제나 당시의 일인 듯했다는 이유로 나는 이와 같은 역사적 방법을 채택했다. 교외가 1945년 이전에도 존재했다는 것을 알고서 미국인들은 종종 놀라움을 금치 못한다. 달리조차도 그가 목격했던 중기 빅토리아 시대의 영국 교외가 그가 글을 쓴 시기보다 한 세기 전에 있었던 도시혁명의 산물이었다는 사실을 모르고 있었다.

18세기 교외지역의 기원을 검토해야만, 그것이 근대 도시의 변형에서 담당했던 역할뿐만 아니라 그 이전에 있었던 모든 도시구조와의 결별이라는 것을 이해할 수 있다. 대도시 구조에서 이와 같은 '교외혁명'을 명료하게 하기 위해서, 우선 '교외'(suburb)의 의미를 분명하게 정의해야 한다. 교외라는 단어는 글자 그대로 '도시 너머'(beyond the city)를 의미하며, 대도시 주변부에 있는 모든 취락을 지칭할 수 있다. 대도시의 팽창으로 잠식되고 있는 과거의 공장도시나 도시 주변부에 새로이 건축된 공업지역은 엄밀한 의미에서 아주 부유한 침상공동체와 마찬가지로 교외이다.

하지만 이 책에서 나는 특권적인 중산층 교외에만 관심을 기울이며, 대도시 외곽에서 나타나는 주거공동체를 가리킬 때에만 '교외'(suburb)와 '교외지역'(suburbia)이라는 단어를 사용할 것이다. 물리적으로 도시 중심부와 분리되어 있음에도 불구하고 교외는 교외의 주민들이 중심부에 직장을 가지고 있으므로 경제적으로 도시에 의존한다. 또한 교외는 전문 오피스, 백화점, 전문 상가, 병원, 극장 등 도시생활에 필요한 주요 시설들에 대해 문화적으로 중심부에 의존한다. 게다가 진정한 교외는 시가지에 이르는 조밀한 도시 가로들의 집합체 이상의 것이다. 교외는 공원처럼 개방된 녹지공간을 배경으로 단독주택이 탁월하게 나타나는 저밀도 환경을 구성할 수 있을 만큼 크고 동질적이어야 한다.

나는 교외가 반드시 독립된 정치적 단위일 필요는 없다는 점을 강조하고 싶다. 19세기에 교외를 건설할 장소를 물색할 때, 개발업자들은 중심도시와의 위치관계 및 중심도시로의 접근성과 같은 문제들을 신중하게 고려했으나, 매력적인 장소가 중심도시의 정치적 관할권역 안인가 바깥인가 하는 문제는 사실상 무시했다. 20세기에 와서야 독립된 정치적 정체성은 독립된 사회적 정체성이나 디자인의 정체성을 유지함에 있어서 중요하게 되었다. 오늘날에도 대부분의 대도시들은 내가 정의한 교외들을 권역 안에 포함하고 있다.

따라서 교외지역은 첫째, 그것이 포함하고 있는 것-중산층 주거-에 따라 정의될 수 있으며, 둘째, (아마도 더 중요한 것으로서) 그것이 배제하고 있는 것-모든 공업, 주거지역에 분명하게 도움을 주는 업체를 제외한 대부분의 상업, 그리고 (하인을 제외한) 모든 하층민-에 따라 정의될 수 있다. 이런 사회·경제적 특징들은 모두 교외의 주택건축과 조경의 전통에 따라 설계에 표현된다. '그림 같다'(picturesque)라는 영어식 표현에서 유래된 이런 전통은 교외를 도시 및 시골과 구별지어주며, 진정한 교외의 특징인 심미적인 '도시와 시골의 화합'을 만들어낸다.

교외지역이 전근대 도시의 기본 조직원리와 얼마나 모순적인지를 보기 위해서는 이런 정의를 18세기 도시와 대조해보면 된다. 전근대 도시들은 중심부에 엘리트를 위한 최적의 영예로운 환경을 조성하고, 성벽 바깥의 도시 주변부에 초라한 지역, 즉 빈민들과 아주 불쾌한 제조업들이 밀려나 있는 빈민가(판자촌)를 배치하는 것을 원리로 건설되었다.

이런 측면에서 전형적인 전근대 도시이고, 본 연구와 밀접한 관련성을 가지고 있는 도시인 런던의 중심부에서 변두리로 옮아감에 따라 소득과 사회적 지위는 현저하게 떨어졌다. 이와 같은 사회적 구별은 언어 그 자체에 담겨 있었다. 14세기 초기 용례부터 18세기 중엽에 이르기까지, 교외-즉, 도시 주변부의 취락-는 (옥스포드 영영사전의 정의에 따르면) "열등하고 질이 떨어지며, 특히 방탕한 생활 습관이 나타나는 장소"를 의미했다. 초서(Chaucer)의 『캔터베리 이야기』(Canterbury Tales)에서 성당승의 시종은 자신과 허리가 구부러진 연금술사인 그의 주인에 대해 다음과 같이 말한다. "우리는 '도시의 교외에' 살아요. 우리는 강도와 도둑들이 본능적으로 찾아들고, 남모르게 무시무시하게 몰려다니는 길모퉁이와 막다른 골목에 숨어살지요…."3)

---

3) Chaucer, *Canterbury Tales*, Canon's Yeoman's Tale, Lines 557-60:
"In the suburbes of a town…

셰익스피어 시대 런던의 경우, 수많은 창녀촌은 이와 같은 평판이 좋지 못한 변두리로 이주했고 매춘부를 "교외의 죄인"이라 불렀으며, 어떤 사람을 "교외거주자"라 부르는 것은 심한 모욕이었다.4) 19세기의 한 작가는 17세기 크리플게이트(Cripplegate)의 교외 주민들을 다음과 같이 묘사했다.

무두장이(가죽을 무두질하는 사람), 모피 상인(가죽을 벗기는 사람), 장선(腸線) 만드는 사람, 수지(獸脂짐승 기름) 용해업자, 헌 옷 장수, 장물아비, 숯 파는 사람, 모조보석 제조업자, 화폐 주조자, 위조화폐 주조자, 은 세공업자(손에 들어올 모든 은식기를 밤낮 할 것 없이 가공할 수 있는 도가니를 가지고 있었다), 해로운 장사를 하는 임금 노동자, 부정한 상인 … 인장·지폐·문서 위조자, 전문 소매치기, 도박꾼 및 기타 도둑, 마술사, 마법사, 점쟁이, 거지, 매춘부들이 여기서 은신처를 구했다.5)

만약 근대 교외가 부유한 사람들이 거주하기로 선택한 주변지역이라 정의될 수 있다면, 전근대 도시에서 그런 지역은 글자 그대로 상상도 할 수 없었으며, 또한 기본적인 도시구조와 모순되는 것이었다.

사실 상업과 공업이 배제된 주거지역 개념조차도 전근대 도시에서는 상상할 수 없는 것이었다. 1750년 이전 런던과 같은 도시의 기본 원리는 작업장과 주거를 각각의 주택 안에 자연스럽게 결합하는 것이었다. 거의 모든 중산층 사업체들은 가족의 연장선이었고 스피탈필즈(Spitalfields)의 직조공은 베틀(직기)을 집안에 두었으며, 식료잡화상은 상점 위층에 살았다. 은행가는 자기 집 응접실에서 업무를 수행했고 상인은 지하실에 물건을 저장해두었으며, 가족과 더불어 도제(徒弟)들과 함께 거주하면서 그들을 부양했다.

이처럼 작업장과 주거가 밀접하게 연결되어 있었기에, 부유한 부르주아지는 도심을 대체로 선호했다. 작업장과 주거가 결합되어 있을 경우, 사업을

  Lurkynge in hernes and in lanes blynde,
  Whereas thise robbours and thise theves by kynde
  Holden hir pryvee fereful residence …."
4) *Oxford English Dictionary*, s.v. "suburb".
5) Quoted in Pat Rogers, *Grub Street : Studies in an Subculture*(London: Methuen, 1972), 26.

하기에 가장 좋은 장소가 주택의 입지를 결정했다. 상업도시에서 이와 같은 입지는 거의 언제나 도시 중심부에서 사람들이 가장 붐비는 지구였다.

여기서 나는 상대적으로 부유한 중심지역조차도 근대적 의미에서 상류층 근린이 아니었다는 점을 강조하고자 한다. 하나의 기능―주거 지구 또는 업무 지구―을 가지는 지구 개념이 전근대 도시에서는 낯선 것이었던 것처럼, 단일 계층으로 구성된 지구도 또한 그러했다. 스트라이프(John Strype)는 필즈(Fields)의 성 길레스(St. Giles)의 특권교구를 "부자, 즉 귀족, 젠트리 그리고 평민(빈민들이 아주 많다)이 섞여 있는 곳"6)으로 묘사한다.

기껏해야 부자들은 대로를 향한 대규모 타운하우스(townhouse)를 점유하고 있었을 것이다. 그러나 빈자들은 좁은 골목이나, 글자 그대로 부자들의 뒤뜰에 있던 안마당에 몰려들 수밖에 없었다. 스트라이프가 말한 이와 같은 "잡동사니 근린"은 아무런 문제 없이 수용되었다. 때때로 빈자들은 인근 주택에서 일하는 하인이거나 도시 전역에 퍼져 있던 소규모 공장들의 노동자였다. 18세기의 한 작가가 언급했듯이 "여기에 아주 지위가 높은 사람이 산다. 그 옆집에는 악취가 코를 찌르는 도살장을 가진 푸주한이 산다! 귀족의 훌륭한 베니스풍 창을 통해 수지양초 제조업자가 보일 것이다. 그리고 구덩이에서 일하는 두세 명의 벌거벗은 강건한 제혁공은 뒤켠 개인방의 말쑥한 숙녀와 마주할 것이며, 그녀의 영적인 사유를 어지럽힐 것이다."7) 여기서 우리는 20세기 '탈교외적' 계획가들이 종종 낭만적으로 그리는 '혼합용도'를 발견한다. 이런 혼합용도는 물건을 취급하는 상인들의 집 주위에 작업장들이 밀집해 있었던 것처럼, 대개 기능적 토대를 가지고 있었다. 때때로 알세이셔(Alsatia: 옛날 런던의 범죄자나 빚에 쫓긴 사람들의 도피 장소)라는 악명 높은 '범죄지구'가 영국 법률의 중심지인 템플8)에 인접해 있었던 것처럼, 이상

---

6) John Strype in John Stowe, *A Survey of the Cities of London and Westminster and the Borough of Southwark*[orig.ed. 1598], "corrected, improved, and very much enlarged in the year 1720" by John Strype, 6th ed., 2 vols.(London: Innys & Richardson, 1754-55), ii, 76.

7) Anonymous article in *Old England*(London), 2 July 1748.

야릇한 혼합용도가 나타나기도 했다.9) 여하튼 근대 교외의 기본 원리는 전근대 도시에서는 전례가 없는 것이었다.

따라서 우리가 아는 교외는 전근대 도시에서 저절로 또는 필연적으로 발생한 것이 아니었으며, 본래 '교외'라는 이름을 달고 있었던 평판이 좋지 않은 외곽지역에서 비롯된 것은 더더구나 아니었다. 교외지역의 출현은 도시적 가치들의 총체적인 변형, 즉 중심과 주변의 의미 반전뿐만 아니라 작업장과 가족생활의 분리, 새로운 도시공간형태(계급적으로 분리되어 있고 주거전용지구가 있는)의 창조를 요했다.

그러면 누가, 왜 교외지역을 만들어냈는가? 이 질문에 답하는 것은 이 책의 중심 명제를 정식화하는 것이다. 이 책의 중심 명제는, 교외지역은 사실상 문화적 창조물, 즉 경제구조와 문화적 가치에 토대를 둔 앵글로 아메리카 부르주아지의 의식적 선택이었다는 것이다. 교외화는 '성숙된 산업도시'에 사는 중산층의 자동적인 운명도 아니었고, 산업혁명이나 소위 교통혁명에 대한 불가피한 대응도 아니었다.

하지만 교외지역이 독창적인 창조물이라 할지라도 그것은 한 천재적인 건축가가 하나의 비전을 가지고 근대 교외를 기획하고 그것이 점차 계획가들에게 마침내 중산층에게 영감을 주어 만들어진 것이 아니었다. 실제로 이와 같은 교외 설계의 역사에서 전문 건축가들과 도시 계획가들은 극히 한정된 역할을 한다.

나는 교외지역이 18세기 후반 런던의 부르주아 엘리트의 집합적 창조물이었다고 생각한다. 교외지역은 시행착오를 거듭하면서 점진적으로 그리고 익명적으로 발전되었다. 부유한 런던 은행가와 상인 들은 자신들의 가치들을 반영하는 독창적인 통합체를 창조하기 위해 이용할 수 있는 여러 가지 전통

---

8) [역주] 영국 런던의 플리트 거리에 있는 일련의 빌딩들. 한때 이 지역의 토지를 소유했던 중세의 종교·군사단체인 템플기사단의 이름을 따서 명명되었다. 템플교회를 둘러싸고 있는 이 빌딩들은 현재 영국의 4개 법학협회 가운데 2개인 이너템플과 미들템플이라는 변호사 협회의 소유이다.

9) *Encyclopaedia Britannica*, 11th ed., s.v. "London."

적인 주택형태들을 가지고 실험했다. 교외지역은 계획된 것이 아니라 즉흥적으로 건설되었다. 교외지역의 발전과정은 당시 산업혁명의 과정과 유사했다. 잉글랜드 북부에서 일어난 산업혁명도 시행착오를 통한 적응에 의해 진행되었다. 두 사례에서 물질 세계를 자신들의 욕구에 적합하게 조정하는 계급의 힘(재원과 자신감)이 느껴진다.

교외지역의 형성에 영감을 준 동기들은 복잡다단했으며, 나는 다음 장에서 그 동기들을 살펴볼 것이다. 여기서는 내 생각에 가장 중요하다고 여겨지는 단 하나만을 강조하고자 한다. 교외지역을 창조한 런던 부르주아지는 또한 새로운 가족형태를 경험하고 있었다. 스톤(Lawrence Stone)은 이를 "폐쇄된 가정 중심의 핵가족"이라 불렀다. 내부지향적이고, 강력하고 배타적인 인적 유대로 통합되어 있는, 그리고 스톤이 말하듯이 "핵가족 단위를 둘러싼 경계를 강조하는" 이 가족들은 작업장과 도시의 침입으로부터 자신들을 분리시키고자 했다. 이 새로운 가족 유형이 중산층의 작업장과 주거를 분리시키는 감성적 힘을 형성했다.[10]

이제 부르주아의 주거는 전통적인 패턴을 벗어나 완전히 가정적 환경 - 경제적 단위라기보다는 감성적 단위로서 주로 기능하는 가족의 집 - 으로 다시 설계되었다. 게다가 과거의 사업 입지의 논리가 요구했던 것과는 달리, 이런 집은 혼잡한 도심지역에 한정될 필요는 없었다. 도시를 떠나 런던을 둘러싸고 있는 그림 같은 마을에서 보다 적합한 환경을 자유롭게 구할 수 있었다. 개인마차를 타고 손쉽게 통근할 수 있는 거리 안에서 상인들과 은행가들은 여가, 이웃의 정, 번영, 가족생활을 누릴 수 있는 '부르주아 유토피아'를 건설할 수 있었다.

이와 같은 문화적 추동력이 교외화를 이끌었지만, 곧 강력한 경제적 동기가 가세했다. 교외 개념은 이전에 대도시의 성장권역을 훨씬 넘어서는 지역에 있는 상대적으로 저렴한 농지가 큰 수익을 얻을 수 있는 대지로 전환될

---

10) Lawrence J. Stone, *The Family, Sex and Marriage in England, 1500-1800*(New York: Harper & Row, 1977), part 4.

수 있는 가능성을 높였다. 이런 가능성은 교외 팽창을 촉진하는 거대한 엔진이었다. 내가 3장과 4장에서 밝히고자 하는 이유로, 잉글랜드와 미국의 건설업자들은 도시 내부에 중산층 지구를 만드는 힘겨운 도전에 적응하는 것보다는 교외 개발의 요구에 훨씬 쉽게 적응했다. 교외지역은 훌륭한 가정일 뿐만 아니라 훌륭한 투자대상으로 판명되었다.

따라서 중산층 교외화는 팽창하는 앵글로 아메리카 도시의 구조적 논리가 되었다. 그것은 옴스테드(Frederick Law Olmstead)가 "현시기 문명의 가장 두드러진 특징은 … 대도시로 사람들을 몰려들게 하는 강력한 경향"[11)이라 인식했던 것의 필수적인 부분이었다. 교외지역은 도시로부터의 탈출인 듯하지만 보다 넓은 지역적 관점에서 본다면, 교외화는 분명 농촌지역 및 소도시의 인구를 뽑아내어 웰스가 말한 "소용돌이 도시"[12)로 인구와 생산시설을 집중시키는 광범위한 대도시 성장 및 통합 과정의 외곽지대였다.

1800년에는 영국인의 17%가 인구 20,000명이 넘는 취락에 거주했다.[13) 당시 도시들은 소비, 제조, 교역이 고도로 전문화되어 있는 장소였다. 전세계의 실질적인 노동은 마을과 시골에서 일어났다. 하지만 1890년경에는 영국인의 72%가 '도시화된' 지역에 거주했다.[14) 1800년 미국에서는 4% 미만의 인구가 인구 10,000명 이상의 도시에 거주했고, 1890년경에는 그 수치가 28%에 이르렀다.[15) 이런 통계수치들의 이면에는 근대 도시가 가진 역할의 근본적인 변화가 내재되어 있다. 전근대 도시들이 그보다 큰 사회에 기생했

---

11) Frederick Law Olmsted, "Preliminary Report upon the Preposed Suburban Village at Riverside, near Chicago"(New York, 1968); reprinted in S.B. Sutton, ed., *Civilizing American Cities: A Selection of Frederick Law Olmsted's Writings on City Landscapes*(Cambridge, Mass.: M.I.T. Press, 1971), 293.

12) H. G. Wells, "The Probable Diffusion of Great Cities"(1900), in *Anticipations and Other Papers*, vol. 4 of *The Works of H. G. Wells*(New York: Scribner's, 1924), 39. 웰스는 기싱(George Gissing)에게서 이 어구를 인용했다고 말한다.

13) Adna F. Weber, *The Growth of Cities in the Nineteenth Century*, rev. ed.(Ithaca, N.Y.: Cornell University Press, 1963; orig. ed. 1899), 47.

14) Ibid.

15) Ibid., 39.

었던 곳에서 새로운 산업 대도시가 가장 특징적인 근대적 산업들을 위한 가장 효율적이고 생산적인 장소로 떠올랐다.16)

런던, 맨체스터, 뉴욕과 같은 '소용돌이 도시'가 세계경제를 지배하게 되자, 이 도시들의 유인력은 훨씬 더 강력해졌다. 이와 같은 교환과 정보의 중심지에서는 과밀함이 도움이 되는 듯했다. 다시 말해서 심한 혼잡이 혼돈과 쇠퇴가 아니라 팽창을 촉진시켰다. 19세기에 "도시 위기"라는 표현은 대도시의 폭발적인 성장을 일컫는 것이었고, 충격을 받은 비평가들이 보기에 근대 국가들의 거의 모든 인구는 이미 과밀한 도시 중심부로 순식간에 흡수되는 듯했다.17)

불가피하게 이 소용돌이 도시들은 도시성장을 언제나 제한해왔던 규모의 장벽을 부수고 물리적으로 확장되어야만 했다. 한 가지 문제는 이 도시들을 전통적인 방식으로, 다시 말해 중심에는 부자들이 집중하고 빈자들을 주변부로 밀어내는 방식으로 성장시킬 것인가, 아니면 노동계급을 중심업무지구와 교외 사이에 끼어 있는 '공장지대'로 몰아넣고 중산층이 부와 재원을 사용해 도시 주변부의 미개발 토지를 장악해 교외의 '부르주아 유토피아'를 만들 것인가 하는 것이었다.

간략하게 말하자면 대륙의 도시와 라틴 아메리카의 도시들은 전통적인 구조를 따른 반면, 영국과 북아메리카의 도시들은 중산층 교외화의 길을 따랐다. 많은 세계의 대도시들 사이에 존재하는 이와 같은 근본적인 차이는 앵글로 아메리카 도시들에 비해 대륙의 도시들이 뒤처져 있었다는 것과는 관계가 없었다. 19세기의 파리는 런던보다 훨씬 더 산업화되어 있었다. 프랑스의

---

16) 시간이 지남에 따라 도시의 역할이 어떻게 변화했는지에 대해 학문적으로 가장 탁월하게 분석한 글로는 Paul M. Hohenberg and Lynn H. Lees, *The Making of Urban Europe, 1000-1950*(Cambridge, Mass.: Harvard University Press, 1985)를 참조하라.

17) Andrew Lees, *Cities Perceived: Urban Society in European and American Thought, 1820-1940*(New York: Columbia University Press, 1985), 136-88. 리즈가 강조하듯이 이와 같은 부정적인 관점들은 도시화의 영향에 대한 보다 긍정적인 평가들에 의해 균형을 이루었다.

수도는 영국과 미국 도시들의 교통 시설에 필적하는 승합버스, 전차, 열차의 망을 갖추고 있었다. 하지만 파리의 중산층은 중심도시에 머물러 있었다. 파리의 교통체계는 파리의 산업과 노동자들을 교외로 이동시키기 위해 사용되었다. 또한 교통과 산업의 진보는 공장과 노동계급을 도시에서 훨씬 더 멀리 이동시킬 수 있음을 의미했던 한편, 파리의 중산층은 도심부를 굳건히 장악하고 있었다.

시카고 사회학파의 모형에 '산업도시'가 '객관적으로' 실재하고 있다 하더라도 궁극적으로 산업도시의 형태는 도시 내 지배집단의 가치와 선택에 의존한다. 맨체스터를 비롯해 기타 1840년대의 초기 산업도시들의 부르주아지가 교외로 빠져나가기로 결정한 것이 앵글로 아메리카 산업도시의 기본구조를 만들었던 한편, 1850~60년대 파리의 지배집단이 중심부의 아파트에 살기로 결정한 것(정부의 지원과 개입이 큰 영향을 미쳤다)은 대륙양식의 근대도시를 만들었다.

두 경우에 핵심적인 행위자는 중산층 엘리트, 즉 부르주아지였다. 내가 말하는 '부르주아지'는 자본이나 직업지위를 통해 지주 젠트리에 상응하는 수입을 올리는, 그러나 도시의 사무실에서 일상적 업무를 보기 때문에 중산층의 생활양식을 가지는 일부의 중산층을 의미한다. 이들은 개인적으로 재원을 가지고 있으므로 새로운 생활패턴을 만들어낼 수 있는 한편, 나머지 중산층과 가치를 공유하고 있으므로 나중에 덜 부유한 자들과 경합하게 될 모델을 만든다. 따라서 교외지역의 역사는 앵글로 아메리카 부르주아지의 문화사이자 사회사임에 틀림없다.

이처럼 영국과 미국의 부르주아 개척자들에게 '프론티어'는 당연히 상대적으로 값이 싸고 미개발지역인 도시 주변부였다. 대륙 도시들에서는 정부가 적극적으로 개입해(19세기판 도시재개발) 도심부를 부르주아를 위한 공간으로 재편할 수 있는 가능성을 열었다. 영국과 미국의 경우, 자유방임적 도시경제를 취해 중심부는 여러 가지 용도가 혼란스럽게 경쟁하는 상태가 되었다. 주변부만이 용도가 온전하게 지정되지 않은 상태였고 혁신이 일어날 수 있는 곳이었다. 실제로 주변부의 운명은 결국 앵글로 아메리카 도시의 전체 구조를 정의함에 있어서 결정적이었다. 이와 같은 도시공간에 대한 다원적 (진화론적) 투쟁에서 부르주아지는 상업·공업용 토지뿐만 아니라 자신들의 꿈, 즉 이상적인 중산층 주거에 대한 비전을 이루기 위한 토지를 구하고자 했다. 이 꿈은 이제 20세기 도시의 구조에 깊이 뿌리박혀 있다.

따라서 교외지역의 역사는 비전-부르주아 유토피아-의 역사이다. 이런 비전은 수천 개의 개별적인 교외들에 그 흔적을 남겼으며, 각각의 교외는 나름대로의 독특한 역사를 가지고 있다. 그러나 나는 이 공동체들이 모두 하나의 교외 건축사 및 사회사 전통과 연결될 수 있다고 믿는다. 교외 전통의 주요한 발전 단계들을 개관함에 있어서 나는 한 공동체를 시계열적으로 분석하는 통상적인 교외사 연구방법을 사용하지 않을 것이다. 하나의 교외가 모든 교외 발전의 단계들을 적절하게 표현하지는 못한다. 그래서 나는 혁신이 일어나는 결정적인 시점의 교외 개념을 가장 잘 구현하고 있다고 여겨지는 몇 개의 공동체를 선택했다.

이 교외들은 당시의 전형이라기보다는 오히려 본보기에 해당하는 것이다. 엄청난 성장과 번영의 시대에 건설된 이 교외들은 그 당시 근대 도시의 구조 변화와 경제 변화에 대한 창조적 대응을 디자인에 통합하고 있다. 이전의 건물에 구속받지 않고 새로운 사회적·문화적 세력들에 조응하는 이 공동체들은 진실로 '그 시대의 본보기'이다. 개발업자, 건설업자, 개인 들의 의사결정들이 종종 조정되지 않아 새로운 양식이 출현하고, 이후에 그것이 다수의 교외들에서 모방된다. 이와 같은 본보기적 교외들은 특정한 시기의 교외 전통을 정의하는 이미지를 창조한다. 그 다음에 이 이미지는 도시의 역사에서 실질적인 힘이 되고, 도시경관을 변형시키는 투기업자와 주택 구입자의 의사결정을 만든다.

이런 과정의 첫번째 모델-그리고 그 결과로 이 책의 필연적인 출발점-은 18세기 후반 런던 외곽에 형성되었던 초기의 근대 교외들이었다. 그것들은 그후의 발전을 위한 필수적인 교외 이미지를 정의했을 뿐만 아니라 계급과 기능이 엄격하게 분리되어 있었다는 점에서도 근대 도시를 위한 새로운 구조를 의미했다.

처음에 이런 함의들은 런던이 아니라 19세기 초 북부 잉글랜드의 산업도시들에서 실질적으로 고안되었다. 본보기가 되는 두번째 교외들인 맨체스터의 교외들은 근대 산업도시의 전체 구조를 새로이 바꾸는 과정에서 필수적인 촉매로 작용했다. 최초로 우리는 완전히 교외화된 중산층 및 이와 필수적으로 관련되어 있는 것으로서 주민이 없는 중심업무지구, 그리고 중심업무지구와 교외지역 사이의 과밀하고 연기 자욱한 공장지대를 보게 된다. 광적인 토지투기, 격렬한 계급갈등, 부르주아 유토피아의 매혹적인 이미지는 함께 작용해 도시의 기본적인 성분을 재구성했다.

1840년경, 맨체스터는 중산층 교외화의 모델을 확립했고, 그후 한 세기 동안 이런 모델은 근본적인 변화 없이 지속될 수 있었다. 1850~60년대에 들어 이런 교외 모델은 급성장하는 미국 도시들의 외곽에서 자리를 잡았으나 프랑스에서는 거부되었다. 프랑스에서는 이미 살펴본 것처럼 부르주아지가 도심을 장악하고 있었다. 이런 이분법이 모두 교외지역의 역사에 중요한 문제를 제기한다. 즉, 이와 같은 부르주아 유토피아가 왜 '앵글로색슨' 부르주아지 사이에서만 취해졌고, 프랑스 부르주아지는 아주 상이한 비전을 추구했는가?

그 해답은 오랜 시간에 걸쳐 형성된 프랑스인과 앵글로 아메리카인의 도시에 대한 이미지의 차이에 그리고 오스만(Eugène-Georges Haussmann)의 대대적인 파리 재건[18]의 특성에 달려 있다. 여하튼 (비엔나 링슈트라세의 아파트뿐만 아니라) 파리의 새로운 대로를 따라 늘어선 대규모 아파트들은 대륙 도시를 영국 도시와 정반대되는 구조로 모양짓는 강력한 반대 이미지를 형성시켰다. 그와 동시에 그리고 강력한 문화적·경제적 이유로 미국의 중산층은 영

---

18) [역주] 오스만은 프랑스 제2제정(1852~70년)때 파리의 건물을 대규모로 개축하고 근대화하는 데 주도적인 역할을 했다. 그는 불로뉴와 뱅센의 우아한 공원뿐만 아니라 '대로' 체계를 고안했는데, 이는 지금도 파리의 시내를 관통하고 있다.

국의 부르주아 교외화 모델을 결연하게 채택했고, 따라서 그 이후로 미국인들은 교외지역을 창조한 사람들은 바로 자신들이라고 확신해왔다.

실제로 1870년 이후, '본보기가 되는' 교외는 의심의 여지 없이 미국으로 바뀌었다. 그것은 잉글랜드에서 교외의 이상에 대한 열정이 상실되었기 때문이 아니었다. 19세기 후반에 처음으로 가시화된 영국 경제의 침체는 미국 산업도시의 폭발적 성장과 연관되어 있었고, 이는 영국의 교외들이 과거의 구속을 더 많이 받게 되었던 반면, 미국에서는 혁신이 일어날 수밖에 없었음을 의미했다.

19세기 말 미국의 산업도시 외곽에 등장한 교외들은 교외지역의 총체적 역사에서 고전적 화신(化身)이었다. 이는 100여 년의 디자인 전통을 요약했을 뿐만 아니라 그후의 교외들이 모방하고자 하는 모델을 제시했다. 구조적으로 이 교외들은 산업도시와 분리되어 있었지만, 전차와 증기기차를 타고 쉽게 접근할 수 있었다. 사회적으로 이민도시들과의 격리를 추구했던 구 산업 및 전문 엘리트와 '신중산층'을 포함하는 강력하고 자의식이 강한 부르주아지들이 거주했다. 디자인 측면에서 나무 그늘이 있는 탁 트인 부지에 건축된 웅장한 주택들은 교외 전통을 정의하는 부(富), 자연과의 합일, 가족생활을 융합한 것이었다. 이 시기의 본보기가 되는 사례로 나는 필라델피아를 선택했다(보스턴, 뉴욕, 볼티모어, 세인트루이스 그리고 특히 시카고의 교외들도 좋은 예들이기는 하지만).

20세기 교외지역의 역사와 19세기의 그것을 구별짓는 하나의 주제가 있다면, 그것은 19세기 고전적 교외에서는 부르주아 엘리트에게만 제한되었던 교외지역의 혜택을 중산층 전체 및 심지어 노동계급에게 보증하려는 시도이다. 불가피하게 이런 시도는 교외지역과 도시의 기본 성격을 바꾸는 것이었다. 배제의 원리에 기초한 형태가 어떻게 모든 사람들을 포함할 수 있는가?

이런 패러독스가 20세기 교외 대도시인 로스앤젤레스의 역사에 나타난다. 19세기 후반 건설붐이 시작되면서부터 로스앤젤레스는 모든 이들에게 교외주택을 공급할 요량으로 형성되었다. 처음에 자동차와 간선도로는 단지 전차 시대에 기원을 둔 교외 비전을 쟁취하기 위한 새로운 도구들일 뿐이었다. 그러나 인구가 전차노선과 간선도로를 따라 확산되자, 로스앤젤레스 '교외들'은 중심도시와의 접촉을 상실하기 시작했고 중심도시의 중요성은 크게 감소해 심지어 새로이 생긴 간선도로조차도 중심도시를 우회했다. 1920년대 들어서는 과거에 도시 중심부에 집중해 있던 산업, 전문 쇼핑, 오피스들이 도시 전역으로 퍼져나가면서 새로운 도시형태가 등장했다. 1930년대 즈음에 로스앤젤레스는 불규칙하게 퍼진 대도시권이 되었고, 그 기본 단위는 탈중심화된 교외였다.

이와 같은 교외 대도시의 출현은 로스앤젤레스를 훨씬 넘어서는 지역까지 확장되리라는 것을 암시하는 것은 물론, 도시 중심부와 주변부의 관계에 근본적인 변화가 나타났음을 알리는 신호였다. 앞에서 본 것처럼 교통과 통신의 한계가 인구와 생산을 과밀한 중심부로 유인했던 도시 집중의 시대에 교외는 출현했다. 1920년대에 들어 상호관련된 탈중심화(decentralization)[19]의 기술들—그 가운데 하나가 자동차였다—이 출현하기 시작했고, 그것이 일찍이 사회의 도시 기능들을 한정된 중심부에 묶어두었던 유대를 매우 느슨하게 해주었다. 가장 중요한 도시 기관들이 외곽으로 분산됨에 따라 교외는 이제 주거뿐만 아니라 일자리도 존재하는 복합적인 '외부도시'(outer city)[20]의 일부가 되었다.

1945년 이래로 교외는 도시 중심부로부터 점차 독립해 중심도시의 위성이라는 전통적 의미와 기능을 상실해왔다. 과거에 주변부 공동체들은 공업과

---

19) [역주] deconcentration과 decentralization은 종종 구별 없이 사용되기도 하지만, 전자는 중심도시에 비해 교외들의 인구나 활동이 '일반적으로' 증가하는 것을, 후자는 도시에서 교외로 인구와 활동들이 '구체적으로' 이전하는 것을 말한다. P. O. Muller, 1975, *The Outer City: Geographical Consequences of the Urbanization of the Suburbs*, AAG(Association of American Geographers) Resource Paper No. 75-2를 참조하라.

20) [역주] 뮬러는 교외는 이제 더 이상 전통적인 의미에서 도시(urb)에 대해 부차적인(sub) 지역이 아니라고 주장함으로써 교외 개념 자체의 적실성에 대한 의문을 제기했다. 그리고 1970년대 후반의 미국 교외지역은 외부도시(outer city)로 변화되고 있다고 주장했다. P. O. Muller, 1975, 앞의 글 참조.

대규모 상업을 배제했지만, 오늘날의 교외는 20세기 후반 경제에서 가장 급속히 성장하는 활동들의 심장부가 되었다. 도시와 시골 사이의 특권적 지대라는 교외의 기본 개념은 첨단연구센터가 농지 한 가운데에 위치하고 중심부의 폐쇄된 공장부지에서 풀이 자라는 탈도시적 시대에는 더 이상 어울리지 않는다. 중심부와 주변부가 끝이 없어 보이는 다핵지역으로 잠식되고 있는 지금, 어디에서 교외지역을 찾을 수 있을까?

마지막 장 "교외지역을 넘어: 테크노버브의 출현"에서 이런 문제를 중점적으로 다룰 것이다. 잭슨(Kenneth Jackson)은 미국 교외화의 역사를 다룬 『크랩그래스 프론티어』(Crabgrass Frontier)에서 제2차세계대전 후 주변부 발전을 "미국의 교외화"로, 다시 말해 19세기와 20세기 초 교외 전통의 정점으로 해석한다.[21] 나는 이런 발전을 아주 상이한 것으로, 즉 전통적인 의미에서 교외지역의 종말과 새로운 종류의 탈중심화된 도시의 출현으로 본다.

누가 계획하거나 예견했던 것은 아니지만, 주택, 산업, 상업이 동시에 외곽지대로 이동하자 도시 중심부와 기능적으로 독립된 주변도시(perimeter city)가 출현했다. 이 새로운 도시들은 과거의 주거 교외나 산업 교외와 완전한 대조를 이루며, 대도시의 모든 전문화된 기능들 - 공업, 쇼핑몰, 병원, 대학, 문화중심지, 공원 - 을 고속도로 주변에 가지고 있다. 고속도로와 진보된 커뮤니케이션 기술을 사용함으로써 새로운 주변도시는 도시 집중을 일으키지 않으면서 도시적 다양성을 만들어낼 수 있다.

이와 같은 새로운 주변도시와 전통적인 교외 침상공동체를 구별하기 위해, 나는 '테크노버브(technoburb)'라는 신조어를 쓰고자 한다. 왜냐하면 새로운 도시의 실질적인 토대는 옛날 도시들의 대면접촉과 물리적 이동을 대체한 진보된 기술과 커뮤니케이션의 보이지 않는 그물망이기 때문이다. 불가피하게 테크노버브는 기술적으로 진보된 산업들이 선호하는 입지가 되었으며, 이것들이 새로운 도시를 가능하게 했다. 브로델(Fernand Braudel)이 말했듯

---

21) Kenneth T. Jackson, *Crabgrass Frontier: The Suburbanization of the United States*, (New York: Oxford University Press, 1985).

이 도시가 변화의 속도를 강화하는 승압기라면, 미국의 승압기는 도시 중심부에서 도시 주변부로 옮아갔다.[22]

테크노버브가 과거 도시 중심부에 대한 의존성을 상실했다면, 오늘날 그것은 고속도로에 의해 정의되는 다핵지역, 백 마일 이상 뻗어나갈 수 있는 성장회랑들(growth corridors) 속에 존재한다. 이 지역들을 (또 하나의 신조어를 사용하는 것을 독자들이 용서해준다면) 나는 테크노시티(techno-cities)라 부르고자 하며, 이것은 거대한 도시들과 그 교외들로 인구를 유인했던 소용돌이 효과의 종말을 의미한다. 그 대신에 도시기능들은 전통적인 의미에서 도시도 아니고 농촌도 아니고 교외도 아닌 탈중심화된 경관을 가로질러 분산된다. 테크노버브의 출현과 더불어 교외지역의 역사는 끝난다.

---

22) Fernand Braudel, *Capitalism and Material Life, 1400-1800*, trans. Miriam Kochan (New York: Harper & Row, 1975), 373.

제1장
런던: 교외지역의 탄생지

　인간의 생활을 뒤바꾼 성문 헌법, 소설, 증기 엔진 그리고 기타 수많은 혁신들처럼 중산층 주거교외는 18세기의 산물이었다. 중산층 주거교외의 형태와 기능은 18세기 문명에 깊숙이 스며들어 있는 많은 문화적 요소들을 반영하지만, 또한 교외는 그것이 탄생한 도시의 구체적 조건들을 반영한다. 아마도 런던은 이런 도시형태의 혁신이 일어날 수밖에 없었던 곳이었으리라. 왜냐하면 런던은 웰스(H. G. Wells)가 말하는 최고의 "소용돌이 도시"[1]였기 때문이다.

　런던은 17세기 말 유럽 최대의 도시가 되었고, 경쟁적인 지위에 있는 대륙의 대도시들 — 파리, 나폴리, 암스테르담 — 에 대한 런던의 지배력은 18세기 동안에 현저하게 커졌다. 예컨대 1700년경 파리의 인구는 500,000명에 달했으나 그 이후 100여 년 간 거의 증가하지 않았던 반면, 런던의 인구는 1700년에 575,000명, 1750년에 675,000명이었고, 1800년경에는 960,000명으로 증가했다. 실제로 현재 인구학자들에게 "대런던(greater London)"[2]으로 알려

---

[1] H. G. Wells, "The Probable Diffusion of Great Cities"(1900), *The Works of H. G. Wells: Anticipations and Other Papers*(New York: Scribner's, 1924), 4:39.
[2] 18세기의 파리와 런던의 인구에 대해서는 E. A. Wrigley, "A Simple Model of London's Importance in Changing English Society and Economy 1650-1750" in Philip Abrams and E. A. Wrigley, eds., *Towns in Societies*(Cambridge University

져 있는 대도시권 전체의 인구를 계산한다면, 런던의 인구는 1800년에 110
만 명을 넘어섰다.

이를 가능하게 했던 경제적·정치적 지배력은 아마도 이와 같은 숫자들보
다 훨씬 더 인상적이었을 것이다. 왜냐하면 런던은 세계적인 원양항로 네트
워크의 중심지였고, 이로 인해 장거리 무역과 은행업의 국제적인 중심지가
되었기 때문이었다. 또한 런던은 대영제국의 정치적 수도였고, 사치재 생산·
소비의 중심지였다. (런던에 식량과 연료를 풍부하게 공급해주는 양호한 배
후지와 함께) 이와 같은 복합적인 기능들을 가지고 있었기에, 런던은 중세
도시나 초기 근대 도시가 넘을 수 없었던 성장의 장벽을 극복한 최초의 근대
도시가 되었다.

근대 교외는 이와 같은 사상 유례없는 도시성장의 직접적인 결과였다. 근
대 교외는 근대 도시가 폭발적인 근대적 도시팽창에 대처할 수 없었던 데서
나타난 도시형태의 위기에서 발생했다. 또한 그것은 상위중산층인 상인 엘리
트의 부와 규모가 급격하게 증가했음을 반영했다. 이 런던 부르주아지는 수
와 재원과 신념의 측면에서 자신들의 가치에 맞게 도시를 바꿀 수 있는 결정
적인 세력을 형성했다.

18세기 런던의 성장은 처음에는 시민들의 자부심의 원천이었다. 그 결과
는 차츰 분명해졌다. 1720년 스트라이프(Strype)는, 런던은 "세계의 모든 [도
시]들 가운데 규모가 가장 크고 건축이 가장 잘 되어 있고 인구가 가장 붐비
며, 친절하고 부유하고 진실한 사람들이 거주하고 있다는 점에서 자랑할 만
하다. 그리고 세계의 전체 무역에 대해서 런던은 다른 모든 도시들을 앞선
다"[3]라고 썼다. 1724년에 디포(Defoe)는 도시 외곽의 작은 언덕 위에서 런

Press, 1978), 215-16을 참조하라. 1800년의 런던의 인구에 대해서는 M. J.
Daunton, "Towns and Economic Growth in Eighteenth Century England" in
Abrams and Wrigley, *Towns in Societies*, 247, and B. R. Mitchell, *European Historical
Statistics*(New York: Columbia University Press, 1978), 13.을 참조하라.

3) John Stow, *A Survey of the Cities of London and Westminster and the Borough of
Southwark*[orig. ed. 1598], "corrected, improved and very much enlarged in the year
1720" by John Strype, 6th ed., 2 vols. (London: Innys & Richardson, 1754-55),

던을 조망하면서, 갑자기 "탁 트인 런던 선경을, 즉 유럽에서 로마가 무너시고 아시아에서 예루살렘 신전이 불탄 이후로 지금까지 인류 역사상 전례가 없는 가장 영광스러운 모습을"4) 보았다고 묘사했다. 디포는 런던의 크기, 즉 눈앞에 펼쳐진 "장관을 이루고 있는 건물들"이 특히 놀랄 만한 것이라고 보았다. 하지만 오늘날 그의 묘사를 읽어본다면, 우리는 60만 명이 사는 이 도시의 면적이 얼마나 작았고 이 도시가 본래 중심지 주위의 템스강 양안에 얼마나 가까이 붙어 있었으며, 디포가 얼마나 쉽게 도시 전체를 조망할 수 있는가에 대해 놀라지 않을 수 없다.

예컨대 도시 중심의 성바울 대성당에 서 있는 사람은 반 마일만 걸으면(도보로 약 20분 거리) 현재 블룸스버리에 해당하는 야외로 나갈 수 있다. 그리고 시골은 다른 지구들에 훨씬 더 가까웠다. 18세기의 지도를 보면, 조밀하고 작은 도시가 곧바로 야외로 이어짐을 쉽게 알 수 있다. 이처럼 완전히 대조적인 모습은 기계적 교통수단의 결여가 도시 규모를 제한했던 '도보 도시'의 필요조건 이상의 무언가를 의미한다. 왜냐하면 아무리 느리게 걷는 사람이라도 18세기 초에는 런던의 경계 너머에 살면서 도심까지 걸어서 통근할 수 있었기 때문이다. 런던은 도보력이 약했다거나, 아니면 대륙의 도시들처럼 성벽으로 둘러싸여 있어서 성장할 수 없었던 것이 아니었다. 런던의 성장을 제한했던 것은 전근대적 도시환경의 보이지 않는 벽, 다시 말해 팽창을 막는 일련의 사회경제적 장벽들이었다.

이와 같은 전근대적 도시환경의 중심원리는, 공동체의 부유한 사람들은 역사적 중심부에 근접한 곳에서 거주 및 노동을 하고 가난한 사람들은 주변부로 밀려나는 것이었다. 실제로 앞에서 살펴본 것처럼 '교외'라는 단어는 대도시를 둘러싸고 있는 주변지역의 슬럼을 지칭하는 것으로 사용되었다. 교

1:3.

4) Daniel Defoe, *A Tour Thro' the Whole Osland of Great Britain*, ed. G. D. H. Cole, 2 vols.(London: Peter Davies, 1927), 1:168, quoted in Max Byrd, *London Transformed: Images of the City in the Eighteenth Century*(New Haven: Yale University Press, 1978), 12.

외에 사는 빈자들은 판자집 같은 '교외들'을 주변의 시골로 확장시킬 수 있는 수단을 가지고 있지 못했다. 그래서 런던은 계속 팽창했지만 외곽으로의 팽창이 효과적으로 이루어지지 않아 점차 만원 열차와 같은 모양이 되었다.

중세 이래 런던의 상업중심지는 1평방 마일의 '런던 구시내'(City of London)[5]였다. 그리고 그 중심지 안에서 상인 엘리트는 좁다란 가로를 사실상 점유했다. 중세 영국의 금융을 지배했던 이탈리아 은행가의 이름을 딴 '롬바르드 가'는 (오늘날에도 세계적인 은행들이 런던 본사를 이곳에 두고 있는 것처럼) 18세기에도 여전히 런던의 선도적인 은행가들의 본산이었다. 이런 보수성은 맹목적인 전통주의를 넘어서는 것이었다. 런던은 무역 중심지로, 다시 말해 정보 중심지로서 번성했다. 선도적인 상인이 되기 위해서는 전세계의 시장에 대한 정보를 신속하게 획득해야만 했다. 이 정보들은 많은 사람들과의 대면접촉을 통해서만 얻을 수 있는 것이었다. 잉글랜드의 선도적인 상인들이 런던 구시내 중심부의 몇몇 조밀한 지역(그리고 항구 주변지역)에 집중했던 것은 이와 같은 정보 교환을 촉진하는 매우 효율적인 메커니즘이었다.

따라서 엘리트의 입장에서 보자면, 과밀함은 생산적인 것이었다. 그러나 이는 자신들의 노동생활과 가족생활을 왕국의 가장 혼잡한 지역에서 보내야 한다는 것을 의미했다. 18세기 중엽에 이르기까지 '주거'와 '작업장'은 실질적으로 분리될 수 없다는 것을 당연한 일로 받아들였다. 부유한 은행가들도 가정에서 업무를 보았다. 요컨대 대상인들은 가게 위층에 살았고 물건들은 지하실에 저장했으며, 도제(徒弟)들은 다락방에 거주했다. 이처럼 주거와 작업장을 한 곳에 두는 것이 18세기 도시환경의 기본 원칙이었다. 이런 기본 원칙이 런던 부르주아지의 생활에 깊숙이 뿌리박혀 있었던 듯해 주거와 작업장을 완전히 분리한다는 것은 불가능하다고 간주되었다. 그래서 전세계적으로 거래를 하는 은행가와 상인 등 엘리트들은 자신들의 가정생활을 왕국

---

5) [역주] 시장 및 시의회가 지배하는 약 1평방 마일의 구시내로 영국의 금융·상업의 중심지. 이하 City of London과 the City는 '런던 구시내'로 옮긴다.

의 가장 혼잡한 지역의 몇몇 블록에 제한했다.6)

적어도 부자들은 중심부 생활에 요구되는 고비용을 감당할 수 있었다. 때로는 숨막힐 듯한 단칸방에서 전가족이 생활해야 했던 빈자들은 자연적으로 더 저렴한 토지와 셋방을 찾아 변두리로 나갔다. 그러나 그들의 팽창은 제한되어 있었다. 정부와 사적 토지소유자는 '초라한' 교외가 확장되는 것을 보고 싶어하지 않았다. 그 대신에 관계당국은 변두리에서의 건물 신축을 금지함으로써 이런 상황에 대처하고자 했다. 1580년의 왕실 포고령은 도시에서 3마일 안에서의 건물 신축을 금지했고, 그 지역 안에서는 기존 주택을 빈자들에게 임대하기 위한 셋방으로 나누는 것도 금지했다.7)

이런 법령들이 17세기에 주기적으로 다시 제기되었다는 것은 그것들이 자주 무시되었다는 좋은 증거이다. 그러나 이와 같은 정부의 행위보다도 훨씬 더 효과적이었던 것은 토지소유자들이 자신들의 토지를 혐오스러운 사람들에게 분할해주기를 꺼려했다는 것이었다. 일반적으로 귀족 출신 지주나 세력 있는 단체가 런던 주변부의 토지를 대단위로 소유하고 있었다. 그들은 부유한 고객을 끌어들일 생각으로 농업용 토지를 투기용 대지로 전환하는 것을 제한했으며, 가장 대표적인 곳은 런던의 웨스트엔드(West End)에 부상하고 있던 멋진 새 주택지역이었다.

교외의 빈민들에게 성장의 제한은 그들이 사는 지역이 적어도 중심부처럼 과밀하다는 것을 의미했다. 팽창이 일어나기도 했다. 특히 남부와 동부가 그러했다. 그곳의 오두막집들은 도로를 따라 도시에서 몇 마일 외곽에 있는 아이슬링턴—완전히 휩쓸었다—과 같은 마을로 밀려났다. 그러나 도시 팽창을 금지했던 1580년의 포고령에는 교외가 "수많은 사람들이 작은 방에서 살고, 그들 가운데 대부분은 매우 가난해 보일 뿐만 아니라 구걸이나 그보다 더한

---

6) 런던문서기록보관소의 자료에 의거해 런던의 사회생태를 통계적으로 상세히 연구한 문헌에 대해서는 D. V. Glass, *London's Inhabitants Within the Walls, 1695* (Leicester, Eng.: London Record Society, 1966)을 참조하라.

7) Norman G. Brett-James, *The Growth of Stuart London*(London: Allen & Unwin, 1935), 69.

수단으로 생활해야만 하며, 그리고 함께 모여들어 한 집에서 또는 작은 셋집에서 아이들과 시종들의 수많은 가족들이 거주해 거의 질식할 지경이다"[8]라고 묘사되어 있었다. 도시 전체가 천천히 성장하거나 전혀 성장하지 않을 때에는 이와 같은 과밀은 빈자만의 문제였다. 그러나 런던이 폭발적으로 성장하기 시작했을 때, 주변지역은 급속히 팽창하는 중심부를 탄력적으로 수용하지 못했다. 불가피하게 중심부의 특권적인 지역을 포함해 모든 지구들은 더욱 과밀해졌다.

여기서 나는 상대적으로 부유한 중심지역조차도 근대적 의미에서 상류층 근린이 아니었다는 점을 강조하고자 한다. 하나의 기능-주거 지구 또는 업무 지구-을 가지는 지구 개념이 전근대 도시에서는 낯선 것이었던 것처럼 단일 계층으로 구성된 지구도 그러했다. 상대적으로 밀집이 덜했던 중세 도시에서 매우 귀중한 가치를 가지고 있었던 개방공간-수도원의 정원, 개인소유의 안마당-이 좁은 가로와 조밀한 인구로 인한 과밀을 완화시켜주었다. 그러나 런던이 성장함에 따라 이런 귀중한 공간들은 대개 건물들로 채워졌다. 18세기 중엽에 런던은 분명 생태적 위기로 치닫고 있었다. 개선하려는 몇몇 사례들-플리트 디치(Fleet Ditch: 불쾌한 하수구가 되어버린 개울)로 몰아넣기와 같은-은 이 난관들을 따라잡을 수 없었다. 배수 시설은 가로 중앙을 흐르는 '하수구'나 도랑뿐이었고, 그것도 대개 쓰레기와 찌꺼기로 가득차 있었다. 1765년에 런던을 방문했던 어떤 사람은 다음과 같이 언급했다.

> 스트랜드 가(그 당시 런던에서 가장 번화한 거리)의 가장 아름다운 곳에서 … 런던에 체류하는 동안 줄곧 나는 중앙에 3~4인치 깊이의 더러운 웅덩이가 언제나 냄새를 풀풀 풍기는 거리를 보았다. 웅덩이의 물은 지나가는 행인에게로, 창문을 올리지 않은 마차 안으로 튀고, 길가에 있는 집들의 아랫부분에 더덕더덕 칠해졌다.[9]

---

8) Stow, *Survey of the Cities*, ed. Strype, 2:34.
9) Pierre Jean Grosley, *A Tour to London*, trans. Thomas Nugent, 2 vols.(London: Lockyer Davis, 1772), 1:33-4.

우리는 이보다 번화하지 않은 거리의 상태를 쉽게 미루어 짐작할 수 있다. 따라서 대도시 경제는 점차 부유한 엘리트를 기껏해야 과밀하고 더럽고 시끄럽고 비위생적인 도시 중심부로 끌어들이고 있었다. 다른 세기였다면 엘리트라도 이런 조건들을 참아낼 수 있었을 것이다. 하지만 18세기는 '개선(改善)의 시대'였고, 이 시대의 지도자들은 정부나 제조업이나 도시에서 더 나은 생활을 위한 질서를 끊임없이 모색하고 있었다. 되돌아보면, 이와 같은 개선을 위한 두 가지 대안적 모델이 있었음을 알 수 있다. 첫째는 엘리트가 중심부 및 중심부에 근접한 지역을 소유하고 이 중심부를 가장 우아한 18세기의 모델에 따라 재건하는 것이었다. 둘째는 부르주아 주거의 탈중심화라는 훨씬 급진적인 방식이었고, 이를 우리는 교외화라 부르게 되었다.

도시형태에 대한 전통적인 개념들 — 무엇보다도 엘리트와 도시 중심부를 동일시하는 것 — 이 아주 깊이 뿌리박혀 있었기에 18세기에는 중심부의 재건만이 가능한 방법인 듯했다. 그런 재건을 위한 탁월한 모델이 런던 스퀘어 근처에 있었다. 17세기 초, 존스(Inigo Jones)는 이탈리아에서 동일한 디자인의 멋진 타운하우스로 구성된 정방형 광장(piazza) 또는 스퀘어(square) 개념을 도입했다. 이는 무질서한 도시에 질서, 공간, 광대함을 구현하는 것이었다. 그는 1630년에 베드포드 백작을 위해 코번트가든(Covent Garden)을 디자인했다. 이는 런던의 상인들을 위해 지어진 것이 아니라, 봄에 의회 업무와 사교적 목적을 수행하기 위해 시골의 본가(本家)를 떠나 런던으로 오는 귀족과 상류계급 사람들을 위해 지어진 것이었다.[10]

왕정 복고기(1660~85년)에 런던 스퀘어는 건축 모델로서 그리고 블룸스버리나 웨스트민스터에 가지고 있던 토지로부터 더욱 많은 수익을 뽑아내고자 했던 귀족적 토지소유자들이 선호하는 개발수단으로서 지배력을 장악했다. 스퀘어는 목표대상으로 삼았던 귀족이나 상류계급 사람들을 성공적으로 끌어들였다. 하지만 존스의 질서 및 청결 개념이 이해되고 실행되는 데는 최

---

10) John Summerson, *Georgian London*, rev. ed.(Harmondsworth: Penguin, 1978), chap. 3.

소한 50년의 시간이 소요되었다. 베드포드 사유지는 코벤트가든 중앙의 개방공간을 임대해 시장으로 사용하는 것이 가장 좋았다. 그래서 매콜리(Thomas Babington Macaulay)의 말에 따르면, "과일 파는 여인들이 호객을 했고, 짐마차꾼들이 실랑이를 벌였으며, 양배추 줄기와 썩은 사과들이 바크셔 백작부인과 더럼 주교의 문 앞에 산더미처럼 쌓였다."[11]

새로운 스퀘어들이 웨스트민스터―당시 런던의 서쪽 가장자리였으며, 의회와 왕궁이 있던 자리―에 건설되었을 때에도, 그것들은 자신들을 둘러싼 도시를 막을 수 없었다. 매콜리는 성 제임스 스퀘어가 "웨스트민스터의 온갖 쓰레기와 찌꺼기의 저장소, 온갖 죽은 고양이와 개의 저장소였다"[12]고 기록하고 있다. 1720~30년대가 되어서야 대귀족의 사유지들은 통일된 주택 외관―때때로 '궁전과 같은 외관'을 위해 스퀘어 양쪽에 중앙 박공벽을 둔―과 우아한 개방공간 그리고 그 중앙에 폐쇄된 정원을 두는 도시 스퀘어의 디자인 공식을 갖추었다.

이 스퀘어들은 귀족과 지주 젠트리를 위해 건축되었으나, 그와 유사한 런던 근처의 스퀘어 및 가로들이 상인 엘리트의 주거로 변모되는 것은 피할 수 없는 일인 듯했다.『런던과 웨스트민스터 정비안』(London and Westminster Improved, 1766)을 쓴 그윈(John Gwynn)은 오늘날 우리가 도시재개발이라고 부르는 것과 같은 계획을 입안했다. 이는 당시의 인습적인 기대수준을 아주 잘 보여준다. 그는 런던 구시내의 밀집된 도시구조를 통해 직선으로 길게 뻗은 가로들을, 즉 커뮤니케이션에 도움이 되고 상인들의 타운하우스를 위한 좋은 입지로서 기능할 가로들을 뚫자고 주장했다. 그윈은 이 "넓고 멋진" 가로가 중심부의 상인들을 "생활방식과 직업이 사업하는 사람들과 전혀 어울리지 않으며" 근로 빈민들과 밀접한 관계를 맺고 있는 "귀족들"로 구성된 웨스트민스터 스퀘어로부터 분리시킬 것이라고 믿었다.

---

11) vols.(New York: Putnam, 1898), 1:29.
12) Ibid., 1:30.

부자의 주거지를 위해 큰 길을 뚫는 계획을 입안할 때, 유능하고 열심히 일하는 사람들을 위해 근처에 작은 공간들을 할당하는 것이 필수적임을 알게 될 것이다. 이와 같은 분포가 요구되는 것은 이 사람들이 윗사람들에게 의존하고 있기 때문이다. 그리고 이런 원칙을 고수함으로써 국가는 정치적 이점을 얻을 수 있을 것이다. 이런 왕래는 개인적인 재산권을 크게 침해하지 않으면서 산업을 자극하고 본보기로 사회의 풍기를 개선하고 어떤 특정한 부분이 빈민만의 주거지가 되는 것을 방지할 수 있기 때문이다.13)

또한 그윈은 중심부를 재건할 때 주변부에서의 건축을 제한해야 한다고 주장했다. 그리하여 그는 "가장 우아한 선이 대도시 주위에 형성될 것이고, 그 인접 지역에는 아름다운 잔디밭을 두어 도시의 대조적인 부분들을 조화롭게 마감한다"14)고 쓰고 있다.

그윈의 계획은 가장 야심만만한 개혁가조차도 도시형태에 대한 전통적인 사고를 고수하고 있음을 잘 보여준다. 그는 상인들이 중심부에 거주하는 것, 혼합된 근린을 유지하는 것 그리고 심지어 대도시의 크기를 제한하는 것을 당연하게 생각했다. 바로 이런 맥락에서 교외 개념의 실질적인 원천을 이해할 수 있다. 왜냐하면 근대 교외는 주변부에 비해 중심부를 선호하는 오래된 관행을 포기하는 것, 가정 환경과 노동 환경을 완전히 분리하는 것, 단일 계급 개념 및 단일 (가정) 기능 개념에 기초해 근린을 만드는 것, 마지막으로 그윈 등이 도시와 시골 사이에 그으려고 했던 분명한 선(경계)이 양자를 결합하는 환경에서 완전히 흐려지는 새로운 종류의 경관을 창출하는 것을 의미했기 때문이다.

이 모든 변화들은 18세기 중엽 런던의 상인 엘리트가 가정과 점포로 사용하던 중심부의 주택을 점포로만 사용하고 인접한 도시 스퀘어가 아닌 도시에서 5마일이나 떨어져 있는 런던을 에워싼 한적한 농촌취락에 입지한 넓은 빌라로 가족과 더불어 이주하기 시작하면서 나타났다. 우리가 지금 평가할 수 있는 것처럼 이와 같은 도시탈출은 사실상 새롭고 매우 강력한 도시팽창

---

13) John Gwynn, *London and Westminster Improved*(London: Dodsley, 1766), viii.
14) Ibid., vi.

형태였다.

　상인 엘리트는 대도시의 성장을 억제하고 있던 빈곤지대를 뛰어넘어 급속히 팽창하는 새로운 종류의 도시 주변부를 건설하기 위해 그들의 부를 사용했다. 이를 우리는 지금 교외지역이라 부른다. 개인마차와 풍부한 자금을 가지고 있다면, 그들은 더 이상 전통적으로 도시라고 간주되는 지역에 한정될 필요가 없다는 것을 깨달았다. 상대적으로 저렴하고, 그럼에도 불구하고 아주 짧은 시간 안에 중심부로 통근할 수 있는 토지에 상인 엘리트는 자신들의 가치를 반영하는 특권, 여가, 가정생활의 세계를 건설할 수 있었다.

　내가 이미 강조한 것처럼 도시와 가정생활의 의미가 이처럼 근본적으로 바뀐 것은 새로운 모델을 제시하고 의뢰인에게 그 가치를 확신시킨 천재적인 한 건축가의 작업이 아니었다. 오히려 교외지역은 도시의 부르주아 엘리트의 집합적 창조물, 다시 말해 자신들의 가치관에 맞게 세계를 재편할 수 있는 부와 신념을 가진 계급이 새로운 생활양식을 서서히 수용함으로써 생겨난 것이었다.

　실제로 필요에 맞게 세계를 재편했던 것처럼 다른 여러 가지 방식으로 사회를 바꾸고 있었던 것도 바로 이 계급이었다. 교외지역은 부르주아의 창조물 가운데 단지 하나일 뿐이었지만, 근대 세계에 막대한 영향력을 행사한 것이었다. 교외지역-18세기에 나타난 최초의 교외지역 형태 및 20세기 교외지역 양상-을 이해하기 위해서는 이제 그것을 창조한 계급에 대해 세밀하게 살펴보아야 한다.

런던 부르주아지와 그들의 도시

　모든 진정한 교외는 대도시의 기회를 향한 유인(이끌림) 그리고 그와 공존하는 도시생활에 대한 반감이라는 두 가지 대립되는 힘의 결과물이다. 지금 교외 디자인에 깊이 뿌리내려 있는 이와 같은 갈등은 처음에는 18세기 런던 부르주아지의 대도시에 대한 감정이 긴장국면에 빠지면서 시작되었다. 해가 갈수록 도시는 경제적으로 더욱더 중요해졌지만, 18세기에 런던의 집중으로 가장 큰 이득을 보았던 바로 그 부르주아지가 도시생활의 사회적 결과들을 싫어하고 두려워하게 되었다.

교외지역은 그 자체만으로는 결코 이해될 수 없다. 그것은 언제나 그 대립물인 대도시와의 관계 속에서 정의되어야 한다. 18세기에 교외지역의 창조자들이 후세대들에게 자연과의 합일을 이루는 가정생활이라는 절대적인 이상을 남겼다면, 또한 그들은 비인간적이고 비도덕적인 대도시에서의 생활에 대한 극도의 두려움을 전수했다. 이후의 모든 교외의 꿈에는 18세기 런던의 악몽의 이미지가 깊숙이 감추어져 있다.

그러나 도시에 대한 이와 같은 부르주아지의 비판을 검토하기 전에 먼저 런던 '부르주아지'를 정의해야 한다. 나는 이 용어를 사업 및 자본축적—최소한 25,000파운드에서 100,000파운드 이상—으로 농촌의 지주계급 및 심지어 몇몇 귀족계급과 유사한 소득을 올렸지만, 도시 중산층의 생활 습관과 노동 습관을 유지하고 있었던 아주 부유한 중산층을 지칭하는 것으로 사용한다.[15] 런던 부르주아지는 많은 중산층의 위계에서 정점을 차지하고 있었다. 중산층 위계에서 토대를 이루고 있었던 자들은 다수의 보잘것없는 소매상인들과 장인들이었다. 고가의 물건으로 귀족들을 단골손님으로 끌 수 있었던 일류 가게의 소유자들 그리고 도제 및 숙련공과 더불어 런던의 장인기능을 세계적으로 유명하게 만들었던 호화롭거나 정교한 물품들을 제조하고 판매했던 선임숙련공은 더욱 높은 지위를 차지하고 있었다. 이와 같은 숙련공 및 사업가들의 대다수는 분명히 부르주아지에 속했다. 예컨대 성 마틴 가(St. Martin's Lane)에 소재한 자신의 집(그리고 인접한 세 채의 집)에서 유명한 가구를 디자인하고 만들고 판매했던 치펜데일(Thomas Chippendale)을 들 수 있다.[16]

---

15) 런던 부르주아지는 Nicholas Rogers, "Money, Land and Lineage: The Big Bourgeoisie of Hanoverian London", *Social History* 4(1979)에 가장 잘 기술되어 있다. 또한 Mary Dorothy George, *London Life in the Eighteenth Century*, 3rd ed. (London: University of London Press, 1951)을 참조하라.

그럼에도 불구하고 런던 부르주아지의 구성원은 그 특성상 해외무역 및 그에 수반되는 금융사업을 하던 상인들이었다. 서인도제도의 설탕, 중국의 차, 인도의 향료, 북아메리카의 모피, 러시아와 발트해 연안의 해군 군수품 등과 같은 것들이 막대한 이윤을 남길 수 있는 품목들이었고, 이것들이 부르주아의 창고를 가득 채우고 있었다. 상대적으로 적은 수의 사업가들이 궁극적으로 영국의 해군력과 식민 패권에서 비롯되는 막대한 수입을 쥐고 흔들었다. 이 집단은 동인도회사처럼 특허 받은 회사를 경영하던 사람, 런던의 유명 '동업조합'의 구성원, 그리고 런던의 24명의 참사회원 또는 200명의 시의회 의원으로 피선된 사람, 기타 런던의 상인가족들이나 지방의 상인가족들 사이에 통혼을 한 사람에 한정되었다.[17]

이와 같은 상인 엘리트는 때때로 10,000파운드—귀족으로 대우받을 만하고, 오스틴(Jane Austen)이 쓴 소설에 나오는 여주인공들의 어머니들조차도 주의를 기울일 만한 소득—가 넘는 연간 소득을 올렸다. 하지만 중요한 것은, 오스틴이 살던 농촌 엘리트 세계에서 유한계급의 수입은 대개 자신이 소유한 토지의 지대로부터 나왔으며, 따라서 그것은 사실상 보증되어 있었다는 것이다. 그러나 상인의 자본은 언제나 위험에 노출되어 있었고, 이 때문에 상인은 런던에 상주할 필요가 있었다.

런던이 18세기에 세계도시로 성장함에 따라, 런던의 항구는 가장 중요한 정보교환의 중심지가 되었다. 런던 구시내의 밀도가 높다는 것은 (시의적절하고 믿을 만한 정보가 출간되어 있지 않은 때에도) 런던 상인들로 하여금 다른 지역의 경쟁자들보다 먼저 영국과 세계의 시장 상황을 파악할 수 있게 하는 긴밀한 대면접촉을 가능하게 했고, 또 그것을 촉진시켰다. 런던 구시내의 북적대는 거리에는 전문적인 업무를 담당하는 점포(선적, 보험, 중개, 상업은행)가 있었다. 상인이라는 것은 이런 있을 수 있는 모든 유용한 정보의 원천들과 지속적이고 비공식적인 접촉을 한다는 것을 의미했다. 런던 구시내

---

16) *Encyclopaedia Britannica*, 11th ed., s.v. "Chippendale, Thomas".
17) Rogers, "Money, Land and Lineage", 438-50.

에서 반 마일만 떨어져도 접촉 가능성은 현저하게 감소했다. 따라서 중소도시들로부터 대도시로 상인을 끌어들이고 런던의 모든 상인들을 가능한 한 과밀한 중심부로 끌어들이는 강렬한 매력 — 웰스가 말하는 소용돌이 효과 — 이 있었다.

피할 수 없어 보이는 논리가 상인들의 점포를 가능한 한 중심부에 가까운 곳으로 끌어들였다면, 마찬가지로 어쩔 수 없는 논리가 가족과 작업장을 결합시켰다. 상인, 은행가와 같은 부유한 엘리트의 경우에도 가족은 단순히(또는 일차적으로라도) 감성적 단위가 아니었다. 그것은 최소한 경제적 단위에 상응하는 것이었다. 상인의 자본은 본질적으로 가족 재원이었다. 그리고 상인의 노동력은 함께 살면서 자식처럼 키우는 도제 그리고 (아내와 장성한 자녀들을 포함하는) 가족이었다. 사실상 가족생활의 모든 측면들은 업무에 필요한 것들로 충만되어 있었다.

이런 해석은 런던의 상업생활에서 여성들이 활발하게 활동했다는 점에서 극명하게 드러난다. 점포에서의 아내의 일상적인 보조는 작은 업체들에게는 극히 중요한 것이었고, 심지어 아주 부유한 상인들도 아내가 참여할 수 있고 소득의 원천을 이해할 수 있는 아주 중요한 역할을 아내에게 맡겼다. 디포(Daniel Defoe)가 『영국 상인』(English Tradesman)에서 이런 관행에 대해 설명하고 있는 것처럼 가족에게 가장 무서운 위협은 남편의 사망이었다. 아내가 사업을 수행할 능력을 가지고 있을 때에만 자본은 다음 세대로 상속될 수 있었다. 따라서 디포는 남편과 아내 사이의 긴밀한 협조를 권하고, 동시에 "어리석게 아내를 귀부인으로 모시는 헛수고를 하는", 즉 아내를 회계실에 들이지 않는 상인을 비판한다.[18]

그러므로 전형적인 상인의 타운하우스는 놀랍도록 도시에 개방되어 있었다. 상업생활은 자유롭게 밀려들었고, 그래서 사실상 모든 방은 가족을 위한 기능과 더불어 일정한 사업 기능을 겸하고 있었다. 고객을 맞아들이고 거래

---

18) Daniel Defoe, *The Complete English Tradesman*, 2d ed., 2 vols.(London: Rivington, 1727), chap. 23.

가 형성되는 응접실을 비롯해 도제가 기거하는 위층과 상품을 저장하는 지하실에 이르기까지 순수 가정용 공간은 거의 없었다. 도제로서 10대 소년들은 자기 집에서든 다른 가족의 일원으로서든 불가피하게 이 체계 속으로 끌어들여졌다. 이와 동시에 10대 소녀들은 미래의 남편 사업을 돕기 위해 필요한 기술들을 교육받았다.

따라서 성인뿐만 아니라 모든 가족은 도시 중심부의 업무 생활에 확고하게 매여 있었다. 그리고 도시의 상업활동이 집에서 자유로이 일어났다면, 가족 구성원들 모두는 집 바깥에서 일어나는 폭넓은 커뮤니케이션과 사교 생활에 여러 가지 방식으로 깊이 빠졌다. 상인들에게는 선술집과 커피하우스가 최소한 자기 집만큼이나 중요한 것이었다. 각 집단들은 저마다 회합장소를 가지고 있었고, 그곳에서 대화를 나누는 가운데 결정적인 정보가 교환되고 거래되었다. 예를 들어 런던의 로이드 해상보험 조합은 타워 가(Tower Street)의 커피하우스에서 시작되었고, 거기서 보험 브로커들이 일상적으로 만났다.[19]

이와 같은 사업관련활동을 넘어서 가족 구성원 모두가 집 밖에서 수행했던 그리고 또한 그들을 런던 생활에 깊숙이 얽혀들게 했던 막대한 양의 상호작용이 있었다. 남자들은 술집의 개인방에서 정기적으로 모이던 음주 클럽을 가지고 있었다. 그리고 도제들도 자신들의 음주 클럽과 뱃놀이 클럽을 중심으로 조직된 일종의 10대 문화를 가지고 있었다. 디포는 아들과 도제가 밤에 술집에 가는 것을 아버지가 자유롭게 허락했던 것에 대해, 다시 말해 같은 술집에 아버지가 항상 함께 있다는 것으로 그가 설명한 자유에 대해 분개했다(또는 분개하는 체했다).[20]

여자들에게 그에 상응하는 제도는 '방문'이었다. 여자들은 차를 마시고 대화를 나누기 위해 도시에 있는 친구들의 집을 방문했다. 이와 유사하게 10대 소녀들도 '방문'을 위해 도시를 돌아다닐 수 있는 자유를 얻었다(만약 디포라면 이런 관행을 힐난했을 것이다).[21] 게다가 런던의 세 극장들—드루어리

---

19) *Encyclopaedia Britannica*, 11th ed., s.v. "Lloyd's of London".
20) Defoe, *Complete English Tradesman*, chap. 23.

레인(Drury Lane), 코번트가든(Covent Garden), 헤이마켓(The Haymarket)—은 중산층의 후원을 받고 있었고, 또한 이들 가운데에는 소호 스퀘어(Soho Square)의 칼라일하우스(Carlisle House) 및 옥스퍼드 가(Oxford Street)의 판테온(Pantheon)과 같은 멋진 무도장에서 일하는 무용가들도 있었다.[22]

아이들도 도시의 거리나 기타 공공 장소에서 오락을 즐길 수 있었다. 아이들이 하는 놀이는 거리에서 하는 놀이들, 즉 꼭두각시 부리는 사람들과 펀치와 주디 쇼(Punch-and-Judy show: 익살스러운 영국의 인형극)와 같은 것이었다. 부모들은 귀에 거슬리는 런던의 일상에서 아이들을 격리시키지 않았으며, 때로는 아이들을 성인 극장과 유원지에 데리고 다녔다.[23]

이처럼 긴장된 런던의 사회생활의 정상에는 복스홀(Vauxhall)과 라넬라(Ranelagh)에 소재한 두 개의 유원지가 있었다. 개인 소유의 이 시설에는 산책을 위한 풍경이 좋은 공원, 식사를 할 수 있는 카페, 춤을 추기 위한 홀과 밴드가 갖추어져 있었다. 18세기는 본질적으로 빅토리아 시대에 출현한 사회생활의 격리를 경험하지 못했었다. 빅토리아 시대에는 각 계급을 그에 상응하는 것에 제한하고 평판이 좋지 않은 것들을 완전히 배제했다. 라넬라와 복스홀에서 중산층 여성들은 공작부인들 및 매춘부들과 뒤섞였다. 이 유원지들은 진실로 공적 공간이었다. 즉, 런던 생활의 구경거리를 보고, 보여주고, 즐기는 장소였다. 여기서 밀도와 커뮤니케이션은 미화되었다. 그리고 도시는 즐길 대상으로서 자신을 드러냈다.[24]

이와 같이 도시와 여러 가지 차원에서 관계를 맺는다는 것은 도시생활의 위험과 불안을 극복하고 "부르주아의 탈출"을 막는 듯했다. 아마도 남성들에 비해 18세기의 중산층 여성들은 회계실에서나 무도실에서나 편안하게 지낼

---

21) Ibid.
22) *Encyclopaedia Britannica*, 11th ed., s.v. "Theatre" and "Dance"
23) J. H. Plumb, "The New World of Children in Eighteenth Century England", *Past & Present* 67(May 1975): 64-95. 또한 Rosamund Bayne-Powell, *The English Child in the Eighteenth Century*(New York: E. P. Dutton, 1939), chap. 10을 참조하라.
24) *Encyclopaedia Britannica*, 11th ed., s.v. "Vauxhall" and "Ranelagh".

수 있는 '도시의 자유'를 훨씬 더 만끽했을 것이다. 그리고 남성이나 여성이나 모두 가능한 모든 경험들을 할 수 있는 도시의 엄청난 개방성으로부터 혜택을 받았다. 이런 경험들 모두가 순전히 천박한 것은 아니었다. 결국 그것은 사무엘 존슨의 런던(그리고 제임스 보즈웰의 런던)이었다.25) 많은 남성 클럽들은 진지한 대화와 학습을 북돋웠다. 중산층 여성들은 고전을 읽었고 하프시코드나 바이올린을 연주했다. 실제로 비판적인 도덕주의자에 따르면, 몇몇 소매상인의 부인들도 철학을 공부했다.26) 여기서 우리는 1766년의 『런던과 웨스트민스터 정비안』에서 그윈이 왜 부르주아지가 도시에 남아 다양한 부류의 사람들과 밀접한 관계를 유지해야 한다고 주장했는지를 이해할 수 있다.

그럼에도 불구하고 18세기 중엽에는 부르주아의 도시에 대한 태도에 중대한 변화가 일어났고, 이는 곧바로 교외화를 이끌었다. 내 생각에, 이처럼 [도시에 대한] 반감이 커진 것은 결코 도시 자체의 근본적인 사회변동으로 인한 필연적 결과가 아니었다. 인구증가와 이로 인한 과밀에도 불구하고, 런던은 여전히 상업과 작은 작업장들의 도시였다. 북부 잉글랜드에서 막 시작된 산업혁명은 본질적으로 19세기에 이르기까지 런던을 비껴 지나갔다. 범죄가 만연했지만 극적으로 증가하고 있었다는 증거는 없다. 밤에 거리의 가로등은 안전하다는 느낌을 다소 증가시켜주었다. 도시 내부와 외부의 교통수단은 원시적인 도로 위를 달리는 역마차와 개인마차뿐이었다.27) 18세기에는 무시무시한 17세기의 재앙(1665년의 대역병과 1666년의 화재)에 비견할 만한 심각한 일은 전혀 없었다.

결정적인 변화는 부르주아 문화 속에서, 즉 도시의 의미를 정의하는 복합

---

25) [역주] 사무엘 존슨(1709~84년)은 18세기 영국의 문인이며, 제임스 보즈웰(1740~95년)은 『사무엘 존슨의 생애』(Life of Samuel Johnson)를 쓴 전기작가이다.

26) Hannah More, Cœlebs in Search of a Wife[orig. de. 1808], 14th ed., 2 vols. (London: Cadell and Davies, 1813), 1:176.

27) Eric Pawson, Transport and Economy: The Turnpike Roads of Eighteenth Century Britain(New York: Academic Press, 1977).

적인 태도에서 일어났다. 그 가운데 가장 중요한 것은 가족과 관련되어 있었다. 그러나 나는 또한 중산층과 나머지 도시 인구 사이에서 발생한 미묘하고도 광범위한 변화를 지적할 것이다. 18세기의 생활을 들여다보는 사람들은 누구나 와트(Ian Watt)가 "물리적 근접과 엄청난 사회적 거리의 결합"28)이라 명명했던 것에 충격을 받을 것이다. 영국 사회는 여전히 일종의 계급사회였다. 사회적 거리가 아주 두드러져서 특권층은 빈자들과 물리적 거리를 멀게 함으로써 자신들을 보호할 필요를 느끼지 않았다는 의미에서 그러하다. 런던의 부유한 은행가들은 빈민가족들에 의해 글자 그대로 에워싸인 채 살았지만 은행가들의 지위는 조금도 손상되지 않았다. 계급사회에서 부자들은 빈자들에게 자신들의 특권을 환기시켜주기 위해서 빈자들과 지속적으로 가까이 있어야 할 필요가 있다고 말할 수도 있다.

18세기를 거치면서 이런 태도는 점차 사회적 구별은 물리적 분리를 필요로 한다는 19세기 사고로 전환되기 시작했다. 변화의 일부분은 확실히 부자와 빈자의 개인적 습관들, 특히 개인적 청결함의 차이 때문이었다. 이와 같은 혐오감의 갈림길은 오웰(George Orwell)이 어렸을 때 들었다고 하는 빅토리아 시대의 금언, "하층민들에게서는 냄새가 난다"에서 최고조에 달한다.29) "두세 명의 벌거벗은 강건한 제혁공"이 근처에 있으면 그것은 숙녀의 영적인 사유를 어지럽힌다는 서론에서 인용한 구절에서, 성적인 불편함과 사회적 불편함이 혼합되어 있음을 느낄 수 있다.

여하튼 극히 불균등한 18세기 도시들이 부자와 빈자 사이의 상당히 긴밀한 물리적 접촉을 견뎌냈던 반면, 보다 '균등한' 19세기와 20세기의 도시들은 점점 더 구획으로 나누어져 그런 접촉들을 제거했다는 사실은 도시 역사의 패러독스 가운데 하나이다. 우리의 논점으로 보자면, 부르주아지는 새로이 느낀 사회적 분리에 대한 필요로 인해, 과밀하고 매우 혼합된 도시 중심

---

28) Ian Watt, *The Rise of the Novel: Studies in Degoe, Richardson and Fielding* (Harmondsworth: Penguin, 1963), 185.

29) George Orwell, *The Road to Wigan Pier*(New York: Harcourt, Brace, Jovanovich, 1958), 127.

부의 근린을 더욱더 불쾌하고 위협적인 것처럼 생각했다. 사회적 분리는 18세기 도시사회생활에서 아주 소중했던 장소들을 많이 파괴했다. 예컨대 지위가 높은 사람들이 대개 '하층'민과 섞이기를 더 이상 원하지 않았기 때문에 유원지들은 후원을 받지 못하게 되었다. 그리고 분리에 대한 욕망으로 인해 부자는 빈자로부터 안전하게 보호받는 단일 계급으로 구성된 근린을 끊임없이 탐색하게 되었고, 이는 교외지역이 확산되는 강력한 동기가 될 수 있었다.

부르주아 가족의 의미심장한 변화는 훨씬 더 근본적인 것이었으며, 이는 17세기 후반에 나타나기 시작해 18세기 중엽에 완전한 형태를 갖추었다. 스톤(Lawrence Stone)은 그의 유명한 저서 『잉글랜드의 가족, 성, 결혼: 1500-1800』(*The Family, Sex and Marriage in England, 1500-1800*)에서 이와 같은 새로운 부르주아 [가족] 형태를 "폐쇄된 가정 중심의 핵가족"이라 불렀다. 그는 본질적으로 가족 구성원의 생활에 일차적이고 압도적인 감성적 초점을 두는 가족의 출현을 언급한다. 스톤에 따르면, 이 근대적 가족은 인류 역사에 언제나 존재해온 자연적·생물학적 단위가 아니라 장구한 역사 발전의 산물이다. 이웃이나 친족의 "외부적" 영향력이 아버지, 어머니, 자녀들이라는 "핵" 사이의 내부적 유대보다 중대했다는 의미에서 중세에서 16세기에 이르기까지 가족은 "개방되어" 있었다고 그는 주장한다. 과거 가족의 경우,

> 핵가족의 구성원들은 가장의 의지에 종속되어 있었고, 따뜻한 정서적 유대로 상호 친밀하게 결합되어 있지 않았다. 그들이 다른 친족 구성원들, 길드의 동료들, 또는 맥주집에서 매일 만나는 동성의 친구와 이웃들을 더욱 친밀하게 느꼈던 것은 당연한 일이다 …. 또한 [가족은] 아주 일시적이었고, 남편이나 아내의 사망 또는 자녀가 사망하거나 일찍이 집을 떠남으로써 빈번하게 해체되었다. 개인 구성원들에 관한 한 가족은 매우 영속적인 것도 아니었고 감정적으로나 성적으로나 크게 요구되는 바도 아니었다.30)

하지만 18세기경, 도시 부르주아지(그리고 이후에는 농촌 젠트리)에게서 아

---

30) Lawrence J. Stone, *The Family, Sex and Marriage in England, 1500-1800*(New York: Harper & Row, 1977), 7.

버지, 어머니, 자녀들의 관계가 새로이 강화되는 것을 볼 수 있다. 상업 자본주의가 요구하고 촉진했던 개인의 자율성 증대는 친족 집단의 중요성을 약화시켰고, 남성과 여성 모두에게 낭만적 매력에 따라 자신의 배우자를 선택할 수 있는 기회를 더욱 풍부하게 제공했다. 남편과 아내는 더욱 친밀해졌고 더욱 평등해졌다(예: 우애 결혼). 수명의 연장은 더욱 긴 결혼생활을 하게 했으며 생존 가능성이 더욱 높아진 자녀들에게 더 많은 감성적인 투자를 하게 했다. 이 모든 경향들이 가족 구성원들을 통합하는 감성적 유대를 철저하게 강화했다. 그 결과는 스톤이 말하는 "폐쇄된 가정 중심의 핵가족"이었다. 이는 가족 그 자체만으로 폐쇄되어 있고 가족을 둘러싼 환경과 분리되어 있으며, 상호 친밀성과 자녀 양육에 특히 관심을 기울인다는 뜻이다.

이 책에서 이와 같은 새로운 형태의 가족이 중요한 이유는 폐쇄된 가족의 필수적 원리가 18세기 도시의 기본 원리와 모순되었기 때문이다. 전통적인 도시환경이 근대적 성장의 요구를 수용할 수 없었듯이, 전통적인 도시형태와 주택건축은 새로운 가족의 요구와 상반되었다. 앞에서 검토한 바와 같이, 가장 부유한 상인의 집도 본질적으로 도시에 개방되어 있었으며, 감성적 친밀성이 요구되는 폐쇄된 영역이 출현했음에도 그것은 거의 또는 전혀 사생활을 허용하지 않았다. 나아가 도시적 오락들이 항상 존재해 가정에 대한 애정으로부터 가족을 빼앗아 오래되고 광범위한 도시적 오락의 네트워크 속으로 이끌었다.

도시와 새로운 가족 사이의 이런 모순은 런던의 상위 중산층 사이에서 큰 세력을 장악했던 종교운동인 복음주의운동으로 더욱 첨예화되었다. 처음에 복음주의운동은 웨슬리(John Wesley)가 개인의 구원을 다시금 강조한 데 대한 영국 국교회의 대응으로 18세기 초에 출현했다. 하지만 18세기 후반에 지도자에 대한 강조는 가족의 역할을 강조하는 새로운 행위 이상을 촉진하는 방향으로 전환되었다. 복음주의자들을 폐쇄된 가정 중심의 핵가족의 신봉자라고 부를 수 있을지도 모른다.[31]

---

[31] 복음주의자에 대해서는 Ian C. Bradley, *The Call to Seriousness: The Evangelical*

주요한 복음주의 작가 윌버포스(William Wilberforce)는 1787년에 "전능하신 신은 제게 노예무역의 방지와 풍습의 개혁이라는 두 가지 큰 목표를 마련해두셨습니다"32)라고 썼다. 노예제 폐지운동에서 윌버포스와 그의 복음주의자 동료들이 행한 역할은 지금도 타당하게 찬양되고 있다. 이에 비해 '풍습'에 관해 그들이 행한 역할은 크게 기억되지 않고 있다. 영(G. M. Young)이 "복음주의 규율에 대한 헤아릴 수 없는 억압이 … 매번" 영국의 문화를 "통제하고 살아나게 했다"고 말해왔지만 말이다.33) 복음주의자들은 우리가 지금 빅토리아니즘(Victorianism)이라고 부르는 복합적인 태도들을 창출함에 있어서 가장 영향력 있는 집단이었지만, 빅토리아니즘은 사실상 18세기 후반에 등장했다. 영국 국교회의 일원이지만 그 효험에 대해 확신이 없는 사람들에게, 복음주의자들은 가장 안전한 구원의 길은 진실한 기독교 가족의 자애로운 영향력이라고 가르쳤다. 그러므로 가족 내의 감성적 유대를 강화시켰던 것은 모두 신성한 것이었고, 가족을 약화시키거나 가족이 진실한 도덕성을 강화할 수 있는 능력을 약화시켰던 것은 모두 저주받은 것이었다.

가족의 주요한 적은 도시 및 도시에서 제공되는 사회적 기회들이었다. 윌버포스의 '풍습 개혁'은 본질적으로 모든 형태의 도시적 쾌락에 대한 대대적인 공격이었다. 의회 의원이며 헐(Hull) 출신의 저명한 상인 가족의 부유한 상속자였던 그는 1784년 복음주의의 대의에 귀의한 이후 곧바로 런던 클럽 회원직을 모두 사임했다. 그는 극장에 가는 것은 "가장 유해하며" "하나님의 율법에 정면으로 배치되는" 것이라고 충고했다.34) "무도회, 음악회, 카드놀

Impact on the Victorians(New York: Macmillan, 1976); Ford K. Brown, *Fathers of the Victorians: The Age of Wilberforce*(Cambridge: Cambridge University Press, 1961); Standish Meacham, "The Evangelical Inheritance", *Journal of British Studies 3(1963)*: 88-104; Catharine Hall, "The Early Formation of Victorian Domestic Ideology" in Snadra Burman, ed., *Fit Work for Women*(New Tork: St. Martin's Press, 1979), 9-14를 참조하라.

32) Bradley, *Call to Seriousness*, 94에서 재인용.

33) G. M. Young, *Victorian England: Portrait of an Age*, 2d. ed.(London: Oxford University Press, 1960), 1. 영은 진보에 대한 신념도 그런 역할을 했다고 평가한다.

34) Robert Isaac Wilberforce and Samuel Wilberforce, eds., *The Correspondence of*

이 등"은 "즐길 수 있는 오락이 아니라 겪어야 할 시험으로서" 인내해야 하는 것이다.35) 계속해서 복음주의 운동은 거리축제, 술집, 무도장, 유원지 등 도시에서 나타나는 온갖 종류의 오락을, 심지어 카드놀이에 대해서도 공격했다. 완전히 문을 닫게 할 수 없는 것들에 대해서도 그들은 일요일에는 금하도록 했다.

아마도 복음주의 이데올로기 가운데 가장 중요한 측면은 여성에 대한 태도였을 것이다. 한편으로 그들은 가치체계에서 가능한 한 가장 높은 역할, 즉 기독교 가정의 최고의 수호자 역할을 여성에게 부여했다. 다른 한편으로 그들은 그 이외의 영역에 여성들이 참여하는 것을 광적으로 반대했다. 윌버포스와 복음주의자 동료들은 내가 알기로 최초로 전통적인 중세적 관념을 뒤집어엎은 사람들이었다. 전통적인 중세적 관념에 따르면, 여성들은 '연약한 사람', 다시 말해 의지보다는 열정이 강한 피조물이어서 이브와 이세벨은 남성에 비해 죄악에 빠져들기 쉽다. 반대로 윌버포스가 주장한 바에 따르면, 여성은 "본래 남성보다 신앙심이 깊었다."36)

이런 자연적 성향은 신의 흔적이었다. 왜냐하면 남성들의 업무는 필연적으로 남성 자신들을 도시의 죄악에 노출시켰기 때문이었다. 하지만 여성들은 스스로를 가정에 제한하고 신으로부터 부여받은 기능들(자녀 교육, 남편에 대한 감성적·종교적 지원)에 헌신함으로써 이런 타락을 피할 수 있었고, 또 피해야만 했다. 윌버포스의 기록에 따르면, "이처럼 여성이 종교에 대해 더 호의적인 성향을 가진다는 것"은

> 또한 여성이 결혼을 하면 그 가치가 배가되도록 하려는 의도를 가지고 있었다. 즉, 그렇지 않았을 때에 비해 결혼한 남성에게 생활의 업무에서 해야 할 몫을 동시

William Wilberforce, 2 vols.(London: Murray, 1840), Miss ____에게 보낸 편지, 8 November 1787, 1:44.

35) Ibid., 1:45.

36) William Wilberforce, *A Practical View of the Prevailing Religious System of Prifessed Christians, in the Higher and Middle Classes of this Country, Contrasted with Real Christianity*[orig. ed. 1797], 11th ed.(London: Cadell and Davies, 1815), 365.

에 할 수 있는 방법을 아주 헌신적으로 제공할 수 있는 듯하다. 그리고 남편이 세속적인 근심거리나 직업적인 노동에 지쳐 가정으로 돌아왔을 때, 아내는 부산스러운 생활에 몰두해 있을 때보다 더욱 따뜻하고 온전한 헌신적 정신을 습관적으로 유지하면서, 남편의 나른한 신앙심을 회복시킬 수 있을 것이다.37)

이처럼 여성을 가정에 제한하는 것은 사실상 복음주의자들이 인정하는 유일한 실질적인 성직자의 위치에 올리는 것이었다. "우리가 여성을 천상세계와 교류할 매개자로 인정할 … 때, 그것은 비천하거나 수치스러운 직무를 여성에게 할당하는 것이 분명 아니다"라고 윌버포스는 천명했다.38)

여성에게 이와 같은 '종교적 원리의 충실한 보고(寶庫)'는 사업이나 사회세계와의 접촉보다 품위가 떨어지는 것이 결코 아니었다. 사업이나 사회세계와 접촉하는 것은 더욱 숭고한 본성에 대한 반역이었다. 윌버포스는 "가족집단 공동의 즐거움"을 무시하고 "밤이면 밤마다 유흥가로" 달려가는 젊은 여성들을 아주 경멸했다.39)

윌버포스와 그의 동료 복음주의자 모어(Hannah More)는 18세기 부르주아 여성의 교육과 가치들을 새로운 이상에 어울리도록 재정의하는 데 지속적인 관심을 기울였다. 모어는 대중적인 극작가이자 유명한 지자(智者)였으나, 복음주의 교리에 귀의한 이후 그녀는 이전의 생활을 경멸하고 이런 식의 여성의 미덕을 선전했다. 『여성교육의 구조』(*Structures of Feminine Education*)에서 모어는 여성에게 유효한 유일한 교육은 "가정의 즐거움"을 만드는 기술, 즉 바깥에서 즐거움을 찾고자 하는 남성의 자연적 열정을 압도하기 위해 가정에서 남편을 즐겁게 하는 능력을 기르는 것이라고 주장한다. 모어는 "친절하게도 신이 우리에게 부여한 특별한 열정을 가지고, 즉 [남성들에게] 가정의 즐거움을 불어넣음으로써" 클럽에 가고자 하는 남편의 열정을 압도하라고 여성들에게 충고했다. 일단 아내가 이처럼 "고결한 가정의 성스러운 안

---

37) Ibid., 366.
38) Ibid., 366-67.
39) Ibid., 367.

식"을 선호하게 하면 남편의 마음은 "즐거운 가정의 정경과 공공 유흥지에서의 김빠진 쾌락을 비교할 것이고, 마침내 의무가 아니라 기쁨에서 … 자기 집으로 달려갈 것이다."40) 나아가 모어는 대중소설 『아내를 찾는 퀠렙스』(Cœlebs in Search of a Wife)에서 자신의 사상을 발전시킨다. 이 소설의 줄거리는 복음주의 교리에 귀의한 남성이 완벽한 복음주의자 여성을 찾아간다는 내용이다. 이 책은 모어가 "전시, 진열" 여성이라 부르는 것을 비판하기 위해 쓴 소책자이다. 젊은 구혼자가 이상형에 대해 말하고 있듯 "그녀는 외양만의 미인이 아니며, 외양만의 천재가 아니며, 외양만의 철학자가 아니며, 그녀는 결코 외양만의 어떤 것이 아니다. … 본성적으로 그녀는 온화하고 다감하고 생기 있고 정숙한 여성이며, 교육의 측면에서 우아하고 지적이고 개화된 여성이며, 종교적 측면에서 독실하고 겸손하고 솔직하고 자애로운 여성이다."41)

현실적으로 이런 인물은 가정에만 관심을 기울이는 여성을 의미한다. 즉, 자녀 교육과 마찬가지로 가계 경영에도 능숙하며, 전 가족의 도덕적·종교적 위상을 높이기 위해 항상 노력하는 여성상이다. 그녀는 남편의 좋은 반려자가 되기 위해 훌륭한 교육을 충분히 받아야 하지만, 배운 것을 가정 외부에 드러낼 정도로 교육받을 필요는 없다. 퀠렙스에 나오는 한 인물은 아내를 구하는 젊은이에게 "당신은 반려자, 즉 고용할 수 있는 예술가를 원하겠지요"42) 하고 말한다. 복음주의자 아내가 유일하게 관심을 기울이는 "바깥" 일은 지역의 빈민들에 대한 자선활동이다. "숙녀들이 정기적인 일자리나 직업을 전혀 가지지 않는 것을 유감스러워한다는 얘기를 종종 들었다. 그것은 잘못이다. 자선은 숙녀의 천직이며, 빈민을 돌보는 것은 숙녀의 직업이다"라고 모어는 단언했다.43)

---

40) Hannah More, *Strictures on the Modern System of Female Education*, in *The Works of Hannah More*, 7 vols.(New York: Harper & Bros., 1836), 6:204-6.
41) More, *Cœlebs in Search of a Wife*, 1:239.
42) Ibid., 1:19.
43) Ibid., 1:21.

18세기 도시가 폐쇄된 가정 중심의 핵가족의 필요와 잘 어울리지 않았다면, 그것은 '폐쇄된' 가족과 보호받는 여성에 대한 복음주의적 해석과는 더욱더 어울리지 않았다. 윌버포스가 일을 마치고 집으로 돌아온 지친 남편의 나른한 신앙심을 회복시키는 헌신적인 아내에 대해 이야기했을 때, 그는 대부분의 독자들의 가정과 작업장이 여전히 한지붕 아래에 있다는 사실을 무시했다. 아내는 남편과 마찬가지로 "부산스러운 생활"에 몰두해 있었다. 모어의 "고결한 가정의 성스러운 안식"은 응접실에서 벌어지는 고객과의 거래, 윗층에 사는 도제의 상스러운 언어, 길모퉁이에 있는 술집의 왁자지껄함, 인접한 점포에서 들려오는 직공의 망치소리, 몇 블록 안에 있는 극장, 무도장, 그리고 그보다 나쁜 것들로 인해 붕괴되었다.

가족에 대한 복음주의 이상과 도시 사이의 이와 같은 모순은 사상 유례를 찾아볼 수 없을 정도로 시민의 가정을 도시로부터 분리시키는 최종적인 동력을 제공했으며, 이것이 교외 개념의 본질이다. 도시는 과밀하고 추하고 비위생적일 뿐만 아니라 비도덕적이었다. 가족과 아이들로 구성되는 여성의 성스러운 세계를 세속적인 대도시로부터 분리하는 것이야말로 구원을 얻는 길이었다. 하지만 이처럼 가정과 작업장을 분리하더라도 남성은 일상적으로 업무를 볼 수 있어야 했고(열심히 일해 성공하는 것이 또한 복음주의의 미덕이었으므로), 사업활동을 하기 위해서는 런던이라는 거대한 정보 중심지에 개인적으로 신속하게 접근해야 했다. 이것이 문제였으며, 교외지역은 궁극적인 해결책이 될 수 있었다.

제2장
부르주아 유토피아 만들기

런던 부르주아지가 급작스럽게 도시의 타운하우스를 버리고 교외라는 완전히 새로운 주거형태로 이주했던 것은 아니었다. 결정적인 역할을 한 중간단계, 즉 주말빌라(weekend villa)가 있었다. 18세기 초부터 런던의 중산층은 대도시 주위의 그림 같은 시골지역에 빌라나 오두막집을 마련해놓고, 전 가족이 매주 토요일 오후에 '내려갔다가' 일요일 오전에 돌아오는 것을 관례로 삼았다. 상인 엘리트가 본가(1차주거)를 주말빌라로 옮기면서 근대 교외가 나타났다. 가족 가운데 여성들과 아이들은 런던과 완전히 분리되었던 반면, 상인들은 매일 개인마차를 타고 빌라에서 런던으로 통근했다.

따라서 주말빌라는 전통적인 부르주아의 생활패턴과 교외화라는 새로운 시대를 이어주는 결정적인 교량이었다. 그것이 옛것과 새것 사이의 점진적인 이행을 가능하게 했다. 왜냐하면 혁신은 기존의 구조를 새로운 기능에 적응시키는 데 한정되어 있었기 때문이다. 내가 교외지역이 부르주아에 의한 '집합적 창조'라고 말했던 것은 인류학자 레비스트로스(Claude Lévi-Strauss)가 브리콜라주(bricolage)라고 명명했던 것을 통해 성취되었다. 브리콜라즈는 재주꾼이나 브리콜러(bricoleur: 브리콜라주를 하는 사람)가 무엇이든 기존의 재료들을 가지고 새로운 구조를 만드는 것을 본뜬 개념이다.[1)]

다양한 종류의 주말주택들은 부르주아지가 교외지역을 창조했던 기존의 재료들이었다. 따라서 우리는 이 중간단계를 면밀히 살펴보아야만 한다. 왜냐하면 그 형태들이 교외를 디자인하는 언어에서 일종의 '심층구조'(deep structure)를 형성하고 있기 때문이다. 교외지역은 18세기 상인 빌라의 다양한 건축 스타일들, 조경, 문화 관념들로부터 특징적인 디자인을 물려받았다.

영국 부르주아 빌라의 기원은 16세기까지 거슬러 올라간다. 당시에는 그레셤(Thomas Gresham)처럼 왕실과 긴밀한 관계를 가진 상인들이 런던 구시내에 자신들의 전통적인 주거를 가지고 있으면서 런던 외곽의 시골에 정교한 맨션을 지었다. 그레셤의 오스트레이 파크(Osterley Park)는 귀족들의 정교한 맨션들을 명백히 모방하고 있다. 귀족들은 왕실에서의 지위로부터 주요한 소득이나 권력을 획득했고, 그리하여 물려받은 토지 한가운데가 아니라 웨스트민스터 궁전 가까이에 저택들을 지었다.2) 17세기에 내전[찰스 1세와 국회의 싸움], 대역병, 화재가 발발한 이후, 빌라를 소유하는 관습은 왕실과 전혀 접촉을 하지 않던 상인 엘리트에게로 확산되었다. 디포는 "상인들이 이 도시의 몇 마일 이내에 군주들의 왕궁들보다 우수한 대저택들을 얼마나 많이 지었는가"라며 다소 과장된 어조로 기뻐했다.3) 그가 언급한 빌라들은 실제로는 왕궁에 비길 바가 아니었다. 그럼에도 불구하고 그 빌라들의 실질적인 크기와 안락함은 농촌의 지주 엘리트의 주택과 맞먹을 정도였다. 그리고 여름을 제외하고 토요일 오후부터 일요일 아침까지만 이 주택을 사용했다.

1774년 런던의 ≪데일리 애드버타이저≫(Daily Advertiser)에 실린 광고를 보면 우리는 더욱 정교한 상인 빌라의 규모를 잘 이해할 수 있다.

런던에서 약 5마일 떨어진, 에섹스 월담스토(Walthamstow) 부근 레이턴(Layton)의 아주 쾌적하고 위생적인 곳에 위치한, 상인이나 지체 높은 가족에게 어

---

1) Claude Lévi-Strauss, *The Savage Mind*(Chicago: University of Chicago Press, 1966), 16-33.
2) *Encyclopaedia Britannica*, 11th ed., s.v. "Gresham, Thomas".
3) Daniel Defoe, *The Complete English Tradesman*, 2d ed., 2 vols. (London: Rivington, 1727), 1:244-45.

울리는, 둔덕 위에 있어 전망이 좋은, 아주 값진 부동산. 넓고 견고한 벽돌 맨션, 넓은 안마당과 객차 조차장, 두 개의 훌륭한 6필용 마구간, 말 8필을 넣는 마구간과 인접한 물림(간)이 있다. 네 개의 마차 차고, 넓은 부엌과 유원지, 쾌적한 그늘을 드리우는 담장, 아름답게 조성된 관목 숲, 유실수를 정성 들여 심어놓은 길과 정원, 양어장과 수로 … 그리고 큰 헛간을 갖춘 맨션과 분리되어 있는 좋은 농장 마당 등, 모두 합쳐 무려 33.5에이커에 달한다.4)

이 광고가 호소하는 것은 분명하다. 즉, 여기서 상인은 주말에 귀족이 될 수 있다는 것이다. 위의 광고는 18세기 농촌 엘리트의 스타일을 정확히 정의한다. 그것은 전망 좋은 언덕 위의 대저택, 말, 정원, 자기 농장에서 수확한 식료이다. 농촌 젠트리나 귀족의 실제 시골저택이 이 저택들과 크게 다른 점은 33.5에이커가 아니라 수백 에이커(대개 농업 노동자들에게 임대되었다)에 달하는 대규모 토지소유를 위한 본거지였다는 것이다. 이와 같은 귀족의 시골저택을 유지하기 위한 기본 소득은 토지로부터 나오는 지대였을 것이다.

하지만 상인 빌라는 경제적 뒷받침 없이 귀족의 시골저택과 같은 모양을 취한다. 쾌적하고 유명한 것들은 모두 구비되어 있었다. 단지 소득을 낳는 토지만이 결여되어 있을 뿐이다. 회계실에서 나오는 상인의 소득은 그 소득을 낳은 도시문화와 완전히 다른 (주말)생활양식을 가능하게 한다. 이런 현상을 귀족적 스타일에 대한 부르주아의 아첨, 다시 말해 영국 중산층이 때때로 혐의를 받아온 '귀족을 사랑하는' 성향의 사례로 간주할 수도 있다. 실제로 이 주말빌라에서는 '시골 유한계급'에 대한 상당한 부러움이 있었다. 아마 이런 부러움은 18세기 영국사회에서 농촌 엘리트가 권력과 위세에 대해 상당한 지배력을 가지고 있었음에 비추어 볼 때 불가피한 선망이었다.

하지만 18세기 부르주아 빌라는 귀족에 대한 단순한 모방 이상의 복잡한

---

4) London *Daily Advertiser*, 9 July 1774. Nicholas Rogers, "Money, Land and Lineage: The Big Bourgeoisie of Hanoverian London", *Social History* 4(1979): 449에서 재인용. F. M. L. Thompson, *Hampstead: Building a Borough, 1650-1964* (London: Routledhe & Kegan Paul, 1974), 92와 비교하라. 여기서 그는 1805년 햄스테드의 해버스톡힐 빌라 단지를 기술하고 있으며, 각각의 주택은 "시골저택을 완벽하게 축소해놓은 듯한 인상을 준다."

의미를 가지고 있었다. 로저스(Nicolas Rogers)가 18세기 런던 부르주아지에 관한 연구에서 보여주었듯이, 18세기 중엽의 상인은 17세기 후반의 상인들에 비해 상인의 직업에 훨씬 더 충실했다. 상인들은 사업에서 은퇴해서 자신이나 아이들을 농업 지대로 살아가는 진정한 지주 유한계급으로 만들기 위해 대규모 시골 사유지-그리고 그에 따른 고가의 대규모 토지소유-를 구입하는 데 사업으로 축적한 부를 거의 사용하지 않았다. 그 대신에 그들은 자본을 런던의 사업에 재투자하거나 자신들이 보유하고 있었다. 즉, 그들은 로저스가 "품위 있는 도시 스타일"이라 부르는 것-런던의 오락, 바스(Bath)와 같은 온천에 가기, 빌라를 포함한다-을 유지하기 위해 급등하는 사업에서 얻은 이윤을 사용했다.5)

이런 맥락에서 우리는 주말빌라를 런던 부르주아지가 자신들의 계급적 자부심-그리고 상인의 자본-을 고스란히 유지하면서, 귀족의 위세와 취향을 전유하려는 시도로 볼 수 있다. 귀족적 생활의 수려한 과실을 (최소한 가끔씩은) 맛보기 위해 귀족에게 빌붙을 필요는 전혀 없었다. 그들은 여전히 상인의 지위를 유지하면서도 가장 품위 있는 사회에서 전형적으로 나타나는 시골저택을 소유할 수 있었으며, 그리하여 월요일 아침에는 전 가족이 이 화려한 저택을 버리고 런던으로 귀환할 수 있다는 그들의 완고한 자부심을 지킬 수 있었다. 이런 관습이 그들의 정체성을 확고하게 해주었다. 예컨대 여름에 자신은 런던에 머물러 있으면서, 나머지 가족들을 빌라에 보내는 상인을 디포는 칭찬한다. 오후가 되면 그는 가족과 함께 저녁을 먹기 위해 시골로 갔고, 밤이 오면 도제들이 문단속을 제대로 했는지, 장난을 치고 있는지 확인하기 위해 런던으로 돌아왔다.6)

18세기 중반 경, 멋진 주말빌라를 소유하는 것은 런던의 부유한 상인들을

---

5) Rogers, "Money, Land and Lineage", 443-52; 시골저택의 건축적, 사회적, 경제적 역사는 Lawrence Stone and Jeanne C. Fawtier Stone, *An Open Elite? England, 1540-1880*(New York: Oxford University Press, 1985), Part III, "Houses"에 훌륭하게 기술되어 있다.

6) Defoe, *Complete English Tradesman*, vol, 1:108.

규정하는 특징 가운데 하나로 일상적으로 언급되었다. 한 방문객은 "어느 계절에나 런던의 상인들은 일반적으로 토요일에 시골로 내려가 월요일 교대시간까지 돌아오지 않는다"⁷⁾고 썼다. 우리는 모방이라는 아주 확실한 시금석으로 이 운동의 힘을 가늠할 수 있다. 더 신중한 상인들은 도시 외곽의 도로에 연해 있는 수수한 '오두막집'을 확보하고자 노력했다. 1754년에 한 관찰자는 "런던의 상인은 플리트 가(Fleet Street)나 칩사이드(Cheapside) 못지않게 턴햄그린(Turnham-Green)이나 켄티시타운(Kentish-Town) [두 지역 모두 당시 빌라의 입지로 각광받던 농촌마을]에 대해 잘 알고 있다"고 썼다.⁸⁾

많은 18세기의 동시대인들은 이처럼 중산층이 시골로 이주하는 것을 일종의 무례한 일로 보았다는 증거들이 다수 있다. 기성 가치들을 맹렬하게 옹호하던 런던 풍자가들은 귀족적 패션들을 이해할 수 없는 서민들이 그것들을 꼴사납게 모방하고 있을 뿐이라고 보았다. 진실한 취향이라고는 조금도 없이 당대의 패션을 모두 결합한 빌라에서 살찐 상인과 그의 아내가 꼴사납게 안절부절 못하는 모습을 신문들이 대서특필했던 것처럼, '빌라를 가진 시민'은 최고의 공격대상이 되었다.

한 작가는 그런 빌라를 방문하는 모습을 상상적으로 그리고 있다. 그는 그것을 "더러운 도랑과 분리된 공중도로 한 쪽에, 도랑 위로는 집으로 들어가는 두 개의 좁다란 널빤지로 된 작은 다리가 있는, 런던에서 약 3마일 떨어진 쾌적한 곳"으로 묘사한다. "도로의 다른 한 쪽의 울타리는 전망을 모두 차단하며(다락방에서는 보이지만), 다락방에서 실제로 당신은 두 사람이 케닝턴 공원(Kennington Common)의 사슬에 매달려 있는 아름다운 경치를 본다." 정원을 잠시 돌아본 다음, 방문자는 집으로 안내 받고 집안에서 "작은 꽃다발의 향기를 맡으며, 황금빛 뿔이 달린 양을 쓰다듬는 양치는 여자의 모습을 한" 그 집 숙녀의 초상화가 응접실에 걸려 있는 것을 본다.⁹⁾

---

7) Pierre Jean Grosley, *A Tour to London*, Trans. Thomas Nugent, 2 vols.(London: Lockyer Davis, 1772), 1:109.
8) *The Connoisseur*, 12 September 1754.
9) Ibid.

유사한 주제를 담고 있는 한 시는 "스리프티 경"(Sir Thrifty)이라는 런던 상인의 무용담을 노래한다. 이웃사람 트래픽 경(Sir Traffick)의 시골저택을 부러워하는 그의 아내는 집을 구입하자고 바가지를 긁는다.

    … 나그네들이 모두 놀라
    우리의 작은 맨션을 응시하네.
    그리고 그 고급 주택을 가리키며
    외치는 소리, "저게 스리프티 경의 시골저택이야."

하는 수 없이, 스리프티 경은 굴복하고 집을 구입할 뿐만 아니라 그의 아내로 하여금 그 집을 최신(1750년대) 스타일로 개축하게 한다.

    나그네는 놀라 바라본다.
    방울 달린 번지르르한 슬레이트를 인,
    그리고 죽 뻗은 용마루로 치장된,
    고딕풍이나 중국풍 사원을.
    4피트 넓이의 물웅덩이 양쪽에는
    나부로 된 아치가 걸쳐 있고,
    엄격한 디자인을 별로 하지 않은
    길모퉁이, 굴곡, 구불구불한 선이 있는 …
    따라서 빌라는 매우 우아하며,
    모두들 스리프티가 심미안이 있다 하네.
    그리고 부인의 여자 친구들과 사촌들은,
    십여 명의 시의회 의원들과 더불어
    일요일마다 저택에 모여
    서로를 응시하며 식사를 한다.[10]

더욱 진지한 기록을 보면, 존슨(Samuel Johnson)은 한 신중한 상인의 이야기를 자세히 언급한다. 그는 "럿게이트 힐(Ludgate Hill)의 포목상처럼 자신이 시골에 저택을 가질 만큼 충분히 부유하다고 생각했다. … 나는 아이슬링턴(Islington)의 큰길이 내다보이는 어떤 방에서 그를 만났다. 그는 창문을 통

---

10) *The Connoisseur*, 26 August 1756.

해 즐거이 바깥을 내다보고 있었다. 자욱한 먼지 때문에 그는 그 창문을 열어 본 적이 없었을 것이다. 그는 나를 포옹하더니 '나는 시골에서 환대를 받았습니다' 하고는 '내 기분이 상쾌하지 않았다면 어떡하지요'라고 물었다."11) 계속해서 존슨은 허영에 찬 인간의 소망에 대해 생각한다.

이런 풍자는 중산층이 런던 주위의 토지를 잠식해가는 데 아무런 영향력을 미치지 못했다. 도시와 시골을 구분하고 토지 엘리트만이 시골을 향유했다는 오래된 사고를 부르주아지는 간과하거나 무시했다. 또한 그들은 자신들의 직업이 고대와 근대의 위세 모델을 모방한 주택과 어울리지 않는다고 생각하지 않았다. 귀족의 특권을 옹호하는 한 작가는 다음과 같이 썼다.

> 다음 세기에는 건물에 대한 취향이 부에 비례해 증가한다면, 우리는 역사에 기록된 이탈리아나 그리스의 으리으리한 건축물들보다 소매상인, 기술자, 기타 서민들의 세련된 시골저택을 자랑할 수 있을 것이다. 사실 우리는 플리니, 호르텐시우스, 루쿨루스, 기타 로마 [귀족들]의 시골저택을 알고 있다. … 그러나 … 그들의 구두를 고치던 사람이나 재단사가 어찌 빌라를 가질 수 있었겠는가?12)

이런 이야기가 부르주아지를 막지는 못했다. 전세계의 무역을 장악했던 그들이 런던 주위 시골의 가장 쾌적한 자리를 차지하지 못할 이유는 전혀 없었다. 따라서 부르주아지는 귀족의 시골저택을 브리콜라주의 재료로서 전유했으며, 이것이 교외지역을 창조했다. 이런 부동산의 실질적인 의미—농업지대로부터 수입을 올리는 토지 엘리트의 우위성—는 아주 상이한 어떤 것, 즉 귀족과 동일하게 품위 있는 문화를 향유할 수 있는 상인계급의 권리로 변형되었다. 하지만 귀족의 시골저택의 영향력은 오늘날에도 자신의 토지로 둘러싸인 웅장한 교외저택의 기본 이미지 속에 살아남아 있으며, 또한 아마도 교외주택을 둘러싼 토지는 아름다운 공간일 뿐만 아니라 우월한 사회적·경제적 지위의 징표라는 의미에서 더욱 깊이 살아남아 있을 것이다.

---

11) *The Idler*, 29 July 1758.
12) *The Connoisseur*, 12 September 1754.

하지만 교외지역을 창조한 브리콜라주의 핵심에는 또 하나의 이미지, 즉 고전적 빌라(classical villa)가 있었다. 위에서 인용한 플리니, 호르텐시우스, 루쿨루스에 대한 언급에서 알 수 있듯이, 18세기에는 그런 고전적 전례-고대 로마의 빌라-를 환기시키지 않고서는 그리고 그것들을 모방하지 않고서는, 시골의 저택이란 생각할 수 없었다. 이런 이상적인 빌라형은 이상적인 시골저택형과 어느 정도 중첩되었지만, 런던 외곽의 시골에 고전적 빌라에 가까운 어떤 것을 재생하려는 시도는 상인들 저택의 독특한 스타일, 궁극적으로는 교외지역의 스타일을 더욱 뚜렷하게 정의하는 데 도움을 주었다.

실제로 기원전 1세기 고대 로마를 에워싸고 있던 교외빌라와 18세기 런던의 빌라 사이에는 어떤 실질적인 연관성이 있었다. 로마인들은 도시 외곽에 위치한 그림 같은 시골의 정원에 건축된 호화주택을 부유한 도시 엘리트 건물의 전형으로 삼았다.[13] 빌라 개념은 르네상스기에 부활되었으며, 당시 각 이탈리아 도시국가들의 상인들은 도시 외곽에 고전적 빌라의 변형물들을 건축하는 한편, 성벽 내부에 궁전(palazzo)을 두었다. 1530년에 베네치아 대사 포스카리(Foscari)는 "피렌체 사람들은 도시 외곽에 웅장하고 호화로운 궁전을 아주 많이 건축해서, 그것들이 모여 제2의 피렌체를 이루고 있었다"[14]고 기록했다.

팔라디오(Andrea Palladio, 1508~80년)[15]는 르네상스 빌라 디자인을 절정에 올려놓았고, 영국에서 그의 이름은 순수 고전주의와 동의어가 되었다. 그는 베네치아 땅, 즉 베네치아에 속하는 브렌타 강에 연접한 이탈리아 본토 영역에서 주로 일했다. 그가 지은 몇몇 빌라들은 베네치아 자본가들이 장사보다는 투자를 다양화하기 위해 구입한 대규모 토지에 건축되었다. 그러나

---

13) John B. Ward-perkins, *Roman Architecture*(New York: Abrams, 1977), 51-58.
14) Fernand Braudel, The Mediterranean and the Mediterranean World in the Age of Philip II, trans. sian Reynolds, 2 vols(New York: Harper & Row, 1972), 1:337.
15) [역주] 팔라디오(Andrea Palladio, 1508~80)는 16세기 이탈리아에서 가장 유명한 건축가였다. 그는 많은 궁전과 별장, 특히 로톤다(1550-51)와 논문 <건축4서>(1570년)로 서유럽 건축에 큰 영향을 미쳤다.

가장 유명한 로톤다 빌라(Villa Rotonda)는 기품 있는 여가를 즐기기 위해 설계된 실질적인 교외빌라(villa suburbana)였다.16) 이 주택은 질서로 간주되는 문명의 궁극적인 표현이었다. 즉, 이것은 완전한 스퀘어, 원주 모양의 주랑과 박공벽으로 구성된 네 개의 파사드, 대칭적으로 배열된 내부의 방들, 정확히 스퀘어의 중앙 위에서 전체를 덮는 완벽한 원형 돔을 갖추고 있었다. 언덕 위의 망루에서 보면, 로톤다 빌라는 수 세기 동안 정성 들여 가꾸어온 결과인 질서정연한 자연을 향하고 있었다.

팔라디오의 빌라는 자연 가운데 짓는, 그리하여 자연의 미덕과 문명의 미덕을 결합하는 여유로운 기획을 위해 설계하는, 문명화된 주택의 이상적인 빌라형을 규정했다. 팔라디오는 "고대의 현자들은 보통 그런 곳으로 낙향하곤 했다. 흔히 덕망 높은 친구와 친지 들의 방문을 받기도 하고, 주택과 정원 그리고 그와 같은 유쾌한 장소들이 있고, 무엇보다도 그들이 덕을 가지고 있음으로 해서 그들은 이 세상에서 얻을 수 있는 최대한의 행복을 쉽게 얻을 수 있었다"17)라고 기술했다. 로톤다 빌라에서 교외의 트랙하우스(tract house: 집단규격주택)로 이행하는 길은 멀고도 험한 길이었지만, 우리는 전자(로톤다 빌라)가 내건 "자연 속의 문명화된 주택"이라는 이상의 작은 흔적들이 매우 소박한 교외의 발전에서도 살아남아 있다는 것을 파악하지 않고서는 후자(교외의 트랙하우스)를 이해할 수 없다.

팔라디오의 이상은 처음에 존스(Inigo Jones)에 의해, 그리고 나중에는 벌링턴(Lord Burlington)에 의해 영국에 도입되었다. 벌링턴은 팔라디오의 로톤다 빌라 설계도면을 구입해 런던의 신흥 교외지대 중심부에 위치한 치스윅(Chiswick)에 동일한 모양의 건물을 자기 힘으로 지었다.18) 템스 강변의 트위켄햄(Twickenham)에 위치한 포프(Alexander's Pope)의 빌라도 영향력을 미쳤다.

---

16) James S. Ackerman, *Palladio's Villas*(Locust Valley, NY: Institute of Fine Arts, New York University, 1967), 17.

17) Andrea Palladio, *The Four Books of Architecture*, transl. Isaac Ware(1738; reprint ed. New York: Dover Publications, 1965), 46.

18) Ackerman, *Palladio's Villas*, 20

■ 주: 빌라의 이상형. 트위켄햄의 템스 강변에 있는 알렉산더 포프의 빌라(1720년대). 트위켄햄은 런던에서 서남쪽으로 10마일 떨어져 있다. 런던 길드홀 도서관의 허가를 받아 수록함.

이탈리아 르네상스 스타일은 아주 많은 모방자들 — 대개 부유한 상인들 — 에게 영감을 주었고, 이로 인해 월폴(Horace Walpole)은 템스 강을 "영국의 브렌타 강"19)이라고 불렀다.

하지만 팔라디오의 이상은 영국에서 실현되는 과정에서 몇몇 결정적인 변화를 겪었고, 그런 변화들은 마침내 교외지역에 도입되었다. 첫째, 팔라디오의 고전주의에 대한 열정은 실내 디자인에서 현격하게 줄어들었고, 영국인들

---

19) W. S. Lewis, Warren Hunting Smith and George L. Lem, Eds., *The Yale Edition of Horace Walpole's Correspondence*, 48 vols. in 49(New Haven: Yale University Press, 1937-83), 19:497.

은 "부드럽고 연원이 없는 정확함"(mellow and undated rightness)[20] – 펩스너(Nicolaus Pevsner)의 표현을 따르자면 – 을 가진 주택유형을 발전시켰으며, 이는 교외 건축의 시금석이 되었다. 영국의 팔라디오풍 주택—특히 미국에서는 '조지풍'으로 알려진—은 평평한 직사각형 파사드의 벽돌구조였다. 중앙현관 주위에 대칭적으로 배치된 창들은 파사드에 균형감을 준다. 로톤다 빌라의 거대한 기둥들과 주랑은 파사드에 대한 고전적 세부 묘사로 축소되었다. 지붕선에 배치된 중앙 박공벽 – 때로는 기둥을 댄다 – 은 파사드의 중앙을 장식하는 한편, 박공벽이 있는 입구 및 측면의 기둥들로 장식된 현관은 소유주의 건축적 취향을 잘 보여준다.

내부로 들어가서 중앙의 홀에는 2층으로 올라가는 계단의 층계참에 '팔라디오풍의 창'을 두어 햇빛이 잘 든다. 1층의 넓고 햇빛이 잘 드는 방들은 홀과 이어져 있다. 즉, 한편으로는 공식적인 응접실, 다른 한편으로는 거실이나 서재, 뒤편의 식당방과 이어질 것이다. 부엌은 런던의 타운하우스와 마찬가지로 지하실에 있거나 뒤쪽의 분리된 물림(간)에 있었다. 교외 디자인이 곧바로 팔라디오풍 주택의 형식성에 더 화려하고 풍부한 대안들을 제공했겠지만, 그 우아한 단순성은 결코 잊혀지지 않았다.

영국의 팔라디오풍 주택 디자인이 상대적으로 형식적이었다면, 18세기 영국의 정원은 이전의 이탈리아풍 빌라와 완전한 단절을 이루면서 자연에 대한 중요한 신개념을 제시했으며, 이는 교외 조경의 핵심을 차지하게 되었다. 이탈리아 르네상스에서, 자연은 '황무지'와 아무런 공통점을 가지고 있지 않았다. 그들의 이상적 정원은 빌라처럼 대칭적이고 형식적인 것이었다. 애커만(James Ackerman)이 지적한 것처럼, "인간에 의해 정돈된 것 이외의 자연은 르네상스 시대의 이탈리아인들에게 저주였다."[21] 식수(조림)를 하는 목적은 푸른 나무들이 "바티칸 궁전의 조신(朝臣)처럼 우아하고 인위적인 모양으

---

20) Nikolaus Pevsner, *An Outline of European Architecture*, 7th ed.(Harmondsworth: Penguin, 1963), 337.

21) Ackerman, *Palladio's Villas*, 17.

로 움직이도록"22) 만드는 것이었다.

18세기 초에 다양성으로서의 자연 개념에 바탕을 둔 경관에 대한 새로운 이상이 영국에서 나타났다. 옛날 정원의 직선과 직각은 부드러운 곡선으로, 대칭은 신중하게 계획된 불규칙성으로 대체되었다. 나무, 관목, 꽃들을 자연적인 모양으로 자라도록 '내버려두고' 또한 손대지 않은 자연의 모습을 모방하기 위해 그것들을 흩뿌려서 심었다. 엄격하게 제한된 르네상스 정원의 세계 대신에 이 이상은 무한히 확장되는 녹색과 다양성의 세계를 표현했다.

확실히 이 새로운 미학은 옛것만큼이나 엄격한 규칙들을 가지고 있었다. '그림 같다'(picturesque)는 용어는 '자연'에 대한 직접적 감상이 아니라 17세기 화가들—가장 대표적인 화가는 로랭(Claude Lorrain)이다—의 풍경화에서 나타나는 실제 정원과 공원의 모방에서 기원했다는 사실을 감춘다. 클로드는 '자연을 보고' 작업한 것이 아니라 고전기에 이상적이라고 생각하던 관점에서 작업했으며, 그것을 캔버스에 옮기려고 했다. 그가 생각한 비전은 클라크(Kenneth Clark)가 "인류의 마음을 달래준 가장 매혹적인 꿈, 다시 말해 평화롭게, 경건하게, 원시적으로 소박하게 인간이 지구의 열매를 떠먹던 황금시대의 신화"23)라고 명명했던 것이었다. 이런 비전은 영국의 상위계층을 확실히 매혹했고, 그들에게 위안을 주었다. 포프와 벌링턴과 같은 문화 지도자, 켄트(William Kent), 브라운(Lancelot "Capability" Brown), 렙턴(Humphry Repton)과 같은 천재적인 조경사들이 이를 장려함에 따라 대지주들은 시골저택 주위의 이상에 어울리는 '공원들'을 만들기 시작했다. 훼손되지 않은 자연의 모습을 만들기 위해 온갖 선진농학기술들이 도입되었다. 동물들이 공원에 들어오지 못하게 하는 울타리를 제거하고 은장(隱墻)24)이라고 하는 좁다란 구덩이를 팠으며, 이는 자연이 무한히 펼쳐지는 환상을 제공했다. 좋은 '전망'을 위해 나무를 베어냈고 단조로워 보이는 곳에는 나무를 심었으며, 연못이나

---

22) Ibid., 2.
23) Kenneth Clark, *Landscape into Art*(London: Murray, 1949), 54.
24) [역주] 정원의 경관을 해치지 않도록 경계 도랑을 파서 만든 울타리.

구불구불한 개울을 더 좋은 위치로 옮기기 위해 하로를 변경시켰다. 직선은 모두 구부러지게 만들었고, 대칭적인 것은 불규칙적인 것으로 바꾸었다.

윌리엄스(Raymond Williams)는 이처럼 '그림 같은' 자연주의적 경관이 유행하는 것을 경제적인 맥락에서 평가했다. 그는 다음과 같이 말한다.

> 직선 울타리, 직선 도로와 더불어 엔클로저 판정의 수학적인 격자들은 자연적 곡선, 흩어져 있는 공원과 공존한다. 그럼에도 불구하고 이것들은 일정 정도 동일한 과정(단지 어떤 경우에는 생산을 위해 토지가 조직되어 소작인과 노동자가 작업을 하는 한편, 또 어떤 경우에는 소비를 위해 토지가 조직되고 있다는 이유로 외관상 취향이 달라보이는), 즉 시찰, 정연한 독점적인 휴식, 전망과 관련되어 있다.[25]

여기서 소비를 위해 조직된 토지는 이와 같은 조경계획 스타일의 사회적 토대이며, 교외지역을 깊이 요구하게 되는 원천이다. 그것은 도시와 마찬가지로 인공적인 경관이다. 르코르뷔제의 말을 빌리면, 양자는 모두 "자연에 대한 인간의 지배"이다. 그러나 그림 같은 경관은 토지의 소비를 나타내기 위해 감독관·소유주에 의해 신중하게 디자인되었고, 이 수동적 즐거움은 정확히 교외지역과 그 환경의 관계이다. 따라서 그림 같다는 것의 미학은 디자인 언어가 되었고, '자연적 배경'이라는 개념이 교외의 배경에 아주 많이 표현되어왔다. 그래서 오늘날 우리는 교외를 생각할 때, 언제나 구불구불한 오솔길과 그 길을 따라 이어진 '산재한 공원풍경'을 떠올리게 된다.

그러나 그림 같다는 것이 교외 경관의 언어가 되도록 정해져 있었다 하더라도, 본래 귀족들의 시골저택을 에워싸고 있던 광대한 정원에 적용되던 형태가 근대 교외의 세분된 경관에 사용될 수 있도록 변형되기까지는 장구한 동화의 과정이 필요했다. 실제로 내시(John Nash)가 설계한 파크 빌리지(1824년)와 맨체스터의 빅토리아 파크(1837년), 옴스테드(Frederick Law Olmstead)가 설계한 일리노이 리버사이드(1868년), 스타인과 라이트(Clarence Stein and Henry Wright)가 설계한 뉴저지 래드번(1928년)과 같은 20세기 자동차 교외

---

25) Raymond Wolloams, *The Country and the City*(London: Chatto & Windus, 1973), 124.

에 이르기까지, 이 책에서 소개된 계획사(計劃史) 전체가 그림 같은 스타일의 대규모 조경 원리를 교외의 필요와 취향의 변화에 점진적으로 적응시켜가는 과정이라고 말할 수 있다.

동화는 18세기 중엽에 일어났다. 당시 런던의 상인들은 주말빌라의 정원을 새로운 스타일로 가꾸었다. 그들이 모델로 삼은 것은 분명 트위켄햄에 있는 포프의 정원이었다. 이는 (피서용 돌집을 만들지도 않았지만) 그림 같은 조경을 위한 기본 요소들을 모두 갖추고 있으면서도 놀랄 만큼 작은 정원이었다.26) 포프의 정원과 같은 사례들을 본받아 그림 같은 것은 상인 엘리트의 맨션으로, 그리고 이후에는 필연적으로 더 신중한 소매상인 및 그들의 오두막집으로 확산되었다. 앞에서 인용한 시에서 풍자한 스리프티 경의 정원은 "모퉁이, 굴곡, 구불구불한 선"을 자랑한다. 그리고 1750년에 감정가 월폴(Horace Walpole)은 "과거에 토지를 넥타이처럼 규칙적으로 정돈하려 노력했던 것보다 훨씬 많은 힘을 들여 토지를 불규칙적으로 비틀기 위해 애쓰지 않는 자가 없다"27)고 불평할 수 있었다. 지금까지 귀족적인 환경을 본떠 자신들의 것으로 만들어왔던 중산층은 다시 한 번 자신들보다 나은 자들이 만든 스타일의 혁신을 전유하고 있었다.

18세기 후반에 근대 교외의 창조를 위한 모든 요소들이 구비되었다. 부르주아지는 런던 외곽의 시골에 성공적으로 자리를 잡았다. 부르주아지는 부(富)를 바탕으로 토지뿐만 아니라 교외 다지인의 기본 요소들(실질적인 독립가옥, 우아한 정원, 귀족적 시골저택 및 고전적 모델에 토대를 둔 빌라의 문화유산)에 접근했다. 하지만 브리콜라주를 완성하기 위해서는 더 많은 것이 요구되었다. 다시 말해 이 빌라들을 쾌적한 주말별장이나 아주 부유한 계급의 재산 과시수단 이상의 무언가로 만들어주는 새로운 결정요인이 필요했다. 이 새로운 결정요인은 내가 이미 언급했듯이 부르주아 가족과 도시생활

---

26) 포프의 정원과 빌라의 의미에 대해서는 Maynard Mack, *The Garden and the City: Retirement and Politics in the Later Poetry of Pope, 1731-1743*(Toronto: University of Toronto Press, 1969)을 참조하라.

27) Quoted in Pevsner, *Outline*, 347.

사이의 갈등이 심화되었다는 점에서 도출되었다. 가족생활에 적합한 환경으로서 도시에 대한 깊은 반감으로 일부 부르주아 엘리트들-뒤에서 검토하겠지만, 특히 복음주의 운동에 큰 영향을 받은 사람들-은 자신들이 소유하고 있는 주말빌라와 타운하우스 사이의 관계를 다시 생각하게 되었다. 결국 이와 같은 새로운 견해는 전통적인 주택 개념, 주거와 작업장의 관계, 주거와 도시의 관계를 뒤집는 것이었다. 런던 외곽의 이 주말빌라들은 대도시 중심부에 대한 준비된 대안을 제시했다. 그래서 주말빌라들은 부르주아지 가운데 더욱 사려 깊은 사람들이 가족 중심의 가치들을 중시하는 자신들의 세계를 창조하게 되는 배경이 되었다. 여기서 그들은 부르주아 유토피아를 건설하게 되었을 것이다.

클래펌, 진정한 파라다이스

진정한 교외지역이 런던 부르주아지의 주말주택으로부터 출현하게 되는 과정을 좀더 명확하게 보여주기 위해, 지금부터 나는 하나의 사례지역, 즉 템스 강 남쪽에 자리잡고 있는 서리(Surrey) 지역의 클래펌(Clapham) 마을에 관심을 집중시키고자 한다. 이 지역은 런던에서 5마일 거리에 불과하고 상대적으로 도로 조건이 양호해 런던 브리지 및 런던 구시내에 쉽게 다다를 수 있었지만, 그럼에도 불구하고 런던 근처의 시골에 남아 있는 몇몇 공유지와 더불어 18세기 중엽에 이르기까지 여전히 한가로운 시골이었으며, 인근 언덕에서 템스 강과 대도시를 잘 조망할 수 있는 곳이었다. 1724년에 디포가 대도시를 조망하기 위해 서 있던 곳이 바로 클래펌 근처였고, 그 당시에도 그는 수많은 부유한 상인들의 빌라들이 도처에 있다고 기록했다.[28]

클래펌이 18세기 중산층이 사유지로 선호하는 용지가 된 과거의 농촌마을

---

28) Daniel Defoe, *A Tour Thro's the Whole Island of Great Britain*, ed. G. D. H. Cole, 2 vols.(London: Peter Davies, 1927), 1:168.

을 대표했다면, 또한 그것은 우리의 관심을 끄는 또 하나의 두드러진 특징을 가지고 있었다. 그것은 가장 부유하고 가장 걸출한 복음주의 운동가들이 선호하는 본거지가 되었다. 윌버포스뿐만 아니라 그와 친밀한 관계에 있던 수많은 동료들은 클래펌에 저택을 지었고, 그리하여 복음주의 운동은 종종 '클래펌 종파'로 알려졌다. 클래펌에서 우리는 복음주의 가정 이데올로기가 복음주의 운동의 부르주아 '교인들'이 짓고 생활했던 새로운 가정적 교외건축에 미친 영향을 더듬을 수 있다. 디자인이나 이데올로기의 측면에서, 이 온화한 마을은 앵글로 아메리카 중산층에게 심대한 영향을 미칠 수 있었다.

클래펌과 복음주의자들의 연계는 1735년 손톤 가(家)가 전망 좋은 클래펌 공유지에 대규모 토지를 구입하면서 시작되었다. 손톤가는 복음주의 운동과 교외지역을 옹호하는 대 부르주아지의 좋은 본보기였다. 러시아와 교역을 하며, 요크셔의 섬유업계 상인들과 긴밀한 가족 연계를 가지고 있던 은행가와 상인들은 자선사업가로도 잘 알려져 있었다. 존 손톤(John Thornton, 1720~90년)은 잉글랜드은행의 이사였을 뿐만 아니라 그가 좋아하던 복음주의 시인 윌리엄 쿠퍼의 후원자였다 존의 아들 헨리 쏜톤(1760~1815년)은 런던의 아주 부유한 은행가였으며, 또한 아주 신앙심이 깊은 사람이었다. 1790년대 그가 클래펌의 배터시라이즈(Battersea Rise)에 위치한 맨션에 정착했을 때, 그는 집 옆에 친한 친구이자 의회의 동료인 복음주의자 윌리엄 윌버포스를 위해 웅장한 저택을 지었다.29)

손톤과 윌버포스의 연계는 유사한 계급지위에 있는 선도적인 복음주의자들을 끌어들였다. 성서공회의 회장이며 인도 총독을 역임한 쇼어(John Shore)도 옆집에 살았다. 동인도회사의 대표이사인 그랜트(John Grant)도 이웃이었

---

29) Standish Meacham, *Herny Thornton of Clapham, 1760-1815*(Cambrige, Mass: Harvard University Press, 1964); E. M. Forster, *Marianne Thornton, 1797-1887: A Domestic Biography*(New York: Harcourt, Brace, 1956). 클래펌에 대한 흥미로운 비유는 버밍햄 교외지역에 대한 연구에서 찾아볼 수 있다. Lenore Davidoff and Catherine Hall, "The Architecture of Public and Private Life: English Middle Class Society in a Provincial Town, 1780-1850" in Derek Fraser and Anthony Sutcliffe, eds., *The Pursuit of Urban History*(London: Edward Arnold, 1983), 326-46.

다. 건너편에는 상인이자 노예제반대운동가 자카리 매콜리(Zachary Macaulay)가 살았다. 그는 역사학자 토머스 바빙턴 매콜리(Thomas Babington Macaulay)의 아버지이며, 토마스는 어린시절을 클래펌에서 보냈다. 클래펌에 사는 또 한 사람의 복음주의자 제임스 스티븐(James Stephen)은 스티븐 가의 시조였고, 19세기의 레슬리 스티븐과 20세기의 버지니아 스티븐(버지니아 울프)도 스티븐 가의 일원이었다. 모어(Hannah More)는 브리스톨 외곽의 시골에서 그녀의 자매와 학교를 운영하고 있었지만, 이 마을을 자주 방문하곤 했다.30)

이처럼 저명한 인사들이 이 마을에 거주한다는 사실이, 잘 알려져 있지는 않았지만 독실하고 부유한 런던의 상인들을 클래펌으로 끌어들였다. 1800년의 한 지도에는 이 공유지 주위에 있는 72인의 "유한계급 사람들의 저택"이 그려져 있으며, 이것들은 모두 최소한 10에이커의 정원을 가진 웅장한 저택들이었다.31) 이 가운데 내가 주소록을 통해 추적할 수 있었던 유한계급 사람들은 예컨대 "러시아 회사의 간부였던 레든홀(Leadenhall) 가 143번지의 상인 브로덴(John Brogden)처럼"32) 모두 런던 구시내에도 또 다른 집을 가지고 있었다.

이 상인들은 클래펌으로 이주한 이후에도 사업상의 목적으로 런던 구시내의 타운하우스(혹은 그와 유사한 부동산)를 분명히 보유하고 있었기 때문에, 그들이 주중과 주말에 시골저택에 실질적으로 거주하면서 런던 구시내의 주택을 업무용으로만 사용하게 된 정확한 시기를 구분해내기는 어렵다. 그럼에도 불구하고 편지, 일기, 기타 기록들을 검토해보면, 1790년대의 클래펌은 내가 말하는 의미에서 진정한 교외가 되었음을 분명하게 알 수 있다.33) 가족

---

30) J. H. M. Burgess, *The Chronicles of Clapham(Clapham Common)*(London: A. V. Huckle & Son, 1929).

31) Charles Smith, "Perambulation of Clapham Common #27" in *Smith's Actual Survey of the Roads from London to Brifhthelmstone*(London: Charles Smith, 1800).

32) *Kent's Directory*(London: Kent, 1797).

33) 예를 들어 "Book of the Hoare Family", appendix C. VII in Burgess, *Chronicles of Clapham*을 보라. 플리트 가의 은행가 Henry Hoare는 연기 자욱한 런던에서 잠을 자지 않으면서 런던에서 사업을 좀더 편리하게 하기 위해 클래펌 공유지에 우아한 빌라를 지었다. 버제스는 런던 길드홀 도서관에 소장되어 있는 클래펌 인쇄물과 도판들을 비롯한 많은 정보를 수집했다.

들은 언제나 거기에 거주했고, 남자들은 매일 개인마차를 타고 통근함으로써 런던과 아주 중요한 직접적인 연계를 유지하고 있었고 새로운 생활양식이 확립되었다.

윌버포스, 모어 그리고 그들의 동료들과 같은 클래펌의 복음주의자들은 도시와 도시의 악덕을 소리 높여 힐난하는 도덕주의자들이었으므로, 도시 중심부에 있는 상인의 전통적인 주거와의 이와 같은 최종적인 단절이 도시의 사회적 관습-특히 그들이 여성들에게 적용했던 것처럼-에 대한 거부에서 비롯되었다는 것은 의심할 여지가 없다. 그들은 클래펌과 같은 곳에 주거를 정함으로써 사업을 그만두지 않고서도 런던을 벗어난 지역으로 가족을 이주시킬 수 있었다. 이와 마찬가지로 중요한 것은 그곳이 자신들과 동일한 가치관을 가진 사람들로 이루어진 공동체였다는 것이다. 런던 구시내와 달리, 이 공동체는 도시 빈민과 함께 지낼 필요가 없었고, 공동체의 디자인이 도시의 과밀이나 도시토지의 높은 가격에 의해 제한되지 않았다. 클래펌 공유지 주위에서 복음주의자들은 진정한 파라다이스를 창조할 수 있었다.

전형적인 교외 공동체의 디자인은 시골저택, 빌리, 그림 같은 전통의 결합으로 기술될 수 있으며, 이는 복음주의 운동의 특유한 관심사에 의해 강화되었다. 복음주의자들은 도시적 사회생활은 모두 배격되어야 하며, 진실로 경건한 휴양은 가족생활 및 자연과의 직접적인 접촉임을 지칠 줄 모르는 열정으로 되풀이했다. 쿠퍼는 자신의 유명한 시구에서 다음과 같이 표현했다.

> 가정의 행복, 그대만이 유일한 축복이리니
> 타락을 견뎌낸 파라다이스에서!
> 신은 시골을 만들었고, 인간은 도시를 만들었다.
> 그렇다면 건강과 미덕과 같은 선물만이
> 모든 이들에게 삶이 내미는 쓰디쓴 역경을
> 감미롭게 만들 수 있다는 것이 무엇이 이상하랴.
> 들판과 숲에 풍부한 것이 많고 위협적인 것이 적다면,
> 그러므로 … 너의 고유한 영역을 소유하라.[34]

---

34) William Cowper, *The Task*(1785), book 3.

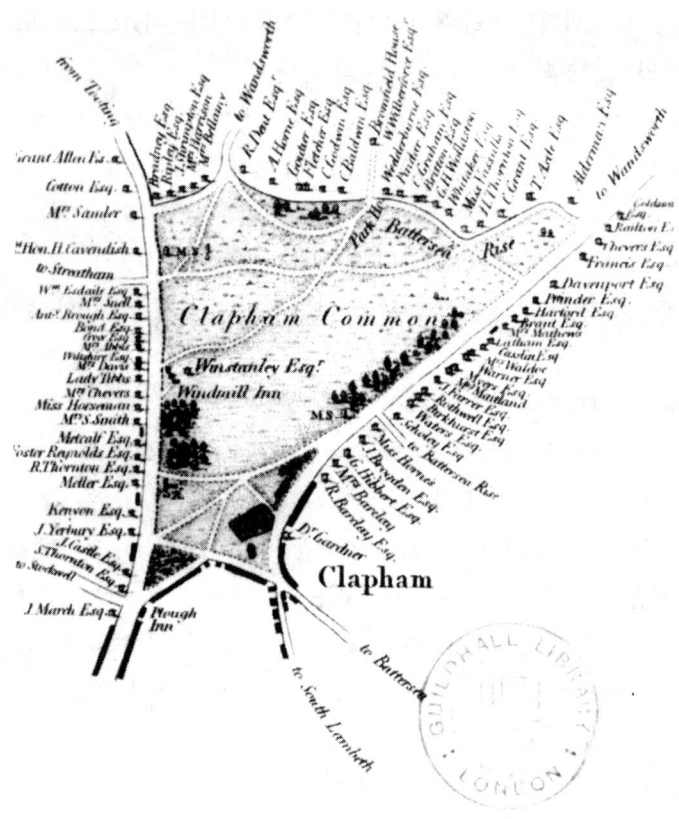

■주: (위) 클래펌 공유지의 지도(1800)를 보면, 빌라들이 자생적으로 밀집해 교외 근린이 형성되었음을 알 수 있다. 자료: Smith, Actual Survey of the Roads from London to Brighthelmston.
　(옆) 길드홀 도서관에 소장되어 있는 이 작자 미상의 수채화는 1820년경의 클래펌 공유지를 묘사하고 있다. 클래펌 공유지 아래로 경사진 잔디밭에 대규모 단독빌라들이 들어선 교외경관을 보여준다. 런던 길드홀 도서관의 허가를 받아 수록함.

그리하여 쿠퍼의 시를 다시 인용하면, 클래펌은 "… 인간의 작품들은 여기저기 밀집해 있고, 신의 작품들은 거의 눈에 띄지 않는" 런던을 가능한 한 닮지 않아야 했으며, 새로이 대중적인 인기를 얻었지만 클래펌은 가능한 한 시골스러움을 유지해야 했다.

실제로 이런 목표는 줄지어 늘어선 주택, 스퀘어 또는 기타 모든 도시적 형태들을 건설하고픈 유혹을 뿌리치고, 그 대신 가족이 자연과 직접 접촉하는 그림 같은 환상을 창조하는 것을 의미했다. 그러나 빌라들이 공유지 주위로 모여들었기 때문에, 이런 환상조차도 유지되기가 어려워졌다. 가장 선호되던 지역에서도 18세기 초의 빌라들은 경관을 규정할 만큼 많지 않았음을 기억하라. 그것들은 들판에 흩어져 있었거나 옛날 마을의 가장자리에 자리잡고 있었다. 그 빌라들의 매력과 한가로움은 대부분 그것들이 상대적으로 격리되어 있었다는 점에서 비롯되었다. 하지만 클래펌에서는 빌라들이 집중하면서 새로운 종류의 경관(빌라 근린)이 형성되었다. 이런 환경에서 쿠퍼가 말하는 "들판과 작은 숲"은 어떻게 유지될 수 있을까?

이 문제에 대한 해결책은 진정한 교외 스타일의 창조에 기여했을 뿐만 아니라 부르주아지의 집합적 창조물로서의 교외지역 개념을 예증한다. 즉각적인 해답을 주는 계획가는 아무도 나타나지 않았다. 대신에 19세기에 들어 처음 10년을 지나면서 해결책은 점진적으로 발전했다. 첫째, 공유지 주위의 토지를 지배하던 부유한 상인들은 개방된 환경을 유지하기 위해 그 지배력을 사용했다. 토지가치가 에이커당 5,000파운드 이상으로 올라감에 따라 그들은 보유하고 있던 땅의 일부를 팔아 치웠지만, 빌라 규격을 유지할 수 있을 만큼 큰 규모로만 토지를 팔았다.[35]

또한 공유지는 주택과 개방공간 사이의 균형을 유지하는 또 하나의 편리한 방편을 제공했다. 18세기 말엽에 공유지는 여전히 '이용되지 않은 채' 18

---

35) 이처럼 지체 있는 분양지에 대해서는 John Aiken, *The History of the Environs of London*, 3 vols.(London: J. Stockdale, 1811), 1:124; Edward W. Brayley, *A Thornton History of Surrey*, 5 vols.(London: Dorking, Tilt and Bogue, 1841-48), 3:280를 보라.

세기의 전형적인 모습을 하고 있었으며, 거기에는 "똥, 재, 건물 쓰레기, 이와 유사한 기타 물건들이 산더미처럼" 쌓여 있었다.36) 19세기 초에 거주자들은 동의를 받아 '황폐한 토지'에 (가장 자연스러운 스타일로) 나무, 관목, 화초를 심어 '매혹적인 유원지'로 바꾸는 일을 빌라 소유주인 볼드윈(Christopher Baldwin)에게 의뢰했다(볼드윈은 공유지와 인접한 자신의 토지를 할증가격으로 판매함으로써 보상을 받았다).37)

그외 주민들은 자신들의 부동산이 소재한 공유지의 스타일을 유지했다. 당시의 도면을 보면 공유지에서 팔라디오풍 주택에 이르기까지 모두 나무 그늘이 있는 잔디밭으로 덮여 있고, 집 뒤켠에는 대규모 정원과 과수원이 조성되어 있다. 각각의 주택들은 손질이 잘 된 초목을 갖추고 있어 전체적인 분위기는 배가되었다. 그 결과, 공유지뿐만 아니라 빌라의 정원에까지 이어진 집합적 환경이 생성되었다. 복음주의 마을은 드넓은 공원, 즉 저택을 에워싸고 있고, 그 속에서 생활하는 가족들의 생활을 풍요롭게 하는 에덴동산과 같은 정원이었다.

전통적인 시골저택이나 빌라에서 정원은 그 중앙에 입지한 소유주의 집에만 국한되었고, 소유주는 개인적으로 경치를 조망했다. 클래펌에서 볼 수 있듯이, 진정한 교외 환경은 공적인 것과 사적인 것이 균형을 이룬다. 각각의 소유지는 사적이지만, 공원 속의 주택들이라는 전체적 환경에 기여한다.

클래펌의 주택들은 주택을 에워싼 영국식 정원과 대조적으로 형식적이고 기하학적이었다. 낭만적 실내 디자인의 시대가 아직 도래하지 않았다. 그럼에도 불구하고 팔라디오풍 디자인은 가정생활과 자연과의 접촉이라는 복음주의 이상들을 참작해 변형되었다. 이런 변형은 배터시라이즈에 소재한 손톤씨의 주거에서 가장 분명하게 나타난다. 즉, 불규칙하게 뻗은 주택의 실질적

---

36) Samuel Thornton, vestry minutes, Clapham, 22 September 1795: Greater London Council Record Offices, P95/TR11/6, p. 304. 헨리 손톤의 형 사무엘은 클래펌의 빌라를 소유했고, '영주'였다. 지체 높은 주민들이 교구위원을 관할하는데다가 이 사무실로 인해 '교외거주자들'은 지방정부를 통제했다.

37) Aiken, *Environs of London*, 1: 124.

인 중앙에 서재라는 새로운 공간이 추가되었다. 이 거대한 타원형 방에는 뒤켠 정원을 바라볼 수 있는 두짝 유리문이 달려 있어 빛이 잘 들었고 책꽂이는 별로 없었으니, 사실상 그것은 우리가 거실이라고 부르는 방이었다. 쏜톤 가족─남자들, 여자들, 아이들─은 이른 아침부터 밤늦게까지 여기에 모여 있었다.38) 서재와 그 외부의 정원은 런던에서의 놀이, 무도회, 방문, 커피하우스와 같은 모든 것에 대한 복음주의자들의 대체물이었다. 여기서 폐쇄된 가정 중심의 핵가족은 실현되었다. 런던에서의 사회활동들이 갑자기 중단된 것은 아니었다. 대신에 사회적 예의범절은 내부로, 즉 가족 자체의 상호교육과 도덕적 개선으로 향하게 되었다.

클래펌에서 볼 수 있는 서재와 이와 유사한 방들을 '여성 중심적' 환경이라 부르는 것이 정확한 기술이기는 하지만, 이는 이 가족들이 이후 19세기 빅토리아 시대에 현저하게 드러나게 된 성과 연령에 따른 분리에 대해 거의 무지했다는 점을 놓칠 수 있다. 이 가족들이 생활의 대단히 많은 부분들을 함께 했다는 점에서 클래펌은 인상적이다. 즉, 남자와 여자 들은 언제나 서로의 친구들과 지내고 아이들도 어른들과 함께 지낸다. 그럼에도 불구하고 여성의 존재는 상수(常數)이다. 여기서 아내와 딸은 그들과 가장 가까운 사람들의 도덕적·종교적 성향을 향상시키기 위해 전도를 했다. 그들이 가족을 위해 자신들의 박식함이나 음악적 재능을 보여줄 때, 그것은 단순한 과시가 아니었다.

따라서 클래펌의 거실에서는 뜨개질, 크로셰 뜨개질, 기타 '개량' 수예, 어디에나 있는 피아노 앞에서 노래하며 놀기 그리고 도덕적 향상을 위한 진지한 대화 등이 이루어졌다. 헨리 손톤이 개인 일지에서 그의 아내 마리안을 칭찬했을 때, 그는 "그녀의 대화는 중요한 주제에 관한 것이다. 내가 생각하기에, 적합하고 좋은 주제를 그녀만큼 잘 고르는 여자는 없을 것이다"39)라고

---

38) Forster, *Marianne Thornton*, 3-8.
39) Ibid., 18. 이처럼 진지한 취지를 담고 있지는 않지만, 이와 유사한 가족의 사교 행사가 이 시기의 농촌 젠트리에게서 최근 발견되었다. Susan Lasdun, *Victorians at Home*(New York: Viking, 1981)을 보라. Lasdun and Mark Girouard는 이 책의 서

말하는 것보다 더 나은 찬사를 찾을 수 없었다.

배터시라이즈의 서재를 주재한 사람은 마리안 손톤이었다. 또한 그녀는 가사일의 감독(언제나 적어도 10명의 하인들이 있었다) 및 가계부 쓰기와 같은 중요한 역할을 맡았다. 마리안 남편 헨리와 마찬가지로 엘리트 상인계급 출신이었고(그녀의 가족은 헐에서 러시아와 교역을 하는 상인이었다), 1796년 21세의 나이에 결혼하기 전에도 열렬한 복음주의자였다. 결혼한 후 그녀는 아홉 명의 아이를 낳았고, 그 가운데 일곱 명이 장성했다. 다른 복음주의자 아내들처럼 그녀는 아이를 유모에게 보내는 귀족적인 관습을 경멸했으며, 아이들을 모두 모유로 키웠다. 그리고 하인과 보모의 도움을 받아 그녀는 아이들을 복음주의 최고기준에 맞도록 양육하고 교육하는 데 헌신했다.[40]

그러나 손톤 가의 거실에서 행해지는 가장 엄숙한 활동-1일 2회의 가정예배-은 헨리가 주재했다. 복음주의자들은 이런 관습을 영국사회에 다시 도입했으며, 그것을 가장 진지하게 생각했다. 사실 헨리는 기도회의 자료를 수집했고, 이는 사후에 『가정예배』(*Family Prayers*)라는 제목으로 출판되었으며, 이 책은 복음주의지임을 확인하는 증표가 되었다.[41] 가정예배에 대해 잘 알고 있었던 손톤 가의 직계 후손 포스터(E. M. Forster)는 "가족 전체가 무릎을 꿇었던 배터시 서재는 다른 어떤 신성한 건축물보다도 그들에게 신성한 것 같았다"[42]라고 말했다. 복음주의자 가족의 호혜적인 지원 이외에, 그들은 구원에 대한 희망을 거의 갖고 있지 않았다. 결혼한 지 16년이 지난 후에 헨리는 마리안에게 "나에게 친절을 베푼 것에 대해, 무엇보다도 내가 천국으로 갈 수 있도록 도와준 것에 대해 신의 축복이 있기를"[43]이라고 썼다.

클래펌이 가족 중심적 환경으로서의 교외지역의 기원을 보여주는 것이라

문을 썼으며, 영국 섭정기(1811~20년)의 혼합과 빅토리아 조의 사회적 분리의 증대가 대조적임을 강조한다.

40) Forster, *Marianne Thornton*, 13-26.
41) Bradley, *Call to Seriousness*, 180.
42) Forster, *Marianne Thornton*, 32.
43) Ibid., 18.

면, 그것은 또한 가정 환경 안에서 아이들을 양육하는 것이 아주 중요하다는 것을 보여준다. 스톤이 강조한 것처럼, 폐쇄된 가정 중심의 핵가족의 핵심적인 특징은 부모가 아이들에게 주는 애정이 강하다는 것이었다. 18세기가 자식과 부모 사이의 사랑을 만들어낸 것은 아니지만, 그 당시(적어도 부르주아지와 젠트리 사이에서) 그것은 전례를 찾을 수 없을 정도로 강했다. 이전에는 아이들이 무시되었고 엄하게 처벌을 받았거나 작은 성인으로 취급되었던 반면, 18세기 영국의 부르주아지는 유년기를 각별한 보호와 사랑을 필요로 하는 인생의 특정한 단계로 보았다.

복음주의자들에게, 여성뿐만 아니라 아이들을 도시의 타락된 영향력으로부터 분리시키는 것이 중요했다. 자녀들의 도덕적 순수성을 지키고자 했던 부모들은 과밀한 런던 거리를 뒤덮고 있던 위험들, 잔학행위, 상스러운 말, 고통, 비도덕성으로부터 아이들을 격리시킬 수 없었다. 그리고 복음주의자 부모들은 모어가 말했던 것처럼, "하느님이 특별히 신뢰하는 이 사랑스러운 피조물의 영원한 행복에 대해" 각별한 책임감을 느끼고 있었다. "… 며칠 또는 수 년 동안이 아니라 오랜 시간이 단지 하나의 점으로 표현되는 시간 동안(상당히 오랜 시간 동안: 역주) 어느 부모가 자신의 경솔한 부주의나 그릇된 탐닉으로 자녀들의 행복을 위태롭게 하겠는가?"44) 이런 훈계가 가족 구성원 내에서의 엄한 훈육을 의미하는 듯했지만, 복음주의자들은 행복하게도 아이에 대한 애정어린 보살핌을 강조하는 계몽운동을 지향하고 있었고, 따라서 모어가 "무분별한 사랑"이라 불렀던 것에 대한 두려움은 이 가정들의 가장 큰 특징인 자발적인 애정에 의해 극복되었다. 결국 이는 플럼(J. H. Plumb)이 "18세기 아이들의 새 세상"이라고 명명했던 것의 서곡이었다.45) 이와 더불어 18세기에는 아이들의 옷, 장난감, 책, 스포츠, 음악, 예술에서 혁신이 일어나 아이들의 관심에 어울리고 아이들의 행복을 증진시키기 위한 것들이

---

44) Hannah More, *Cœlebs in Search of a Wife*[orig. ed. 1808], 14th ed., 2 vols. (London: Cadell and Davies, 1813), 1:91.

45) J. H. Plumb, "The New World of Children in Eighteenth Century England", *Past & Present* 67(May 1975): 64-95.

최초로 디자인되었다. 이와 같은 아이 지향적인 혁신의 목록에 근대 교외를 첨가할 수 있을 것이다.

클래펌은 도시와 달리 가정 안팎으로 아무런 위험 없이 아이들에게 실질적으로 개방되어 있었다는 의미에서 아이 중심적인 환경이었다. 또한 그것은 부모와 아이 사이의 빈번한 접촉 및 풍부한 놀이 기회가 제공될 수 있도록 설계되었다. 손톤의 배터시라이즈와 같은 대규모 저택에는 꼭대기층에 전업 보모를 둔 육아방이 있었으나, 아이들이 반드시 거기에 있어야 하는 것은 아니었다. 이후의 빅토리아 양식과 대조적으로 아이들은 저택을 아주 자유롭게 출입했다. 그들은 서재에 거의 언제나 드나들 수 있었고, 거기서 그들은 함께 노래 부르고 대화를 경청했다. 윌버포스가 있을 때(자주 그랬듯이), 그는 중대한 논의를 중단하고 "발을 따뜻하게 하기 위해" 아이들을 데리고 바깥으로 나가 공놀이를 하거나 잔디밭에서 경주하는 것을 즐겼다. 어른들은 누구나(클래펌의 교인들조차도) 아이들과 제스처 게임이나 가장무도회와 같은 게임을 했다.46)

클래펌에 사는 부모들의 주요 관심사는 아이들에 대한 조기교육이었다. 클래펌에는 8세에서 12세 사이의 남녀 아이들을 교육하는 통학제 학교가 있었지만(12세가 넘은 남자 아이들은 기숙 학교로 갔다), 그 이전의 교육은 가정에서 행해졌다. 토머스 바빙턴 매콜리와 같은 신동도 그랬다. 톰은 클래펌의 가정교육이 낳은 가장 유명한 인물이었다. 그는 세 살의 나이에 난해한 서적들을 읽을 수 있었고, 다섯 살 때 그의 박식함은 어른들을 놀라게 할 정도였다.47) 손톤의 장녀 마리안-어머니의 이름을 따서 붙였다-에 대한 교육은 더 잘 알려져 있다. 다섯 살 때 그녀는 실용적인 교수법이 존재한다고 믿었던 어머니로부터 읽고 쓰는 법을 배웠다. 처음에 그녀는 어머니의 가계부에 기록된 가계 계정을 합산하는 것에서 산수를 배웠고, 나중에는 가계 지

---

46) Forster, *Marianee Thornton*, 20-38.
47) John Clive, *Thomas Babington Macaulay: The Shaping of the Historian*(London: Secker and Warburg, 1973), 21-35.

출에 관한 더 복잡한 계산들을 할 수 있게 되었다.[48]

그러나 그녀의 아버지 역시 딸의 교육에 실질적인 역할을 담당했다. 그녀는 아버지의 원고를 모사하거나 아버지의 초대장을 대필함으로써 서법(書法)을 배웠다. "어린아이의 버릇 없음의 절반은 일의 결핍에서 비롯된다"는 것이 그의 좌우명이었다. 그래서 책상물림의 학문에 덧붙여, 그녀는 버터만들기와 같은 일을 (루소주의자의 방식으로) 배웠다.[49] 나중에 그는 의회에서 논쟁중인 현안들을 딸에게 가르쳤으며, 심지어 그가 의회에서 전문으로 담당하고 있던 신용증서(paper credit)와 경화(硬貨) 문제를 교육하려 했다. 이와 같은 금융에 대한 교육은 효과를 나타냈다. 왜냐하면 1825년 그녀의 오빠 헨리의 은행이 도산할 지경에 처했을 때, 그 위기의 원인을 분석해 모어에게 보낸 마리안의 편지는 복잡한 은행업무의 절차들을 명확하게 이해하고 있음을 보여주었기 때문이었다. 클래펌의 여성들은 사업에 관여하지는 않았지만, 그것에 대해 무지하지 않았다.[50]

이처럼 엄하게 교육을 시켰지만, 공유지 주위의 다른 주택에 사는 아이들과 놀 수 있는 시간은 항상 있었다. 나중에 마리안은 "우리집과 정원들은 거의 공유물이었다"고 회고했다.[51] 공유지 자체 — "덤불, 백양나무숲, 자갈마당, 크고 작은 연못들로 이루어진 즐거운 황무지"[52] — 는 아이들의 운동장이었다. 그리고 각 주택 뒤켠의 정원들도 아이들이 게임과 오락을 할 수 있도록 각별히 마련되어 있었다.

물론 복음주의 교육 가운데 어떤 것은 아이들의 삶을 음울하게 했다. 가장 대표적인 것은 죄와 도덕성에 대한 강조였다. 복음주의 관습이 그랬던 것처

---

48) Forster, *Marianne Thornton*, 25.
49) Ibid., 24-25.
50) 마리안 손톤이 모어에게 보낸 편지는 "Letters from a Young Lady" in T. S. Ashton and R. S. Sayers, eds., *Papers in English Monetary History*(Oxford: Clarendon, 1953), 96-108라는 제목으로 재판되었다.
51) Ibid., 32.
52) G. O. Trevelyan, *The life and Letters of Lord Macaulay*[orig. ed. 1875], 2 vols. (London: Nelson, 1908), 1:40.

럼 아버지는 장례식을 하기 직전에 어린 마리안과 그녀의 형제자매들에게 목사인 벤(John Venn)의 시신을 보게 했고, "이것은 주검이 저 세상으로 들어가는 것을 너희들이 처음으로 경험하는 것이다. 죽는다는 것이 우리 모두의 행복에 얼마나 위험한 것인지 배우도록 하라"[53]고 엄하게 훈계했다. 그러나 이 어두운 면은 가족 구성원들이 서로에게서 느끼는 진정한 즐거움 그리고 클래펌 경관의 진정한 아름다움에 의해 상쇄되었다. 어린 마리안은 클래펌의 교인들 가운데 가장 엄격한 사람이었던 윌버포스에 대해 "그는 꽃만 보면 무아지경에 빠지곤 했다"고 말했다.[54]

실제로 '복음주의자들'은 정원 속의 가족이라는 이상에 가까운 무언가를 클래펌에 만들었다. 여기서 가족이라는 신성한 제도는 (인간이 조경을 함으로써 알맞게 개선된) 하느님이 만든 자연에서 적합한 환경을 발견할 수 있었다. 클래펌은 그림 같은 아름다움, 깊은 가족 유대, 물질적 풍족함과 같은 요소를 종합적으로 갖추고 있었고, 이는 이후의 교외지역에 지속적인 영감을 주었다. 확실히 이 파라다이스는 진정으로 (복음주의의 천국과 마찬가지로) 단지 소수를 위한 것이었다. 부르주아지 엘리트만이 그 혜택을 공유하고자 하는 뜻을 품을 수 있었고, 클래펌의 교인들은 그들이 개탄한 귀족사회의 불경스러운 겉치레가 되지 않을까 하는 두려움을 제외하고는 자신들의 특권에 대해 아무런 죄의식을 느끼지 않았다. 포스터가 클래펌의 풍속을 "풍요보다는 기도를. 그러나 풍요롭게!"[55]라고 기술하고 있듯이, 헨리 손톤은 『가정예배』에서 복음주의 종파의 사회철학을 적절히 요약했다. 즉, 그는 "빈자에게는 자신들의 몫에 대한 만족을, 부자에게는 연민과 자선의 정신을 주도록"[56] 신에게 간청했다.

그렇지만 클래펌은 세상에서의 적극적인 역할을 배제하는 은거처는 아니었다. 노예제와 아동 노동과 같은 문제들에 대해 복음주의 종파는 자신들이

---

53) Forster, *Marianne Thornton*, 32.
54) Ibid., 8.
55) Ibid., 12.
56) Bradley, *Call to Seriousness*, 120.

설교한 연민과 자선을 실질적으로 구현했다. 윌버포스가 화초에 무아지경으로 빠져들지 않았을 때, 그는 빈틈없고 수완이 비상한 정치가였다. 대규모 노예제 반대운동을 계획한 것도 바로 손톤의 서재와 윌버포스의 응접실에서였다. 아이들의 놀이와 아름다운 정원이 있는 곳에서 노예제 반대 팸플릿을 작성했고 대중집회를 조직했으며, 그리고 격렬한 싸움에 대비해 의회 세력들을 결집했다. 그 결과 대영제국 안에서 노예무역을 금지하는 1807년의 법안이 통과되었다. 적어도 남성들에게 클래펌은 존재의 한 축이었으며, 런던에서의 사업 및 정치 참여라는 힘든 일이 다른 한 축을 이루고 있었다.

자연과 가족생활을 중심으로 하는 클래펌 세계와 항상 짝을 이루고 있던 런던에서의 이런 지속적인 활동을 염두에 두지 않고서는 새로운 교외환경을 완전히 이해할 수 없다. 헨리 손톤은 『가정예배』와 『영국에서 신용증서의 본질과 영향에 관한 연구』(*An Enquiry into the Nature and Effects of the Paper Credit of Great Britain*)의 저자였다는 점을 상기할 필요가 있다. 후자는 포스터가 (가문의 명예를 걸고) 근대 경제학자들에게도 여전히 유용하다고 주장한 방대한 저작이다. 이 두 책은 남성들의 생활의 축들을 잘 나타내고 있다. 복음주의가 가족과 정서의 종교였다면, 그것은 또한 노동의 미덕과 보상을 강조했다. 윌버포스의 경우, "근면, 금주, 시간엄수, 절제, 건강, 규칙성"은 그가 "필수적" 미덕이라 말했던 것이었다.[57] 두 축을 동시에 강조함으로써 복음주의는 거의 불가피하게 기능적 분리와 물리적 분리를 낳게 되었다.

우리는 클래펌을 이처럼 전문화된 부르주아 생활의 절반을 차지하는 것으로 보아야 하며, 이는 런던의 타운하우스에 물리적으로 통합되어 있었던 가족기업을 둘로 분리시켰다. 가족의 주택이 적합한 환경을 갖춘 전문화되고 강화된 정서의 중심지가 되었듯이, 이전의 타운하우스는 (이제 열심히 꾸준하게 일에 전념하는) 전적으로 점포 기능만을 담당하게 되었다. 전통적으로 가족의 일원으로 대우받던 도제는 점원으로 대체되게 되었다. 다양성이 풍부

---

57) Robert Isaac Wolberforce and Samuel Wilberforce, *The Life of William Wilberforce*, 5 vols.(London: Murray, 1838), 2:91.

했던 과거의 런던 구시내는 전문화된 업무지구로 변화되었다. 실제로 런던 구시내의 인구가 절정에 달한 것은 1800년이었으나, 주택들이 근대적 사무실로 대체됨에 따라 19세기와 20세기에는 인구가 감소했다.58)

4두마차를 타고 유료 도로를 따라 집에서 사무실로 통근하던 상인은 집과 사무실 사이를 잇는 약한 고리였다. 이때부터 점차 이 두 영역은 근대생활에서 상호 대립되고 불협화음을 일으키는 것임이 입증되었다. 교외지역의 성장은 여성적·자연적·감정적인 가족의 세계와 남성적·이성적·도시적인 노동의 세계를 분리시키는 물리적 환경을 만드는 것이었다. 복음주의 이데올로기가 이런 분리에 결정적인 역할을 했지만, 복음주의자들은 양자 사이의 균형을 유지하기 위해 언제나 노력했다. 그럼에도 불구하고 그들의 가장 큰 관심의 대상은 바로 가족과 가정이었다. 그들은 가족이 인간사회의 제도 이상의 것임을, 그리고 사망한 이후에도 가족이 남아 있을 것임을 의심하지 않았다. 또한 그들은 가족의 구성원들이 사망한 이후에 클래펌 공유지보다 훨씬 더 아름다운 천국에서 가족이 재결합하게 되기를 자신있게 희구했다.

문화로서의 교외, 상품으로서의 교외

아마도 클래펌은 18세기 후반 부르주아 교외 가운데 가장 발전된 사례였을 테지만, 독특한 것은 아니었다. 18세기가 시작될 무렵 런던은 그와 유사한 교외들로 둘러싸여 있었고, 교외들은 모두 중심부에서 3~5마일 가량 떨어진 개방된 시골에 위치하고 있었다. 북부의 햄스테드, 하이게이트(Highgate), 혼시(Hornsey), 월담스토(Walthamstow)부터 남쪽의 덜위치(Dulwich), 월워스(Walworth), 캠버웰(Camberwell), 클래펌에 이르기까지 런던 외곽에는 아주 근대적인 형태의 부유한 주거지대가 형성되고 있었다. 농촌마을의 변화—예컨대 월담스토는 "부유한 상인들의 빌라가 많은 곳"59)으로 기술되었다—만큼이나 중요했던

---

58) *Encyclopaedia Britannica*, 11th ed., s.v. "London".

것은 마차 도로를 따라 "대상개발(ribbon development)"60)이 확산되고 있었다는 것이다. 1812년에 건축가 내시(John Nash)-앞으로 살펴보겠지만, 그는 교외의 동향을 아주 주의 깊게 관찰한 사람이었다-는 "조망할 개방지나 정원이 있는 대도시 근처의 도로가에는 어디에나 으리으리한 저택들이 건축되어 있거나 건축중인 것을 볼 수 있다"61)고 기록했다.

항상 그러하듯이 언어는 현실보다 뒤처졌다. 1840년대에 이르러서야 교외라는 말은 과거의, 주로 하층민의 주거지역이라는 의미를 잃고 중산층 주거근린을 뜻하는 것으로 정착되었다.62) 1810년, 한 관찰자가 "사업가와 상인은 일반적으로 시골에 또는 뭐랄까, 런던 근처에 기거하며, 아침식사를 한 후 도시로 온다"63)고 말했을 때, 그는 마땅한 단어를 더듬어 찾고 있었다. 이와 같은 언어적 망설임 뒤에는 도시와 시골, 중심과 주변 같은 전통적인 구분들과 모순되는 도시적 생활형태를 감수해야 하는 더욱 심층적인 문제가 도사리고 있었다.

교외지역은 전체적인 계획이나 공식적인 개념 없이 생성되었다. 새로운 경관을 창조한 부유한 엘리트는 환경을 자신들의 필요에 알맞게 바꿀 수 있는 재원과 인내력을 가지고 있었다. 손톤과 같은 대지주들은 거리낌없이 보유지를 분할함으로써 이익을 획득했지만, 그런 상인들과 은행가들은 통상적인 의미에서 '개발업자'가 아니었다. 그들은 자신의 보유지와 지역의 전반적인 성격을 보호하기 위해 주의를 기울이면서 천천히 진행시켜나갔다. 그들은

---

59) J. Hassell, *Picturesque Rides and Walks, with Excursion by Water, Thirty Miles Round the British Metropolis,* 2 vols.(London: printed for the author, 1817-18) 2.1:180.

60) [역주] 도시에서 교외로 간선도로를 따라 무질서하게 뻗어나가는 주택 건축.

61) John Nash, *First Report of H. M. Commissioners of Wodds, Forests and Land Revenues,* London, 1812, appendix XIIB. Reprinted as appendix III in John White, *Some Account of the Proposed Improvements in the Western Part of London,* 2d ed.(London: Reynolds, 1815).

62) *Oxford English Dictionary,* s.v. "Suburb".

63) James Malcolm, *Anecdotes of the Manners and Customs of London,* 2 vols.(London: Longman, Hurst, 1810), 2:417. 고딕으로 표기한 단어는 원본에 이탤릭체로 표기된 것이다.

혁명적 의도를 가지고 있지는 않았지만, 이런 식으로 18세기 계획의 근본적인 법칙들을 전복시켰다. 그들은 자신이 무엇을 원하는지 잘 알고 있었다.

교외지역을 소수 엘리트에게 국한시키려고 할 경우, 그런 방법이면 충분했다. 그러나 교외 주거에 대한 수요가 더욱 광범위하게 확산되자 더욱 신중한 접근이 필요했다. 내시는 슬론 가(Sloane Street) 건설에 관한 논의에서 이런 문제를 분명하게 인식하고 있었다. 슬론 가는 지금은 화려한 나이츠브리지(Knightsbridge)가 있는 곳이지만, 18세기에는 "도시에서 먼 곳, 정비되지 않은 가로, 한산한 분위기 등 많은 불리한 여건들을 가진" 장소였다. 그럼에도 불구하고 슬론 가 주위의 부지들은 신속하게 팔려나갔고, "조망할 수 있는 개방지나 정원을 가진 … 서로 일정한 거리를 두고 늘어선" 주택들 — 바꾸어 말하면 교외지역 — 이 들어섰다. 불행하게도 이 지구의 인기는 근처의 벌판이 곧 개발됨을, 주택들 사이의 공터가 메워짐을, 그리고 내시가 주장했듯이 사람들을 그 거리로 끌어들이는 "개방공간, 야외, 자연경관"이 상실됨을 의미했다.64)

이런 삽화와 그와 유사한 많은 것들의 이면에는 야심찬 교외거주자와 도시 주위의 교외지대로 재정의될 수 있는 농업용 토지 소유자 사이의 이해관계가 차츰 수렴되어가고 있음을 감지할 수 있다. 교외 양식이 엘리트로부터 나머지 중산층으로 확산되면서, 주변 지역이 개발된 이후에도 교외의 성격을 그대로 유지할 수 있는 교외건축부지에 대한 수요가 급증했다. 이와 동시에 대도시 주위의 지주들은 런던의 기성시가지 외곽에 위치한 토지를 상대적으로 고가의 주거용도로 판매할 수 있는 가능성을 새로운 교외지역에서 발견했다. 토지의 저밀도가 지속적으로 유지되고 개방공간이 풍부하게 존재할 수 있다면, 이처럼 격리되어 있다는 것이 곧바로 이윤으로 전환될 수 있었다. 따라서 문제는 진정한 교외지역을 의식적으로 디자인하는 것이었다.

이런 계획의 어려움은 에어 에스테이트(Eyre Estate) 계획과 같은 초기의 기록들을 보면 잘 알 수 있다. 이 계획은 당시 런던의 동북부 가장자리였던

---

64) Nash, *First Report*, XXX.

성 존스 우드(St. John's Wood)의 개발을 위해 쇼(John Shaw)가 만든 것으로 간주되고 있다.65) 출품은 되었으나 시행되지 못했던 이 계획은 바스(Bath)나 에든버러 신도시에서 사용되었던 진보된 계획 개념을 가진 계획가들이 개방적이고 비형식적이고 계획되지 않은 듯한 교외 개념을 다루는 과정에서 겪었던 어려움을 생생하게 보여준다. 왜냐하면 이 계획은 18세기의 형식성과 교외 공간을 어색하게 조합한 것이기 때문이다. 바스에서처럼 길게 늘어선 동일한 주택들, 직선도로 또는 스퀘어와 기하학적 명승지, 초승달 모양의 광장, 대형원형광장이 계획되어 있다. 한 가지 예외를 제외한다면, 우리는 여전히 그윈의 세계, 즉 그가 상인들을 도시에 머무르게 하기 위해 만들었던 '개선'의 세계에 머물러 있다. 결정적인 차이점은 주택들이 두 가구 연립주택, 다시 말해 각각의 독립된 단위가 경계벽(공유벽)으로 이어져 두 채의 주택을 구성하고 있다는 점이다. 각 주택의 측면과 후면에는 1~3에이커 가량의 길고 좁은 정원이 있다. 따라서 도시 주택들의 딱딱한 열이나 테라스는 해체되고, 푸르름과 개방성이라는 반(半)교외적 느낌을 준다.

교외의 연립주택은 영국식(미국식은 그렇지 않다 하더라도) 교외화의 주요한 수단 가운데 하나였다. 쇼의 계획은 시골 분위기가 나는 도시 변두리에 살고 싶어하는 구매자들이 웨스트엔드(West End)의 딱딱한 가로와 광장과는 다른 무언가를 원하고 있었음을 분명하게 보여주지만, 교외의 이상은 이미 지배력을 장악하고 있었다. 그러나 그것은 또한 클래펌 및 당시에 있었던 다른 교외들의 근본적인 함의가 충분히 이해되지 않았음을 분명하게 보여준다.

이런 원리들을 이해하고 이 원리들을 진정한 교외 개발을 위한 실행가능

---

65) John Summerson, Georgian London, rev. ed.(Harmondsworth: Penguin, 1978), 175. 서머슨은 쇼를 이 계획과 연결짓는다. 이 계획은 대영박물관 크레이스 컬렉션(Crace Collection)에 인쇄된 지도로만 남아 있으며, 경매인 스퍼리어와 필립스의 이름이 붙어 있다. 그러나 서머슨이 말하듯이 쇼는 당시 18세에 불과했다. 톰슨은 이 계획을 주저없이 쇼의 것이라고 말한다. F. M. L. Thompsin, "Introduction" in F. M. L. Thompson, ed., *The Rise of Suburbia*(Leicester: Lecester University Press, 1982), 9.

한 계획으로 옮겨놓은 최초의 건축가는 1820년대 리전트 파크(Regent's Park) 동북부 근처에 파크 빌리지(Park Village)를 설계한 내시였다. 얼핏 보기에 내시는 교외지역에 대한 옹호자가 아닌 듯하다. 그는 리전트 스트리트나 리전트 파크 테라스처럼 우아하고 귀족적이고 극히 도시적인 디자인으로 잘 알려져 있었다. 잘 알려진 멋쟁이이자 섭정 황태자(Prince Regent)의 친구로서 그는 클래펌의 사려 깊은 상인들로부터 멀리 떨어진 곳으로 이사했다.

하지만 내시는 당시의 다양한 건축양식에 대해 천부적인 재능을 가지고 있었다. 브라이튼(Brighton)의 로열 파빌리온(Royal Pavilion)을 위해 디자인한 환상적인 둥근 지붕과 인테리어를 보면 알 수 있듯이, 그는 18세기 고전주의에 한정되어 있지 않았다. 그는 가능한 모든 양식들을 절충적으로 수용함으로써(그리고 스스로 새로운 양식들을 만들어냄으로써) 의뢰인들-퇴폐적인 왕족이든 복음주의 은행가든-의 꿈을 그럴듯한 3차원의 구현체로 옮겨놓을 수 있었다.

특히 파크 빌리지는 (에어 에스테이트와 인접한) 런던 서북부의 500에이커를 개발하기 위한 내시의 웅장한 계획-이것이 현재의 리전트 파크다-의 추가적인 표현이었다. 19세기초, 왕실 자산을 관리하는 행정가들과 왕실 관리들은 세입을 올리기 위해 토지-여전히 비어 있는 땅-를 개발하기로 결정했다. 처음에 내시는 그 토지를 일종의 귀족 교외-그는 이를 "대도시의 정점"이라고 불렀다-로 개발하자고 제안했다. 이 계획들의 대부분은 결코 실현되지 못했지만, 이것들은 파크 빌리지와 대조적인 것으로서 그리고 내시조차도 도시 주변부의 미래에 대해 혼란스러워하고 있었다는 징후로서 검토할 만한 가치가 있다.

이와 같은 당초의 계획들에서 파크의 중심부는 각각 대지가 약 20에이커에 달하는 귀족들을 위한 고급 빌라로 개발될 예정이었다. 또 중심부는 대규모로 연결된 주택들이 두 겹의 거대한 원을 이루고 있었으며, 하나는 내부의 전망 좋은 정원을 향하고 다른 하나는 파크의 외부를 향하고 있었다. 파크의 주변부에는 각 주택들이 정교한 장식물들을 갖춘 대규모 연립주택단지를 계

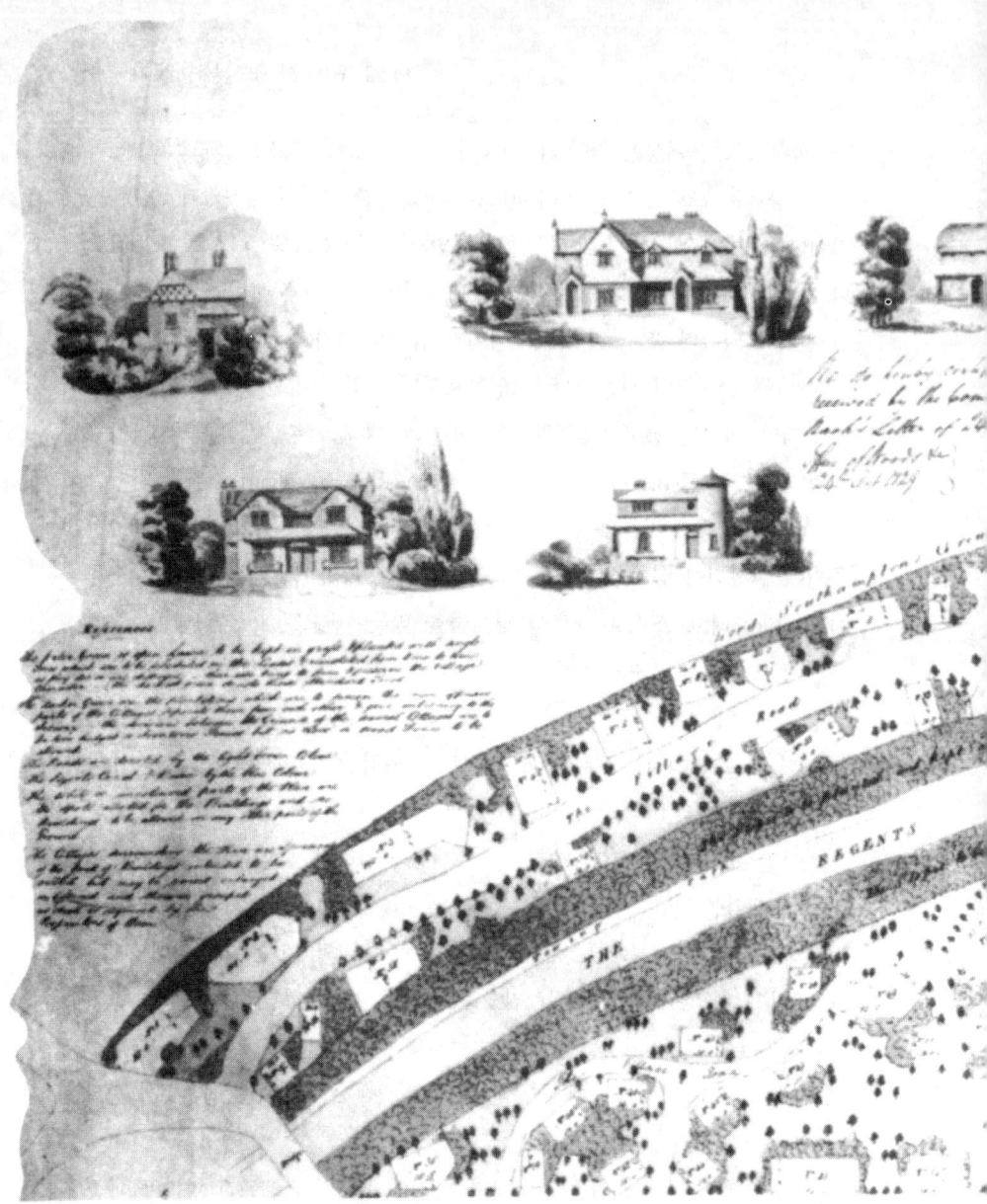

■ 주: (위) 런던 리전트 파크에 소재한, 파크 빌리지에 대한 내시(John Nash)의 최초의 계획도(1823년). 그림 같은 조경과 절충적이고 역사적인 건축을 조합해 내시는 교외 디자인의 본질적인 언어를 정의한다. 런던 공공기록보관소의 허가를 받아 수록함.
(아래) 1820년대와 1830년대에 내시와 페네손(James Pennethorne)이 실제로 건설한 파크빌리지 이스트. 런던 길드홀 도서관의 허가를 받아 수록함.

획했다(이것은 실제로 건설되었고, 오늘날에도 파크를 굽어보고 있다). 하지만 이 거대한 건물들은 클래펌처럼 하나의 공동체를 형성하지 못했다. 그가 말하듯이, 각각의 주택들은 자신들의 녹색 세계에서 외따로 존재하는 듯했다. "어떤 빌라도 다른 빌라와 마주치지 않도록, 그러나 파크 전체를 소유하고 있는 듯하게, 또한 … 파크를 내다보는 주택가가 빌라와 마주치지 않게, 그리고 하나의 주택가가 다른 주택가를 내다보지 않게" 파크를 배치할 계획이었다.66) 귀족주의적 격리를 위한 이와 같은 시도는 가능하지 않은 것으로 판명되었다. 단 8채의 빌라만이 지어졌을 뿐이었고, 나머지 땅은 대중들에게 개방되었다. 웅장한 긴 테라스는 귀족과 젠트리의 취향에 맞지 않는 것으로 입증되었다. 이들은 큐빗(Thomas Cubitt)이 벨그라비아(Belgravia)에 건설하고 있었던 전통적인 스퀘어의 절제된 우아함을 더 선호했다.

빌라나 테라스용이 아닌 토지에 내시가 약속한 중산층 주택들은 파크의 동북부 모퉁이의 이 화려한 단지와 떨어진 곳에 은밀하게 투기적으로 건설되었다. 그는 대단위 테라스들 곁에 부르주아지를 위한 마을을 건설했고, 이것이 나대지(빈터)를 교외지역으로 바꾸는 문제를 해결했다.

파크 빌리지(Park Village)라는 명칭은 가장 선호되는 진부한 문구가 되었으나, 내시가 보기에 그것은 파크 빌리지 디자인에 담긴 두 가지 영향을 묘사하는 정확한 의미를 담고 있었다. 그것은 그림 같은 경관의 공원(park)과 그림 같은 마을(village)을 종합한 것이었다. 내시는 클래펌과 기타 초기 교외들의 기본 이념을 이해하고 있었다. 즉, 그것들은 공원 속의 주택들이었다. 그가 처음에(그리고 최초로) 설계한 파크 빌리지 도안에서 알 수 있듯이, 그는 18세기 도시계획의 형식적인 언어를 철저하게 회피했다. 그 대신에 구불구불한 길, 산재해 있는 나무, 심지어는 공원의 가장자리를 휘감으며 흐르는 리전트 수로를 통해 손쉽게 공급되는 장식용 유수(流水) 등이 특징적으로 구비된 그림 같은 경관 속에 주택들을 배치한다.67)

---

66) *Nash, First Report*, xxxiv; 리전트 파크에 대해서는, 특히 John summerson, "The Beginnongs of Regent's Park", *Architectural History* 20(1977): 56-62을 참조하라.

그런 계획들은 내쉬에게 자연스럽게 다가왔다. 왜냐하면 그는 당시의 걸출한 조경가였던 렙턴과 공동작업을 했기 때문이다. 그러나 내시는 개인의 주택부지 외부에 그림 같은 경관을 만드는 방법을 이해하고 있었다. 그는 각 주택 주위의 사유지를 획정하고 전체적인 공원의 분위기를 살리기 위해 나무와 관목을 사용하는 것에 특히 관심을 기울였다. 그는 "조림은 별장들의 거슬리는 부분들을 차단하고 그것들을 상호 분리시키며, 풍광에 복잡다단함을 부여하는 것이다. 몇몇 별장들의 경우, 정원을 구획하기 위해 나무 울타리와 철제 울타리를 사용할 수 있다"고 말한다.68) 형식적인 명료함이 아닌 자연적 '복잡다단함'이 기본적인 계획원리가 되었다.

서머슨(John Summerson)이 최초로 지적했던 것처럼, 내시의 파크 빌리지 디자인은 그 이전 브리스톨 근처 블레이즈 햄릿(Blaise Hamlet)에서의 설계작업으로부터 많은 영향을 받았다. 파크 빌리지의 경관뿐만 아니라 주택 디자인은 블레이즈와 비교할 때, 가장 잘 이해될 수 있다. 왜냐하면 블레이즈 햄릿에서 내시는 최고로 그림 같은 마을을 디자인했을 뿐만 아니라 복음주의 운동과 직접적으로 접촉했기 때문이다. 브리스톨의 부유한 은행가, 히포드(John S. Harford)는 1811년에 이 햄릿의 건설을 의뢰했다. 그는 윌버포스의 친구였고, 나중에 윌버포스의 전기를 썼다.69) 하포드는 "존경할 만한 지위에 있었으나 불운을 맞아 거의 또는 아무것도 가진 것 없이 역경의 충격에 빠져 있는, 그렇지만 청렴결백한 성정을 소유하고 있는 노인들"70)을 위한 은퇴처를 건설하고 싶어했다.

건물들은 "무상으로 제공되는 수수한 은퇴처"로 보여야 한다는 하포드의 소망을 구현하기 위해, 고심한 끝에 내시는 녹지 주위에 전통적인 영국식 단

---

67) John Nash, "Plan of Park Village", Public Record Office MPE/ 911.
68) Ibid.
69) *Dictionary of National Biography*, s.v. "Harford, John Scandrett, Jr." 이 비평을 쓴 사람은 하포드가 한나 모어의 퀼렙스에 나오는 까다로운 구혼자의 모델이었다고 주장한다.
70) J. N. Brewer, *Delineations of Gloucestershire*(1824), quoted in Nigel H. Temple, *John Nash and the Village Picturesque*(Gloucester: Alan Sutton, 1979), 72.

독 별장 10채를 지었다. 내시의 설계는 프라이스(Uvedale Price)와 같은 디자인 저술가의 견해들을 반영하고 있다. 프라이스는 전통적인 마을의 불규칙성에서 긍정적인 가치를 발견했다. 마을은 "오래된 주택에 대한" 유쾌한 연상을 불러일으킨다고 프라이스는 서술했다.

… 도시와 구별되는 마을 특유의 아름다움은 복잡다단하고 다양하고 자유로운 아웃라인이다. … 그러므로 주택들은 그런 목적을 가지고 배치되어야 하며, 규칙적으로 건설된 도시주택들의 배치와 달라야 한다. 자연적으로 형성된 나무들이 대로변의 나무들과 다르듯이 말이다.[71]

블레이즈 햄릿에서 파크 빌리지로 화제를 돌리면, 내시가 그림 같은 마을 "특유의 아름다움"을 교외의 그것으로 만들었고, 도시와 교외 사이에 대조적인 디자인 효과를 주기 위해 "복잡다단하고 다양하고 자유로운 아우트라인"을 사용했음이 분명하다.

내시가 디자인한 파크 빌리지의 주택들을 보면, 이런 대조가 아주 분명하게 나타난다. 내시는 클래펌의 고전적인 팔라디오 양식(Palladianism)과 결별하고 전통적인 영국식 별장 건축을 개조해 그림 같은 양식을 창조했으며, 여기가 블레이즈 햄릿보다 더 웅장했으므로, 이것들은 엘리자베스 양식이나 튜더 양식이라 불릴 수 있을지도 모른다. 거기에다 내시는 고딕풍이나 심지어는 이탈리아풍을 주저하지 않고 가미했다. 이탈리아풍은 별장들 가운데 한 별장 위에 둥근 탑을 두어 가장 두드러진다. 그리고 블레이즈에서처럼, 각 별장은 그 이웃의 별장들과 명백하게 달랐다.

교외지역은 이처럼 시대 건축을 절충적으로 혼합하기 위한 특징적인 지형이 될 수 있었기 때문에, 여기서 잠시 멈춰 우리는 내쉬의 역사주의의 기원과 의미를 검토할 필요가 있다. 파크 빌리지의 조경처럼 내시는 장구한 발전을 요약했다. 그림 같은 영국식 정원이 18세기 중엽 조경의 규범으로 자리잡

---

71) Uvedale Price, "Essay on Architecture and Buildings" in *Essays on the Picturesque* [orig. ed. 1794], 2 vols.(London: Mawman, 1810), 2:346-47.

자마자 팔라디오풍 주택의 형식적 고전주의와 그 주위에 있는 정원의 비형식적 원리 사이에 충돌이 일어났다. 경관에 직접적으로 반응하고 주택 그 자체에 동일한 정서를 불어넣을 수 있는 건축양식에 대한 탐색이 시작되었다.

대체로 런던 외곽의 빌라 지대는 새로운 형태의, 가장 영향력 있는 실험들을 감행할 수 있는 장소였다. 이 실험들은 관념연합설(associationism)이라고 알려진 원리들에 의해 인도되었다. 관념연합설은, 건축은 "관념들의 연합을 통해 상상에" 영향을 미친다는 1786년 레이놀즈(Sir Joshua Reynolds)의 언명에 따른 것이다. "그리하여 우리는 자연스럽게 옛것에 대한 존경심을 가지며, 과거 중세 귀족들의 성곽처럼 옛날의 관습과 풍습을 환기시키는 건물은 어떤 건물이든지 분명 이런 환희를 준다."72) 조수아 경은 트위켄햄 근처 스트로베리 힐에 위치한 월폴의 빌라를 염두에 두고 있었을지도 모른다. 아주 복잡한 장식과 '매력적인' 역사적 연상(관념연합)을 통해 환희를 얻을 목적으로, 월폴은 이 빌라를 1750년에서 1770년 사이에 고딕 양식으로 지었다.

곧바로 또 다른 역사적 양식, 즉 이탈리안 양식이 고딕 양식에 첨가되었다. 처음에는 이 양식을 쿄랭(Claude Lorrain)의 그림에서 직접 따왔다. 그가 그린 목가적인 경관은 종종 정방형의 흉벽이나 둥근 성채로 둘러싸인, 불규칙한 모양의 시골 농가들을 보여주었다. 이런 불규칙성은 그림 같은 경관에 대한 자연적 감응과 시간의 흐름에 따른 주택의 성장을 표현하기 위해 의도된 것이었다. 고전적 요소, 로마네스크적 요소, 고딕적 요소의 혼합 및 비대칭적 아웃라인은 수 세기 동안 독특한 모양을 유지해왔던 경관에 뿌리박은 건축물을 표현했다. 그림 같은 경관에 매료된 영국인들에게는, 클로드의 그림에 나타난 종류의 건물을 중앙에 짓는 것이 자연스러운 듯했다. 내시 자신은 부유한 변호사를 위해 크론크힐에 아주 영향력 있는 이탈리아식 빌라를 디자인했다.73)

---

72) *Discourse*(1786), quoted in Pevsner, *Outline*, 376.
73) John Summerson, *The Life and Work of John Nash, Architect*(Cambridge, Mass.: MIT Press, 1980).

마지막으로 '고대 영국식' 별장이 있다. 이것은 파크 빌리지에 가장 분명한 영향을 미친 양식이다. 관념연합론자의 용어에 따르면, 그것은 무엇보다도 안정성, 단순성, 가정생활, 세속적인 관심사로부터의 탈피를 상징했다. 맬턴(Thomas Malton)은 『건축 에세이』(Essay on Architecture)에서 별장을 "기묘하고 불규칙적인 외관에, 여러 가지 조화로운 채색을 한, 날씨와 시간과 우연의 효과가 있고, 전체가 청명한 녹음으로 뒤덮여 있는, 만족스럽고 유쾌하고 마음을 끄는 시골의 작은 집"74)으로 정의한다. (크기나 안락함에 대한 부르주아 기준에서) 이런 '외관'을 재창조하는 것은 대도시 주변에 있는 수많은 빌라 소유자들의 목표가 되었다. 클래펌 근처에 있는 우드랜드 카티지(Woodland Cottage)−소유주가 "전문직종의 피로함을 달랠 수 있도록" 건축되었다−는 이엉으로 지붕을 인 근대 고딕 양식의 "우아한 작은 별장"으로 묘사되었다. 예컨대, "식당방에도 동일한 (고딕)양식이 사용된다. 즉, 식탁, 의자, 징두리 벽판, 찬장은, 스테인드글라스 창이 어둠침침한 분위기를 자아내는 오래된 대저택의 옛날 응접실을 축소해놓은 듯하다."75) 작은 별장이 대저택의 가구를 축소형일지라도 구비하고 있었다는 것은 중세의 현실이 연상활동에 거의 영향을 미치지 않았음을 보여준다. 중요한 것은 "만족스럽고 유쾌하고 마음을 끄는" 외관, 즉 내시가 처음에 블레이즈의 자선 별장에, 그 다음에 (적절한 사회적 조정을 거쳐) 파크 빌리지에 적용했던 모양을 만드는 것이었다.

이런 의미에서 역사주의는 모든 지역의 19세기 건축에서 승리를 구가했음이 입증되었다. 그러나 그것은 교외지역과 특별한 연관을 가진다. 시골저택 또는 시골빌라가 여전히 소유주의 교양과 지위의 상징이었을 때에는 차분하고 귀족적인 팔라디오 양식이 지배했다. 그러나 새로운 교외주택이 가족의 정서적 생활을 전문적으로 담당하는 가정이자 권력과 부의 세계로부터의 명백한 은거처가 되자, 건축가와 고객 들은 그런 정서를 가장 잘 제공할 수 있

---

74) Thomas Malton, *Essay on British Cottage Architecture*(London: 1804), 5.

75) J. Hassell, *Picturesque Rides and Walks*, 2 vols.(London: 1817-18), 1:13.

는 역사적 양식들에 의존하지 않을 수 없었다.

관념연합설의 그림 같은 세계에서, 형식적 통일성과 일관성이라는 구식 범주는 더 이상 적합하지 않았다. 고딕, 이탈리아 또는 고대 영국 양식은 모두 은거지, 만족, 지속이라는 동일한 정서적 메시지를 더 많이 담고 있었다. 그리하여 같은 거리에 또는 같은 집에 이 양식들을 혼용한다 해도 조화롭지 못한 점이 전혀 없었다. 실제로 내시가 분명하게 파악하고 있었듯이, 그런 절충적 혼합은 교외 환경을 도시 환경과 분리하는 데 필요한 다양성을 증진시켰다.

따라서 파크 빌리지는 펩스너의 말에 따르면, 곧 교외지역 전역에서 벌어질 "건축의 가장무도회"[76]의 전조가 될 뿐만 아니라, (지금도 교외를 정의하는 기준이 되는) 그림 같은 경관 및 역사주의적 디자인을 교외지역과 더욱 탄탄하게 이어주는 것이다. 파크 빌리지에서, 내시는 산만한 형태로만 존재했었던 교외 양식의 다양한 요소들을 모두 모아 그럴듯한 통일체로 바꾸어 놓았다. 그리하여 그는 도시 주변의 빈터를 중산층 주거공동체로 바꿀 수 있는 기본적 공식을 창조했다. 그는 교외지역을 상품으로, 즉 무한히 재생산될 수 있는 생산물로 변환시켰다.

내시의 공식에서 아마도 가장 주목할 만한 것은 그것이 매우 유연한 것으로 입증되었다는 것이다. 예컨대, 도시 스퀘어는 아주 정확한 규칙에 따라 수행되는 디자인 게임이다. 하지만 교외지역은 관대하다. 직선 도로들은 곡선 도로로, 무계획적 다양성은 미학적 절충주의로 대체될 수 있다. 심지어 일관성이 작용할 수도 있다. 유일하게 필요한 것은 '공원 속의 주택들'이라는 개념에 표현된 도시적 형태들과 기본적으로 대조를 이루어야 한다는 것이다. 따라서 파크 빌리지는 교외화가 급속하고도 무분별하게 확산되는 발판을 마련했으며, 이것은 이 책의 나머지 부분의 주제가 될 것이다.

그러나 엘리트의 전유물이었던 교외지역을 중산층이면 누구나 마련할 수 있는 대량생산물로 바꾸어놓은 특정한 사회적·경제적 힘들을 검토하기 전에,

---

76) Pevsner, *Outline*, 378-79.

잠시 이 상품의 이상야릇한 본성에 대해 숙고해보자. "부르주아지는 시골을 도시의 지배하에 종속시켰다. … 부르주아지는 모든 봉건적, 가부장적, 목가적 관계들에 종지부를 찍었다. … 부르주아지는 센티멘털리즘(감상주의) … 의 거룩한 환희를 이기주의적 타산이라는 싸늘한 바다에 빠뜨렸다. … 부르주아지는 가족으로부터 그 정서적인 장막을 벗겨냈다."77) 『공산당선언』(Communist Manifesto)에 실려 있는 이 구절은 파크 빌리지의 패러독스를 암시한다. 왜냐하면 정복자 부르주아지는 자신들이 파괴하고 있었던 "봉건적, 가부장적, 목가적" 마을 환경의 새로운 형태를 교외지역에서 재창조하기로 결정했기 때문이다. 작업장에서 합리적인 이 고용주들[즉, 부르주아지를 일컫는다. 역주]은 가정에서 "센티멘털리즘의 거룩한 환희"를 유지·강화하고 있었다. 부르주아지의 경제적 주도권은 대도시를 휩쓸면서 인간과 자연 사이의 전통적인 균형을 파괴하고 있었으며, 이와 동시에 이 계급은 전통, 가정생활, 자연과의 합일을 상징하는 사적인 은거지를 만들고 있었다.

아마도 『루이 나폴레옹의 브뤼메르 18일』(The Eighteenth Brumaire of Louis Napoleon)에서 마르크스가 주장한 것처럼, 어떤 혁명적인 계급도 위장을 하지 않고서는 자신의 행동을 직시할 수 없을 것이다. 즉, 교외지역에서 부르주아지는 행복한 시골사람인 척할 수 있었다. 하지만 교외지역의 패러독스는 또한 클래펌의 복음주의자들이 직면했던 중산층 생활의 분리의 직접적인 표현이다. 합리성과 감성적인 생각(감상성)이 공존하지만, 이것들은 일의 영역과 가족의 영역으로 엄격하게 분리된다. 내시는 클래펌의 교인들보다도 훨씬 더 엄격하게 이런 분리를 수행했다. 가족을 위해 신이 주신 시골 대(對) 사업을 위해 인간이 만든 도시라는 그들의(복음주의자들의) 개념에, 내쉬는 그림 같은 교외마을 대(對) 형식주의적 도시라는 복잡한 상징성을 덧붙였으며, 이 도덕적·미학적 분리들은 교외지역이라는 근대적 개념에 통합되었다.

디킨스(Charles Dickens)는 이처럼 심층적으로 분리된 중산층 감수성의 이

---

77) Karl Marx and Friedrich Engels, "The Communist Manifesto"(1848) in Robert C. Tucker, ed., *The Marx-Engels Reader*(New York: W. W. Norton, 1978), 475-76.

미지를 가장 잘 보여준다. 『위대한 유산』(*Great Expectations*)(1861년에 출판되었으나, 배경은 1830년대이다)에서 그는 재거 씨의 뻔뻔스러운 법률 서기 웨믹을 마른 비스킷으로 점심을 떼우고 입이 우체통 구멍처럼 생겼다고 묘사한다. 그러나 웨믹도 클래펌 근처 월워스에 고딕 양식의 별장을 소유하고 있는 당당한 사람이다. 그는 작은 연못, 총안이 있는 흉벽, 매일 밤 아홉 시에 발사하는 소형 대포로 별장을 장식했다.

디킨스는 웨믹이 매일 저녁 런던 구시내를 떠날 때 마음이 부드러워지고, 아침에 돌아올 때 경직된다는 것을 보여준다. 핍이 사적인 문제에 대해 그의 견해를 듣고자 했을 때, 웨믹은 자신이 월워스에 있는가, 아니면 사무실에 있는가에 따라 대답은 달라진다고 응답한다. "월워스와 이 사무실은 별개의 장소지. … 양자를 혼동해선 안 돼. 월워스에 있으면, 나는 월워스의 정서를 가지게 돼. 그리고 이 사무실에 있으면, 나는 사무실 정서 이외에는 아무 것도 느낄 수 없어."[78] 교외지역이 런던 상인들 가운데 소수 엘리트를 위한 선택된 피난처로서 시작되었다면, 그 메시지는 부르주아 문화에 아주 깊이 스며들어 거의 영국 중산층의 지배적인 가정 형태가 되었다 북부 잉글랜드의 새로운 산업 중심지와 같이 아주 급속한 변화가 일어나던 곳에서, 거대한 교외의 물결은 이내 근대 도시의 기본 구조를 재편하게 되었다.

---

78) Charles Dickens, *Great Expectations*, chap. 36.

제3장
교외와 산업도시: 맨체스터

　　교외지역이 런던에서 기원한 것이라면, 급속한 변화나 단순화에 저항했던 복잡한 도시 모자이크를 구성하는 하나의 요소로서 교외지역은 19세기 내내 중요성을 가지고 있었다. 런던 교외가 맨체스터 및 기타 북부 잉글랜드의 초기 산업도시들에 이식되자, 교외지역은 중산층 주거패턴을 지배하고 도시구조를 바꾸는 혁명적인 힘을 보여주었다.
　　런던은 19세기 후반에 이르기까지 산업화를 거의 경험하지 못했다는 점을 기억해야 한다. 런던의 경제는 세계무역, 금융, 정치조직, 상류층에의 사치품 공급과 같은 18세기적 요소들에 기초해 유지되었다. 이스트엔드(East End)의 혼잡한 소규모 공장에서 의류, 가구, 가재도구를 생산하는 엄청난 양의 '착취' 무역이 이런 활동들에 부가되었다. 맨체스터와 같은 도시와 비교할 때, 런던은 조선업과 같은 중요한 산업들이 북부로 이전함에 따라 탈산업화를 겪고 있었지만, 런던의 경제는 아주 퇴행적이었다.[1] 그러므로 런던은 계급관계와 도시구조의 측면에서 전산업사회의 복잡성을 유지하고 있었다. 중산층은 클래펌의 은행가들에 의해 시작된 주거와 작업장의 분리를 적극적으

---

1) Francis Sheppard, *London 1808-1870: the Infernal Wen*(Berkeley: University of California Press, 1971), especially chaps. 1-5.

로 추구했다. 그러나 명문 가족이 점포 위층의 주거를 떠나는 경우에 그들은 종종 옛날 집을 보유한 채 위층의 단칸방을 노동자들 및 심지어 착취 무역에 종사하는 가족들에게 임대했다. 이런 관행으로 중심부의 동부는 상업, 주거, 공장이 복잡하게 혼재된 전산업적 구조를 가지게 되었다.2) 게다가 중심부를 떠나는 중산층 가족들이 모두 교외지역으로 간 것은 아니었다. 왜냐하면 상류층은 웨스트엔드의 멋진 스퀘어에 애정을 가지고 있었고, 부르주아지의 상당 부분은 사우스켄싱턴(South Kensington)과 베이스워터(Bayswater)의 대규모 타운하우스들에 정착해 그것들을 모방했기 때문이었다.3)

따라서 클래펌과 파크 빌리지의 모델을 따른 교외들은 런던 중산층을 유인하기 위해 이와 같은 전통적인 도시 주거들과 경쟁했다. 런던의 교외들이 도시보다 훨씬 더 빠르게 성장했지만(19세기 말경 매일 백만여 명의 통근자들이 런던 구시내로 출근하고 있었다4)), 런던 중산층이 부르주아 주거의 모델로서 주변부 교외로 이주한 것은 1870년대였다.5)

---

2) William H. White, "On Middle Class Housing in Paris and Central London", *Royal Institute of British Architects Transactions* 28(1877-78): 21-54.
3) 영국의 도시연립주택의 지속적인 생명력에 대해서는 Stefan Muthesus, *The English Terraced House*(New Haven: Yale University Press, 1982)을 참조하라.
4) *Encyclopaedia Britannica*, 11th ed., s.v. "London-Suburbs".
5) 런던 중산층 주택 및 그것이 도시와 가지는 관계는 올슨(Donald J. Olsen)의 명저에 가장 잘 그려져 있다. 특히 *The City as a Work of Art: London, Paris, Vienna*(New York: Holmes and Meier, 1976); *Town Planning in London: The Eighteenth and Nineteenth Centuries*, 2nd ed.(New Have: Yale University Press, 1982), 그리고 "House Upon House: Estate Development in London and Sheffiedld" in H. J. Dyos and Michael Wolff, *The Victorian City: Images and Realities*, 2. vols.(London: Routledge and Kegan Paul, 1973), 1:333-58을 참조하라. 또한 런던 교외에 대한 두 가지 중요한 연구, H. J. Dyos, *Victorian Suburb: A Study of the Growth of Camberwell*(Leicester: Leicester University Press, 1966)과 F. M. L. Thompson, *Hampstead: Building A Borough*, 1650-1964(London: Routledge and Kegan Paul, 1974)을 참조하라. 덧붙여 J. M. Rawcliffe, "Bromley: Kentish Market Town to London Suburb", in F. M. L. Thompson, ed., *The Rise of Suburbia*(Leicester: Leicester University Press, 1982), 27-92; Michael Kahn, "Suburban Development in Outer West London, 1850-1900" in F. M. L. Thompson, ed., *The Rise of Suburbia*, 93-156 와 같은 연구들이 있다.

그러므로 런던의 주거패턴은 19세기 맨체스터와 거의 무관한 두 성질, 즉 연속성과 복잡성을 동시에 가지고 있었다. 맨체스터의 중산층 교외화는 런던보다 늦게 시작되었지만, 그 영향력은 훨씬 더 막강했다. 1830년대에 들어서도 맨체스터의 부르주아지는 여전히 도시 중심부의 타운하우스들에 확고하게 자리잡고 있었다. 그러나 10년 사이에(1835년에서 1845년까지) 맨체스터는 런던이 1770년에서 1870년까지 한 세기 동안 경험했던 것보다 더 높은 교외화를 경험했다. 자동차나 심지어 통근열차조차도 없었고, 교통수단이라고는 개인마차와 승합마차가 전부이던 시절에 맨체스터는 산업도시의 중산층 교외화 패턴을 확립했다. 이는 18세기 런던에서 최초로 나타났던 계급 분리 및 부르주아 작업장과 주거의 분리 경향을 거의 완성시켰다.

1844년 『영국 노동계급의 상태』(The Condition of the Working Class in England)에서 엥겔스(Friedrich Engels)는 맨체스터를 이미 고전적 형태를 갖춘 근대적 산업도시로, 다시 말해 중심업무지구에는 주민이 거의 살지 않고, 중심부를 에워싼 공장지대에는 산업과 노동자 주택이 밀집해 있으며, 주변부 교외지대에는 부르주아지의 빌라들이 있다[6]고 묘사했다. 엥겔스가 19세기 중반 맨체스터에서 교외로의 탈출과 계급 분리를 과장한 것으로 비난받지 않도록 나는 1857년 맨체스터의 여행 안내서를 상세하게 인용할 것이다. 이 안내서는 1920년대 시카고학파의 유명한 그림만큼이나 산업도시의 고전적 형태를 분명하게 묘사한다.

이 안내서에는 세 개의 동심원이 그려져 있다. 그 중심점은 증권거래소이며, 평일에는 언제나 면제품의 가격을 결정하는 자본주의체제의 중심이었다. 증권거래소를 둘러싼 지역은

> 맨체스터의 중심부이다. 이 지역은 도시의 주요 건물들과 상업적 거래의 많은

---

[6] Friedrich Engels, *The Condition of the Working Class in England*, ed. and trans. W. O. Henderson and W. H. Chaloner(Oxford: Blackwell, 1958), 50-78. 맨체스터를 이해함에 있어서 엥겔스가 어떤 의미를 가지는지에 대해서는 Steven Marcus, *Engels, Manchester and the Working Class*(New York: Random House, 1974)를 참조하라.

부분을 비교적 작은 범위 안에 포함한다. 이곳은 거리마다 골목마다 생명과 활기를 불어넣는 구역이며, 막대한 기계장치들과 무수한 방추를 전지역으로 이동시키는 구역이다. 이곳에는 창고, 회계실, 은행, 사무실, 주식중매회사와 중개소가 있다.

이 중심업무지구는 도시 주변부, 즉 "주위를 에워싼 … 변두리나 교외들"과 대조를 이룬다. 이곳은 다음과 같은 것으로 구성된다.

절묘하게 설계된 넓은 정원과 초지와 관목 숲으로 전면이 장식된 아주 매력적인 건축양식의 매혹적인 빌라들이 길게 늘어선 전경. 우리의 상인들, 즉 매연이 없는 지역에 거처를 마련할 여력이 있는 사람들은 여기에 자주 드나든다. 이와 같은 맨체스터의 교외들은 에덴동산과 아주 흡사하다. 당신은 그런 아름다움이 도시의 갈색 굴뚝 및 가로와 그렇게 가까운 곳에 존재할 수 있다는 사실을 의아해할 것이다.

마지막으로, 안내서는 두 지역 사이에 있는 공장지대를 묘사하고 있다.

이 두 지역들, 다시 말해 창고와 은행과 사무실이 있는 지역과 광장과 정원과 파테르[갖가지 형태로 화단과 길을 배치한 정원: 역주]가 있는 지역(맨체스터 귀족의 주거시) 사이에 노동에 종사하는 너뒤에 지친 맨체스터의 방적공과 직조공이 대부분 살고 있다. 굴뚝 숲이 대개 이 내부 지대 위로 솟아오르고 그 아래로 이층집이 오글오글 모여 있고, 수많은 미로를 이루고 있는 골목길에는 공장에 다니면서 모든 문명 세계를 위해 옥양목, 비단, 날염 옷감을 만드는 남자들, 여자들, 아이들이 거주한다.

안내서는 "맨체스터는 완전히 사업을 하기 위한 곳이다"[7]라고 결론짓는다. 이 안내서는 명쾌할 뿐만 아니라 이런 묘사는 교외지역은 본질적으로 아름다운 인공물―안내서의 표현으로는 "에덴동산"―로만 이해될 수 없으며, 언제나 그 대립물, 즉 산업노동계급이 사는 "혼잡한 골목들" 및 "무수한 미로들"과 병치되어야만 한다는 것을 환기시켜주는 미덕을 가진다. 맨체스터의 교외화가 중요하고도 긴급한 일이 되었던 것은 이 최초의 산업도시에서 계급분화가 점점 첨예화되고 있었기 때문이었다.

---

7) Thomas Bullock, *Bradshaw's Illustrated Guide to Manchester*(London: W. J. Adams, 1857), 5-8.

혹자는 런던에서의 최초의 교외지역을 전적응상태(preadaptation)라 부를지도 모른다. 이는 토착 환경 속의 유기체에게는 단지 제한된 효용만을 가지지만, 그 환경이 변화하면 별안간 전적응상태가 결정적인 중요성을 가지게 되는 유기체의 특성을 정의하기 위해 생물학자들이 사용하는 용어이다. 런던처럼 상대적으로 유동적이고 복합적인 사회환경—동일한 사회적 공간에 거주하는 다층적 계급들, 그리고 소규모 생산이 여전히 지배하고 있는—에서 교외지역은 중산층 가운데 일부만이 선택할 수 있는 것이었다. 맨체스터와 같이 훨씬 엄격하고 분화된 환경에서, 교외지역은 일반적인 처방책이 되었다.

맨체스터의 교외화는 단순히 산업도시로부터의 탈출이 아니었다. 중산층이 도시 중심부의 전통적인 생활을 탈피하기로 결정한 것은 전체적인 도시 형태를 뒤바꾸었다. 실제로 내가 생각하기에 엥겔스나 시카고학파가 묘사한 산업도시의 고전적 형태는 산업화 그 자체의 필연적 결과가 아니었다. 대륙의 도시들은 아주 상이한 패턴으로 성공적인 산업화를 이루었으며, 맨체스터도 처음 30여 년 동안의 내포적 산업화로 전산업적 패턴과 충돌했다.

오히려 중산층 교외화 그 자체가 고전적인 앵글로 아메리카 산업도시의 구조를 창조했다. 교외지대뿐만 아니라 공장지대와 중심업무지구도 모두 부르주아가 도시 주변부의 농업용 토지를 자신들의 주거용 토지로 확보하기로 선택한 결과로서 근대적 형태를 획득했다. 그러므로 근대 도시를 정의함에 있어서 교외화가 결정적인 역할을 했다는 사실을 이해하기 위해 우리는 최초의 산업 대도시의 발전과정을 면밀히 살펴보아야 한다.

분화된 환경 만들기

18세기 후반의 런던이 불가항력적으로 인구와 자원을 끌어들임으로써 이미 소용돌이 도시의 패턴을 확립했다면, 19세기 초반의 맨체스터는 산업화라는 새로운 자극을 통해 그와 같은 소용돌이 효과를 강화했다. 1750년에 인구 약 17,000명의 조용한 시골 소도시였던 맨체스터는 1801년에 인구가 70,000명으로 성장했고, 1851년에는 303,000명에 이르렀다. 1820년대의 10년 동안에, 인구가 45% 증가했다.[8]

이와 같은 성장은 중산층 교외화의 고전적 조건들, 다시 말해, 도시 중심부에 기회들을 집중시키면서 동시에 도시 중심부를 점차 값비싸고 거주할 수 없는 곳으로 만드는 경제적 힘들을 창조했다. 회고하건대, 부르주아의 도심 탈출은 피할 수 없었던 듯하다. 1934년 클래펌(J. H. Clapham)과 클래펌(M. M. Clapham)은 맨체스터의 교외화에 대해 "더 쉽게 설명할 수 있는 것은 아무것도 없다"[9]라고 썼다.

그럼에도 불구하고 19세기 맨체스터를 실제로 창조했던 사람들은 전개된 성장 패턴을 의식적으로 창조했던 것이 아니었다. 사실상 1830년대 중반을 지나면서, 그들은 아주 상이한 패턴을 유지하고자 했다. 즉, '부르주아 귀족'은 사업본부가 있는 번잡한 창고와 아주 가까운 도심부 근처에 주거를 두었다. 그들로 하여금 이 구조를 버리도록 했던 사회문화적 변동들은 교외지역과 산업도시를 실질적으로 만들고 있었던 힘들을 드러내준다.

맨체스터의 팽창 이면에 깔린 궁극적인 힘은 물론 면직업이었다. 맨체스터는 전통적으로 섬유산업에 종사하는 상인들의 중심지였다. 상인들은 랭커셔 농업지역의 가내 노동자들에게 원료를 공급해 방적(잣기)과 직조(짜기)를 시키고, 그 다음에 방사(紡絲)나 천(피륙)을 수집해 마무리(끝손질)를 한 후 판매했다. 18세기 중엽 면제품이 새로이 인기를 끌게 되자 이 상인들의 사업 물량은 크게 증가했다. 그리고 방적의 기계화로 맨체스터는 세계 최초의 산

---

8) 18세기 인구에 대해서는 W. H. Chaloner, "Manchester in the Latter Half of the Eighteenth Century", *Bulletin of the John Ryland Library* 42(Sept. 1959): 41-42를 참조하라. 19세기에 대해서는 Asa Briggs, *Victorian Cities*(New York: Harper & Row, 1965), 89; B. R. Mitchell, *European Historical Statistics*(New York: Columbia University Press, 1978), 12를 참조하라.

9) J. H. Clapham and M. M. Clapham, "Life in the New Towns" in G. M. Young, ed., *Early Victorian England, 1830-1865*, 2 vols.(London: Oxford University Press, 1934), 1:244.

업지역의 심장부가 되었다.

  하지만 공장체계는 1790년대에 이르러서야 맨체스터에 도입되었다. 1790년대에 증기기관이 출현하면서 공장은 동력원-시골의 급류-이 있는 곳에서 도시로 이동할 수 있었다. 맨체스터가 방적공장과 직조공장의 거대한 중심지가 된 이후에도, 맨체스터는 언제나 과대한 공장도시를 능가하는 무엇이었다. 오히려 맨체스터는 전체 랭커셔 면화지역의 중심지였다. 랭커셔 전역의 공장에서 나오는 면제품들은 전문적인 마무리작업을 위해 맨체스터로 보내졌고, 전세계의 구매자들은 면제품을 구입하기 위해 맨체스터로 왔으며, 공장들은 모든 지역의 공장들을 위해 기계들을 생산하고 공급했고, 은행가들, 브로커들, 상인들은 전체 산업의 운명을 결정하는 가격을 정하기 위해 증권거래소 주위로 몰려들었다.10)

  따라서 맨체스터는 (런던 구시내와 마찬가지로) 정보사회였고, 그 중심부에 모인 대면접촉적 전문지식 네트워크에 접근하는 것은 가장 싼 면화를 찾는 중개인, 도시 및 지역 곳곳에 산재한 공장에서 나온 물건들을 축적하고 있는 상인, 최신 유행들을 다양하게 선택하는 구매자, 지속적으로 바뀌는 기술과 싸우는 공구 제작자에게 중대한 일이었다. 그러므로 랭커셔 면직산업의 성장은 조밀한 도시 중심부-'면직도시'(Cottonopolis)로서의 맨체스터-를 만들어낼 수밖에 없었고, 상인들과 생산자들은 거기에 모여 주문을 하고 유행에 관한 최신 정보를 획득했으며, 이것이 높은 지가를 보충해주었다

  따라서 맨체스터는 다양한 부류의 노동자들과 그 가족들, 예컨대 시골의 인구과잉을 피해온 공장 직공 지망자, 고향에서의 매우 혹독한 가난을 피해온 미숙련 아일랜드인 이주자, 출세하기 위해 소도시나 런던 회계실의 비밀연구소에서 온 중산층 출신의 패기만만한 청년 등을 끌어들였다.

  하지만 맨체스터는 19세기 초에 확장되었기 때문에, 그것은 본래의 형태

---

10) Chaloner, "Manchester" 40-60; Briggs, *Victorian Cities*, 88-138; François Vigier, *Change and Apathy: Liverpool and Manchester during the Industrial Revolution*(Cambridge, Mass.: M.I.T. Press, 1970), chaps. 5 and 6.

를 유지했다. 18세기 중엽의 맨체스터는 좁은 거리들이 다닥다닥 붙어 있는 곳이었으며, 그곳의 상인들은 (런던과 마찬가지로) 사업장의 역할을 겸하는 주택에서 살았다. 표백이나 염색과 같은 제조업 단계들은 개방지 근처의 변두리에 있는 소공장에서 행해졌으며, 어쨌든 그 공장들은 도시의 어느 장소에서 가더라도 도보로 5분 이상 걸리지 않는 거리에 있었다.[11]

맨체스터가 크게 확장되자 곧 이런 배치는 진부한 것이 되었다. 그리고 옛날 도로들은 모두 사무실로 전환되거나 슬럼으로 변질되었다. 하지만 기본 원리는 유지되었다. 전통적인 도시 중심부 바로 너머에, 맨체스터의 엘리트는 자신들의 주택과 사업장을 위한 새로운 중심지구를 건설했다. 맨체스터의 손꼽히는 상인과 제조업자 들의 집은 모슬리 가(Mosley Street)—새로운 증권거래소에서 네 블록 떨어진 멋진 거리—에 늘어서 있었다. 이 주택들조차도 상인들이 과거에는 자기집 지붕 아래 저장했던 물건들을 더 이상 수용할 수 없었다. 그래서 소유주의 주택 바로 뒤켠 좁은 거리에 물건을 저장하고 전시하기 위한 창고들이 건축되었다.

따라서 신도적인 상인들과 그 가족들은 의도적으로 중심부를 일종의 가족 주거지역으로 재건했으나, 그것은 그들의 사업 및 맨체스터의 전체적 생산세계와 긴밀한 접촉을 유지하고 있었다. 어느 작가는 이와 같은 엘리트 근린을 "영국에서 가장 부유한 몇몇 사람들"의 본거지, "하나의 집단적인 상업 중심지"로 묘사했다. 그리고 그는 다음과 같이 썼다. 우아한 타운하우스 뒤켠의, "뒷골목, 대로, 현관, 안마당, 지하실에는 하급 소매상인과 시골 행상인들이 우글거린다. 장날에는, 상인들, 무역업자들, 소매상인들, 위탁상들, 짐꾼들, 짐마차꾼들, 창고업자들, 그리고 제품들이 모두 한 덩어리가 되어 움직인다."[12] 분명히, 맨체스터의 엘리트는 작업장과 주거의 엄격한 분리 개념이나 중심으로부터의 탈출 개념을 가지고 있지 않았다.

---

11) Hames Ogden, *A Description of Manchester*(Manchester, 1783), reprinted and ed. William E. A. Axon(Manchester: John Heywood, 1887).

12) Hames Butterworth, *The Antiquities of the Town and a Complete History of the Trade of Manchester*(Manchester: John Heywood, 1887).

부자들이 중심부를 떠나지 않았을지라도, 맨체스터의 공장들은 도시의 변두리로 밀려났다. 이 공장들은 특히 맨체스터의 풍부한 운하들과 작은 하천들 주위에 밀집했다. 빽빽하게 들어선 신축 노동자 주택으로 에워싸인 이 공장들은 (도시적이라기보다는) 여전히 농촌 분위기가 풍기는 환경에서 '산업마을'을 형성했다. 한 노동자는 1820년대에 이르기까지도 증권거래소로부터 반경 2마일에 불과한 농촌의 오솔길을 따라 맨체스터를 완전히 순회할 수 있었다고 회고한다.13)

따라서 맨체스터의 상인들은 도시에 대한 집단적인 전략을 가지고 있었으며, 이는 엘리트를 위한 주택이자 사업장이 될 귀족적 중심지구를 만드는 것을 의미했다. 여기서 우아한 타운하우스들은 상업세계와 완전히 일치된 번잡한 창고와 가족생활로부터 탈피했을 것이다. 또한 많은 노동자들은 바로 곁에, 즉 중심부 뒷골목에 있는, 글자 그대로 엘리트의 뒷마당에서 거주하고 있었을 것이다. 대부분의 노동자들은 도시 주변부의 상대적으로 개방된 촌락에 살았을 것이며, 역설적이게도 거기서 그들은 엘리트보다도 더욱 쉽게 전원적 환경에 다가갈 수 있었을 것이다. 대체로 이와 같은 구조가 대다수의 전통적인 도시형태-엘리트는 중심부에, 빈자는 변두리에-를 유지시켰다. 그리고 그것은 맨체스터가 가장 급격하게 팽창하던 시기에도 그러했다.

하지만 이 구조는 1830년대에 갑자기, 그리고 근본적으로 바뀌게 되었다. 지방의 역사에서, 이런 변화는 언제나 하나의 발단, 즉 1834년 브룩스(Samuel Brooks)의 그것과 관련된다. 스코틀랜드 출신인 브룩스는 전형적인 맨체스터 사람이 되었다. 즉, 그는 부유한 상인이자 공장 소유주이고 『가련한 리차드의 달력』(Poor Richard's Almanac)의 인용구로 집을 장식한 강박관념에 사로잡힌 일꾼이며, 모슬리 가의 상인들 가운데 가장 탁월한 사람이었다. 하지만 1834년에 브룩스는 귀족인 에거턴(Egerton) 가문으로부터 농지를 구입해, 거기에 자기가 태어난 스코틀랜드 마을의 이름을 따서 왈리 레인

---

13) Archibald Prentice, *Historical Sketches and Personal Recollections of Manchester*, 2d ed. (London: Gilpin, 1851), 360.

지(Whalley Range)라는 새 이름을 붙였다. 거기서 그는 자기 자신과 가족을 위해 교외빌라를 지었고, 곧이어 토지를 분할해 다른 상인들에게 팔았다. 게다가 그는 왈리 레인지로 이사하자마자 모슬리 가의 타운하우스를 창고로 개조했다.14)

브룩스의 동료 지도자들은 맨체스터에서 가장 유명한 거리의 신성한 주거지역에 창고가 잠식해 들어오는 것을 본 충격에서 벗어나자, 곧 그의 본보기를 따랐다. 브룩스가 이주한 이후 5년 이내에, 모슬리 가의 거의 모든 타운하우스들은 창고로 개조되었다.15) 그리고 거기에 살던 사람들은 도시를 에워싼 '상쾌한 언덕'에 교외빌라를 지었다.

이처럼 교외지역으로 이주하기로 결정한 것은 두 가지 중대한 결과를 낳았다. 이것은 모두 일찍이 1844년의 맨체스터에 대한 엥겔스의 설명에서 분명하게 언급되었던 것이다. 첫째, 중산층이 이주함에 따라 중심부는 공동화되었고, 뒷골목의 집들이 사무실로 개조됨으로써 노동자들은 밀려났다. 창고 —이제는 고딕 양식이나 베네치아 양식으로 화려하게 장식되어 있다— 뿐만 아니라 은행과 우아한 상점들이 옛날의 주거들을 대체했다. 방문객들은 영업시간이 지난 후의 아주 고요하고 텅 빈 도시 중심부를 발견하고 놀랐다. 중심업무지구(CBD)가 탄생한 것이었다.16)

한편 과거 주변부에 있던 공장들은 이제 교외지대로 에워싸였으며, 이 교외 지대는 공장들을 멀리 떨어진 농촌 들판과 분리시켰다. 교외빌라의 안마당은 담장으로 에워싸였고, 빌라가 입지한 나무가 늘어선 거리도 때로는 거주자와 손님을 제외하고는 출입이 금지되었다. 일군의 노동자들은 이제 공장 소유주의 교외빌라의 안마당을 통과하는 과거의 시골길을 열려고 시도했다. 그들은 "존스 씨의 신축 맨션 바로 앞에 있는 안마당을 직접 가로질러 다녔

---

14) Samuel Brooks Papers, Manchester Central Library Archives, M/C 158; Leo H. Grindon, *Manchester Banks and Bankers*(Manchester: Palmer & Howe, 1887), 203-9.
15) Benjamin Love, *Manchester as It is*(Manchester: Love and Barton, 1839), 200-201.
16) 맨체스터 중심업무지구의 구조와 건축에 대해서는 *The Builder* 6(Dec. 2, 1848), 577-78를 참조하라.

고, 최근에 조성한 관목 숲과 화원 사이에 길을 만들었다." 그러자 존스 씨는 철문을 만들고 도랑을 팠다.17)

그리하여 노동자들과 그들이 다니는 공장들이 일정 지역에 한정되면서 근대적 공장지대가 출현했다. '상쾌한 언덕'이 확고하게 중산층의 소유물이 되자, 공장들과 노동자들은 점차 지가가 높은 중심부와 변두리의 특권적인 주거지역 사이에 몰려살게 되었다.

이와 같은 도시구조의 근본적인 변화는 분명 근본적인 이유들을 가지고 있었다. 내 생각에, 가장 중요한 것은 계급관계의 문제였다. 과거의 도시형태는 중산층과 노동계급의 빈번하고 긴밀한 접촉을 수반했다. 이와 같은 근접은 정확히 맨체스터의 부르주아지가 두려워했던 것이었다. 그들은 가능한 한 완전한 분리를 추구하는 한편, 중심부의 정보원천과의 아주 중요한 접촉을 유지하고자 했다. 이미 런던에서 발전했던 교외지역은 계급 분리의 요구에 정확하게 응답했던 매우 유용한 형태― 전적응상태― 를 제공했다. 교외화가 일어나기 위해 필수적이었던 것은, 우선, 이 새로운 도시구조에 대한 친밀감을 높이는 것이었고, 그리고 중심부에서 교외로의 이주를 유쾌하고 매우 유익한 것으로 만든 경제적 조건들이었다. 이 두 가지 조건들은 1830년대와 1840년대에 형성되었다.

18세기 런던에서도, 교외화의 추동력은 계급 혐오의 요소, 다시 말해 도시 중심부의 불온한 하류층으로부터 자신과 가족을 격리시키고자 하는 욕구를 상당히 포함하고 있었다. 하지만 런던의 상인들과 그 가족들은 여전히 전산업적 질서 속에서 생활하면서, 소규모 생산과 전통적인 선호 패턴을 유지하고 있었다. 맨체스터의 부르주아지는 스스로 산업의 우두머리, 수많은 노동자들의 고용주임을 알았으나, 귀족적 권위라는 과거의 액세서리를 결여하고 있었다. 가스켈(Elizabeth Gaskell)이 맨체스터를 배경으로 쓴 소설 『메리 바턴』(*Mary Barton*)에 대해 세인트베리(George Saintsbury)가 예리하게 비평한 것처럼, "이 책의 중심 주제와 모티브―귀족적 권위가 엄청난 부를 형성하는

---

17) Prentice, *Historical Sketches*, 360.

데 도움을 주었다는 것을, 그리고 많은 경우 그것(귀족적 권위)의 실소유자들은 자신들이 현재 고용하고 있는 바로 그 계급 출신이었다는 것을 의식하면서 빈부를 대비시킴-는 거대한 제조업 도시들의, 그리고 특히 맨체스터의 생존이라는 핵심적인 문제이다."18) 이 중심적인 문제에 면화 무역 고유의 불안정성, 정기적인 불황과 파업이 부가되었으며, 이것은 빈번하게 (사회적) 불안을 조성했다. 예컨대 1829년에는 군대를 동원해도 진압할 수 없는 일련의 폭동들이 있었고, 1830년대의 선거법 개정안에 대한 선동은 사회적 불안을 연장했다.19)

합법성이 결여되어 있었기 때문에 부르주아지는 경제생활에 필수적인 것이 아닌 노동계급과의 모든 접촉을 철회하는 경향을 보였다. 실제로 브릭스(Asa Briggs)가 강조하고 있듯이, '계급투쟁'과 관련된 개별 계급들의 언어는 맨체스터의 도시경험에서 직접적으로 유래한다. 브릭스는 파킨슨(Thomas Parkinson)이 중산층 탈출의 절정기에 만든 그리고 내가 보기에 그것을 설명하는 것과 깊이 관련된 보고서를 상세하게 인용한다. "부자와 빈자 사이의 거리가 그렇게 큰 도시는, 또는 양자 사이의 장벽이 무너지기 어려운 도시는 세상 어디에도 없다. … 웰링턴 공작과 그의 사유지에서 일하는 비천한 노동자에 비해 … 방적업자와 직공 사이의 사적인 커뮤니케이션이 훨씬 적다."20) 파킨슨은 계급간의 사회적 거리와 사적인 장벽들에 대해 언급하고 있었다. 그러나 교외화에서 그런 거리와 장벽들은 도시환경을 규제하고 한정하는 물리적 사실이 되었다.

가스켈은 『매리 바턴』에서 이런 넘을 수 없는 장벽에 대한 생생한 사례를 제시한다. 그녀는 노동자 젬이 누추한 지하실을 나와 병든 친구를 "진료소에 보내달라고 간청하기" 위해 고용주 카슨 씨를 찾아가는 장면을 묘사한다.

---

18) George Saintsbury, *Manchester*(London: Longmans, Green, 1887), 105.
19) Briggs, *Victorian Cities*, 89-91.
20) Richard Parkinson, *On the Present Condition of the Labouring Poor in Manchester; with Hints for Improving It*(London, 1841); quoted in Briggs, *Victorian Cities*, 114.

윌슨은 약 2마일을 걸어 거의 시골에 있는 카슨 씨의 집에 도착했다. 카슨 씨의 집은 훌륭한 집이었으며, 비용에 구애받지 않고 지은 집이었다. 그러나 무절제한 지출 이외에, 풍부한 멋이 있었고, 아름다움과 고상함을 가미하기 위한 많은 물품들이 그의 방들을 장식하고 있었다. 윌슨은 하녀가 열어젖혀 놓은 창가를 지나면서 금박 입힌 그림들을 보았다. 그는 멈춰서서 그것들을 응시하고 싶었다. 그러나 또 한편으로 그는 그것이 공손한 태도가 아닐 것이라 생각했다.21)

교외지역은 빈부 사이의 관계에 대해 세인트베리가 맨체스터에서 확인했던 문제에 대한 하나의 해결책이었다. 귀족들은 자신들 주위를 하층민들로 에워쌈으로써 자신들의 특권과 지위를 표시했다면, 부르주아 도시의 기조(基調)는 분리와 의도적인 차단이었다. 교외지역은 양자를 성취했다. 엥겔스는 그의 가장 유명한 비평 가운데 하나에서 중산층이 교외주택에서 도심으로 가는 도로들은 공장지대의 진정한 본질을 드러내기보다는 감추었다는 점을 보여준다. 왜냐하면 자연히 이 간선도로들에는 깨끗하고 말쑥한 상점들 및 기타 건물들이 늘어서 있었기 때문이었다. 실질적인 너더분함은 이처럼 상대적으로 잘 정돈된 정면 뒤에 감추어졌다. 따라서 중산층은 그들이 일하는 도시사회의 진정한 본질과 대면할 필요 없이 교외의 "에덴동산"에서 이제는 근사해진 도시 중심부로 가는 길을 가로지를 수 있었다.22)

하지만 교외화는 중산층의 문화적 모순들 이상의 것에서 비롯되었다. 만약 교외화가 부르주아의 공포(혐오)와 가치를 표현했다면, 또한 그것은 좋은 투자였다. 교외화를 가능하게 하고 부추긴 토지투기 및 건축의 구조가 없었더라면, 교외로의 돌진은 결코 일어날 수 없었을 것이다.

---

21) Elizabeth Gaskell, *Mary Barton*, 2 vols.(London: Chapman and Hall, 1848, chap. 6.
22) Engels, *Condition of the English Working Class*, 55-56. 계급 분리라는 주제에 대해서는 워드와 캐너다인의 중요한 논쟁을 참조하라. David Ward, "Victorian Cities: how modern?" *Journal of Historical Geography* 1(1975) and David Cannadine, "Victorian Cities: How different?" *Social History* 4(1977). 워드가 제시한 계급 혼합의 증거에 반박하면서, 캐너다인은 중산층이 스스로를 노동계급과 분리시키고자 하는 강력한 욕구를 가지고 있었다고 주장한다.

투기와 교외지역

　브룩스가 모슬리 가의 타운하우스를 창고로 개조하고 땅을 사들여 왈리 레인지라 새로이 이름 붙이고 혼자 힘으로 거기에 교외빌라를 짓고 그후 나머지 땅을 다른 사람들에게 분양했을 때, 그는 교외 개발 및 투기의 전체 과정을 깔끔하게 요약했다.
　첫번째 요소는 상대적으로 지가가 높은 중심부 지역에서 상대적으로 지가가 낮은 주변부로 이주하는 것이었다. 1820년대와 1830년대의 거대한 붐은 맨체스터 중심부-특히 모슬리 가의 부동산-의 지가를 크게 앙등시켰다. 동시에 도시 너머의 들판은 농업용 토지와 같이 낮은 지가를, 또는 그와 유사한 지가를 유지하고 있었다. 따라서 브룩스는 본래 살던 곳에 고가의 부동산을 가지고 있었고, 주변부에 넓은 토지를 구입할 수 있었다. 오직 그만이 모든 맨체스터 상인들의 요구, 즉 싸게 구입해 비싸게 파는 것을 충족시켰다.
　그가 왈리 레인지에 정착해 맨체스터 주변부 지역을 멋진, 그래서 교외 건물에 어울리는 곳으로 격리시키면서, 두번째 단계는 시작되었다. 따라서 그는 자기 토지의 나머지를 대지로 판매해, 농업용 토지의 주거용 토지로의 용도변경에서 생기는 이익을 챙길 수 있었다.23)
　넓은 의미에서 브룩스와 그후의 교외투기자들은 맨체스터의 성장에서 비롯된 보다 높은 지가를 자기 것으로 챙기고 있었다. 면화산업이 붐을 이루고 있었기 때문에, 도시 중심부의 부동산 가치는 급등했고 그곳에 부동산을 가지고 있던 사람들은 미국의 토지개혁가 헨리 조지(Henry George)가 궁극적으로 전체 사회의 성장에 기인하므로 "자연 증가(自然 增價 ; unearned increment)"라 명명했던 것을 거두어 들였다. 브룩스는 교외 토지를 구입하기 위해 이 자연 증가를 사용했고, 그후 교외개발을 통해 이윤을 더욱 증대시켰다.
　만약 맨체스터의 상인 귀족이 중심부의 주거를 끝까지 고집했더라면, 그 어떤 것도 가능하지 않았을 것이다. 진정한 도시 귀족계급은 그렇게 했을 테

---

23) Brooks Papers, M/C 158.

지만, 그러나 맨체스터 엘리트는 흔히 맨체스터 중심부에 대해 아무런 정서적 유대를 가지지 않은 아웃사이더였다. 동시에 런던 중산층 교외의 형태는 중심부 외곽의 특권적인 주거양식을 보여주었다. 교외 주거와 실질적인 이윤의 결합은 억누를 수 없다는 것이 입증되었다. 그리하여 그 과정을 주도했던 모슬리 가의 엘리트에게, 교외화는 사실상 자기금융이었다.

이 과정은 맨체스터 엘리트를 지치게 만들지는 않았지만, 곧 확산되어 사실상 중산층 전체를 포함하게 되었다. 이전의 관행들이 이렇게 신속하게, 그리고 전면적으로 역전된 것은 또 다른 집단(아직 구체적으로 검토하지는 않았지만), 즉 투기적 건설업자의 열광적인 참여가 없었다면 불가능했을 것이다. 투기적 건설업자는 차용한 돈을 가지고 구체적인 의뢰사항에 따라 주문품을 짓는 것이 아니라 시장에 내놓을 집을 짓는다. 19세기 영국의 투기적 건설업자들의 체계와 한계들은 중심도시보다 교외지역의 조건에 적합했다. 이런 이유로 맨체스터 교외에서는 언제나 물건이 주택시장에 풍부하게 공급되었다.

주택산업 자체가 고도로 탈중심화되어 있었으므로, 투기적 건설업자들은 교외지역을 선호했다. 개발업자와 건설업자는 수없이 다양한 자본의 원천을 개척할 수 있었으나, 개인은 한시라도 많은 자본을 지닐 수 없었다. 그래서 한창인 시기에도 건축은 산발적이었고 우연적이었다. 이처럼 조직이 결여되어 있어서 도시 중심부의 주거 개발은 특히 모험적인 일이었다. 왜냐하면 중산층 구매자들은 상대적으로 등질적인 근린을 수요하기 시작했었기 때문이다. 1830년대의 중산층 주택건축 및 조경에 대해 가장 큰 영향력을 가지고 있었던 작가 라우던(J. C. Loudon)은 독자들에게 "주택들이 (모두 또는 주로) 우리가 거주하고자 하는 주택과 동일한 종류인, 그리고 주민들이 (모두 또는 주로) 우리 자신과 동일한 계급에 속하는 근린을 선택하라"고 언제나 충고했다. 그렇지 않으면 우리는 더욱 훌륭한 외관을 가진 주택들로부터 또는 우리 주변의 사람들보다 실질적으로 재산이 적다는 이유로 고립되기 쉽다.[24]

---

24) J. C. London, *The Suburban Gardener, and Villa Companion*(London: published by

그런 근린을 만들기 위해서는 런던의 벨그라비아에 멋진 스퀘어를 건설한 큐빗처럼 한 사람의 건설업자가 많은 재원을 가지고 있거나, 소규모 건설업자들이 여럿이 모여 긴밀한 조합을 이루어야 했다. 그러나 대대적인 노력이 실패하거나 조합의 활동이 약해지면, 도시 토지는 언제나 바람직하지 않은 이웃이나 용도에 의해 침입을 받기 쉽다.

이와 반대로 교외지역은 소규모의 부분적인 개발을 하기가 아주 좋은 곳이었다. 교외지구들은 중산층 지위를 유지하면서 천천히, 거의 우연적으로 성장할 수 있었다. 당연한 얘기겠지만, 빌라를 건축하기에 바람직한 지역은 도시빈민이 미치지 못할 만큼 중심부와 공장지대로부터 충분히 떨어진 곳이었다. 오로지 거리만이 이 모든 침입을 막았던 한편, 개인마차의 비용이나 승합마차의 요금이 사실상 계급 분리를 보증했다. 미학적으로 건설중인 도시지구는 거의 언제나 추하지만, 교외지구는 주택들이 들어서는 동안에도 농촌적인 또는 시골적인 환경을 유지한다. 이런 의미에서 산발적인 개발은 도시에서는 영향력을 발휘하지 못했으나, 교외지역에서는 영향력이 있었다.

이처럼 소규모 건설업자나 투지기의 운신의 폭이 넓어서 개발업자들의 범위가 크게 확장되었으며, 이들은 교외지역에서 성공적으로 일할 수 있었다. 투기적 건축과정은 보통 자신의 토지를 대지로 분할하기 시작했던 지주들로부터 시작되었다. 특정한 지구에 교외 개발을 하기로 했을 때 알아야 할 아무런 공식이 존재하지 않았으므로, 필지분할은 그 자체가 우연적인 작업이었다. 지주들은 우연적으로 행위했다. 어떤 이들은 지나치게 일찍 시작했고 어떤 이들은 지나치게 오래 기다렸다.

양호한 교외입지는 중심업무지구에 쉽게 접근할 수 있을 만큼 가까웠던 한편, 매연과 프롤레타리아가 따라오지 못할 만큼 공장지대에서 충분히 떨어졌다. 한 작가는 "공장 주변을 피해야 하는 이유는 끊임없이 쏟아져 나오는 자욱한 매연, 일상적인 소음, 증기, 악취뿐만 아니라 피고용인들의 계층 때문이다. 그들은 불쾌하며 때때로 위험한 이웃들이다"[25]라고 충고했다. 맨체스

the author, 1838), 32.

터에서 공장지구는 중심부에서 단지 2~3마일까지만 확장되어 있었고, 그 너머에는 도시에서 외곽으로 이어지는 많은 도로를 따라 개발되지 않은 토지들이 풍부하게 있었다. 개인마차가 없는 사람들에게 효율적인 승합마차체계가 교통수단으로 제공되었고, 승합마차는 요금이 상대적으로 높아 중산층들의 전유물이었다. '인더스트리'(Industry)와 '제니 린드'(Jenny Lind)와 같은 이름이 붙은 이 맨체스터 승합마차들은 "아침 8시에서 저녁 9시까지 교외와 도심 사이를 계속해서 오가는 … 세 마리 말이 나란히 서서 끄는 크고 널찍한 교통수단"26)이었다. 승합마차 소유주들은 35분이나 심지어 15분 간격으로 빈번한 서비스를 제공하겠다고 주장했다.27)

승합마차의 운행 네트워크는 교외개발의 주변지대를 규정했고, 이는 수요를 초과하는, 그리하여 지가를 낮게 유지시키는 풍부한 토지공급을 의미했다. 개발업자들은 필지분할의 속도와 위치를 통제했으나, 필지분할은 도로와 하수시설을 측량하고 설계하는 비용을 즉각적으로 충당하기 위한 무거운 단기 차용을 필요로 했다. 개발업자가 농지를 대지로 전환시키더라도, 자신이 직접 그 대지에 주택을 지으려 하는 경우는 거의 없었다. 대신에 이상적으로 말하자면 그는 토지에 대해 현금을 지불하고 자기 집을 지을 수 있는 부자들에게 가능한 한 빨리 그 토지를 처분했다. 일반적으로는 투기적 건설업자들이 그 대지를 인수해 집을 지어 판매한 후 개발업자에게 대금을 지불했다.

부득이 건설업자도 집을 짓기 위해 많은 돈-때로는 자기 자본의 15배 내지 20배-을 차용했다. 자금원은 대개 변호사들이었고, 이들은 5퍼센트 이자에 '주택 저당권 설정'을 하고 돈을 빌려주었다. 목표는 단지에 몇 채의 주택을 지을 만한 돈을 구하는 것, 주택들을 이윤을 남기면서 신속하게 팔아 일년 이내에 저당대부금을 갚는 것, 그리고 다음 해에 더 많은 자본을 가지고, 더 큰 규모로 이 과정을 시작할 수 있을 만큼 많은 돈을 버는 것이었다.28)

---

25) Alfred Lang, "Modern House-Building," *The Builder* 12(Feb. 4, 1854), 74.

26) Joseph Perrin, *The Manchester Handbook*(Manchester: Hale and Roworth, 1857), 5.

27) H. G. Duffield, *The Stranger's Guide to Manchester*(Manchester: C. Duffield, 1850), 200-201.

현재 맨체스터 기록보관소에 보존되어 있는 전형적인 저당권 계약은 1854년 '미망인 러시턴'(Elizabeth Rushton)과 투기적 건설업자 클라크(William Clarke) - 존스(Joseph Jones) 사이에 맺어졌으며, 조건은 토지를 구입하고 네 채의 집을 짓는 데 3,600파운드였다. 관례대로 돈은 즉시 지불되지 않고 건축이 진행됨에 따라 지불되었다. 저당증서에는, 1,200파운드는 즉시 대부하고 주택 네 채의 한 층이 지어졌을 때 400파운드, 그리고 이 층이 완성되었을 때 400파운드를 더 지불하고 도배와 쇠살대 달기를 제외한 나머지 작업이 완료되었을 때 200파운드, 완전히 마무리되었을 때 800파운드를 지불한다고 명시되어 있었다.29)

이런 저당권 계약은 짓다가 만 주택들이 남게 되는 불행한 경험들을 다수 수반했다. 아주 빈번하게 건설업자들은 소규모로 사업을 시작했고 경기가 좋을 때에는 사업규모를 불려나갔으나, 결국에는 불황이 지나치게 확장되면서 절망에 빠졌다. 미완성 주택들은 고리대금업자에게 돌아갔고, 곧이어 그들의 변호사는 주택을 완공할 수 있는 다른 건설업자들을 수소문했다. 어떤 주택들은 착공에서 완공까지 세 번씩이나 건설업자가 바뀌었으며, 그들은 각각 서로 다른 양식으로 작업을 했다.30)

---

28) 투기적 개발과 건설을 좀더 상세히 알아보기 위해서는 Great Britain, *Parliamentary Papers*(Commons), "Report of the Select Committee on Bank Acts", 1857, 1, Evidence, Questions 5413-18; 5535-36을 참조하라. 맨체스터에서 토지 보유는 원지주에게 고정 액수의 면역지대(免役地代)를 지불하기만 한다면, 기본적으로 자유 보유였다. 런던 주위의 지주들은 자유보유권을 거의 팔지 않았고, 대신에 개발을 위해 토지를 99년 동안 임대했다. 이로 인해 훨씬 더 복잡한 신용 및 차용 체계가 형성되었다. 이 복잡한 주제에 대해서는 Dyos, *Victorian Suburb*, chap. 5; Muthesius, *The English Terraced House*, chap. 3, 4, 5; Thompson, *Hampstead*, 238-54; Olsen, "House upon House"; C. Treen, "The Process of Suburban Development in North Leeds, 1870-1914" in Thompson, ed., *The Rise of Suburbia*, 157-210; and Peter H. Aspinall, "The Internal Structure of the Housebuilding Industry in Nineteenth Century Cities" in James H. Johnson and Colin G. Pooley, *The Structure of Nineteenth Century Cities*(New York: St. Martin's Press, 1982), 75-106을 참조하라.
29) Manchester Central Library Archives, M/C 795, 15 September 1854.
30) Muthesius, *English Terraced House*, 24.

토지개발업자들도 그와 유사한 우연적 사건들에 시달렸다. 브룩스처럼 어떤 이는 부자여서 자신들의 프로젝트를 추진할 수 있는 풍부한 자본을 가지고 있었다. 다른 이는 빨리 팔아 작업을 마무리하기를 기대하면서, 많은 돈을 빌려 토지의 일부분에 도로를 깔기 시작했다. 파산은 대개 다른 개발업자에게의 공매(公賣)를 의미했고, 새로운 개발업자는 종종 본래 디자인과 상이한 패턴으로 가로망을 마무리했다.

이와 같은 불확실성은 도시 내부의 모든 중산층 주거지역에 치명적이었을 것이다. 그러나 교외지역은 그 입지적 속성 때문에 실패로 인한 최악의 결과들로부터 보호받았다. 한편 규칙성과 효율성과 같은 도시가 가진 커다란 미덕은 교외 환경에서는 별로 중요하지 않았다. 어떤 특정한 도로에 있는 주택들이라도 그것을 지은 수많은 투기업자들에게서 유래한 무질서하게 다양한 취향을 반영했을 것이다. 도로 지도는 초승달 모양의 거리, 순환도로, 격자 모양의 평면계획이 미친 듯이 병치된 모습을, 즉 전체적으로 투기의 고고학을 드러낼지도 모른다. 그러나 주택들이 웅장하고 거리가 조용하며 나무가 줄지어 있는 한 그것은 '교외 양식'이다.

일반적으로 개발업자들은 부르주아지의 상류층을 겨냥해 거대한 저택을 지을 넓은 필지를 배정했다. 그러나 그 필지들이 팔리지 않을 경우, 투기적 건설업자들은 필지들을 분할해 작은 교외주택을 신속하게 지었다. 극히 성공적인 단지조차 그 주변부에는 작은 주택들이 조성된 지역이 있었다.[31] 따라서 그리 부유하지 않은 중산층들을 위한 장소가 교외지역에 조성되었다. 1830년대에 이미 라우던은 "오로지 최소의 비용으로 최대의 안락과 기쁨을 누리려고 하는" 하위 중산층 지도자들에게 "도시의 교외"를 추천했다. "교외 주거는 딸린 토지는 아주 적지만 행복에 필수적인 모든 것을 갖추고 있다."[32]

실제로 그와 같은 작은 주택들은 때때로 도시 주택들만큼이나 비좁았고

---

31) Edgbaston, Birmingham과 관련해 이런 현상에 대한 흥미로운 논의는 David Cannadine, *Lords and Landlords: The Aristocracy and the Towns, 1774-1967*(Leicester: Leicester University Press, 1980)을 참조하라. 또한 Thompsin, *Hampstead*를 참조하라.
32) J. C. Loudon, *The Suburban Gardener and Villa Companion*, 10.

날림으로 지어졌다. 한 맨체스터의 점원은 자신의 교외 미니빌라의 거실을 "앉은 자리에서 움직이지 않은 채 불을 지피고 벨을 울리고 문을 닫고 창문을 열 수 있는 곳"33)으로 묘사했다. 한 건축학자는 "좀더 멀리 떨어져" 있고 "툭 트인" 새로운 근린의 새로운 주택으로 이사하는 일반적 경험을 "공허한 환상"이라고 기술했다! "막 지어진 주택의 경우, 마루는 평탄하고 계단은 부러진 곳이 없고 천장에는 얼룩이 없다. 즉, 거기엔 아무런 흠집이 없다. 담장은 아직 형성되지 않은 상태이다. 그러나 조만간 이 쾌적한 주거는 손질이 되어 있지 않고 황폐하며, 수많은 집들로 조밀하게 둘러싸인다."34)

이 작은 주택들은 대개 점유자들에게 임대되었으나, 수많은 거대한 부르주아 빌라들도 1년에서 5년까지 임대되는 투자용 부동산이었다. 구매자로 하여금 초기투자를 조금만 하고서도 주택을 구입할 수 있게 해주는 장기 고정이율 저당대부는 사실상 알려져 있지 않았다. 중산층 가운데 꽤 부유한 사람들 사이에서도 주택 소유는 부르주아의 전형적인 투자 수명주기 가운데 단지 일부분과 관련되어 있었다. 젊은 사업가는 대개 자신이 가진 전 자본을 자신이 일하는 기업이나 조합에 투자하기를 요구받았다. 그의 소득이 높다 하더라도 잉여분은 기업에 들어갔고 가족 주택에 투자될 수 없었다. 여러 해가 지난 후에야 그는 다른 용도로 사용하기 위해 자기 자본을 빼낼 수 있었다. 그때 비로소 그는 임차해오던 주택을 구입할 수 있었다. 실제로 그가 자신의 에너지와 자본을 사업 이외의 목적으로 빼내고자 할 경우, 임대차용 주택을 구입하는 것보다 더 나은 방법은 거의 없었다.35)

따라서 한 사람의 부르주아 교외거주자는 평생 임차자일 수도 있고, 자기 집의 소유자일 뿐만 아니라 이웃에 있는 몇몇 다른 주택들의 소유자일 수도

---

33) H. S. G.[Henry Steenhauer Gibbs], *Autobiography of Manchester Cotton Manufacturer* (Manchester: privately printed, 1887).

34) Alfred Lang, "Modern House-Building", 56.

35) R. J. Morris, "The Middle Class and the Property Cycle during the Industrial Revolution" in T. C. Smout, ed., *The Search for Wealth and Stability*(London: Macmillan, 1979), 91-113.

있었다. 콥던(Richard Copden)의 생애는 이런 패턴을 잘 보여준다. 그는 맨체스터의 상인 엘리트 가운데 정치적 지도력이 아주 탁월한 사람이었다. 콥던은 서섹스의 작은 마을에서 태어났고, 그의 아버지는 농부이자 소상인이었다. 그는 런던에서 점원으로, 그리고 나중에는 외판원으로 일한 후에, 1831년 옥양목 날염업에 투자하기 위해 맨체스터로 갔다. 이 투자는 그가 소유한 자본 가운데 극히 일부분과 관련되어 있었으나, 사업이 급격히 번창해 1837년에 그는 빅토리아 파크 단지-왈리 레인지 근처의 새로운 교외-에 투자했고, 거기에 자신이 살 거대한 주택을 한 채 지었으며, 투자용으로 두 채를 더 지어 투기적 건설업자로 활동할 수 있었다.36)

콥던의 부동산 활동은 1836년의 면화 붐이 끝나고 '기아의 40년대'라는 어려운 시기에도 맨체스터의 교외화가 왜 지속되었던가를 설명하는 데 도움을 준다. 면화산업이 사양화되자, 사업가들은 더 이상 성장하지 않는 기업에 자신들의 수입을 자동적으로 재투자할 수 없었다. 거의 모든 기업은 개인 소유의 조합이었으므로, 수동적 투자자들은 저이율 국채나 고도로 투기적인 철도주 가운데 하나를 선택해야만 했다. 이에 비해 잘 아는 지역에서의 부동산 투자는 아주 매력적인 듯했다. 그러므로 맨체스터 교외화에의 투자는 경기순환경향과 반대되는 것이었다. 그것은 면화 붐이 가라앉으면서 힘을 얻었으며, 면화 붐을 일으켰던 산업들이 최초의 폭발적인 절정을 막 지났을 때 최초의 산업도시를 탈바꿈시켰다.

빅토리아 파크 : 유일한 빅토리아풍 파라다이스

1837년 일군의 맨체스터의 사업 및 정치 지도자들은 조합을 구성해 증권거래소에서 남쪽으로 약 2마일 떨어진 곳에 140에이커의 땅을 구입해 이 땅

---

36) 콥던의 부동산 투자에 대해서는 *Papers of the Cobden Family*, Manchester Central Library Archives Deparment, M87/3/1 and M87/3/2를 참조하라.

■ 주: (위) 맨체스터 소재 빅토리아 파크의 계획도(1837년). 레인(Richard Lane)의 계획도를 보면, 별로 유명하지 않은 교외 계획가와 개발업자들이 내시의 그림 같은 디자인 언어를 흡수했음을 알 수 있다.
(아래) 맨체스터 소재 빅토리아 파크의 빌라. 빅토리아조 중기의 연대(결속)와 캐릭터에 대한 가정적 이상들을 보여준다. 건물 정면의 위압적인 엄격함은 여러 가지 색채의 벽돌공사, 장식적인 박공지붕, 활 모양으로 내민 내달이창과 같은 고딕 양식을 되살림으로써 경감되는 한편, 담장은 소유지의 경계를 구분한다. 맨체스터 중앙도서관의 허가를 받아 수록함.

을 모범적인 교외로 개발하기로 했다. 그들은 건축가 레인(Richard Lane)이 설계하고 있었던 나무가 늘어선 구부러진 가로를 따라 자신들의 집을 짓도록 계획했다. 그리고 그들의 집들이 들어서면서 이 새로운 단지가 도시에서 가장 훌륭한 교외로 확립되자, 그들은 남은 필지를 막대한 이윤을 붙여서 팔고자 했다. 늘 그러하듯이 문화적 이상과 이윤 동기는 풀 수 없을 정도로 얽혀 있었다. 그들은 이 새로운 단지를 왕위에 오를 젊은 공주의 이름을 본떠 빅토리아 파크라 명명했다.37)

1830년대 후반의 열악한 사업환경으로 조합원들은-콥던은 그 가운데 가장 탁월한 사람이었다-자신들이 희망했던 불로소득을 얻지 못했다. 그러나 앞에서 언급한 이유로 교외지역은 일시적인 실패를 잘 견뎌냈다. 본래 조합원들 가운데 많은 사람들은 자신이 거주할 목적뿐만 아니라 투기적인 목적으로 빅토리아 파크에 집을 지었다. 실제로 1840년대 중반, 이 단지는 부르주아 교외지역의 상징이 되었다. 즉, 몇 세대 전 런던의 클래펌에 상응하는 것이 19세기 중반 산업도시의 빅토리아 파크였다.

하지만 빅토리아 파크가 맨체스터에서 일종의 상징이 되었다면(관광 안내 책자에 가볼 만한 곳으로 소개되어 있었다), 반 마일도 채 떨어지지 않은 곳에 있었던 1840년대에 개발된 또 하나의 단지도 또 다른 종류의 방문객들을 맞이하고 있었다. 이 지역은 최악의 슬럼 가운데 하나인 리틀아일랜드(Little Ireland)였다. 1848년에 한 지방 검역관은 이 슬럼을 가로지르는 메드록(Medrock) 강을 다음과 같이 묘사했다.

> [산업 공해와 더불어] 온갖 혐오스러운 것들(분뇨, 죽은 개, 죽은 고양이, 찌꺼기 등)이 [흘러 들어와] … 모든 자연하천은 기나 긴 거대한 오물구덩이라 불릴 수 있을 지경이다. … 여름철의 건조한 날씨에는 찌끼가 보일 정도로 발효작용이 발생한다. 가스가 분출되면서 거품이 일 뿐만 아니라 글자 그대로 거대한 가마솥처럼 부글부글 끓고 거품이 일고 두텁고 악취가 나는 찌꺼를 토해낸다. 그리하여 수백만 입방 피트의 유해한 가스가 발생한다. 그리고 그 대부분이 근처에 있는 주택과 공

---

37) 빅토리아 파크에 대해서는 Maurice Spiers, *Victoria Park, Manchester*(Manchester: Manchester University Press, 1976)을 참조하라.

장과 작업장으로 흘러들어간다.38)

그보다 4년 전에 리틀아일랜드를 방문했던 엥겔스는 그곳에 대해 다음과 같이 묘사했다.

[리틀아일랜드는] 약 200호의 작은 집들이 두 덩어리를 [이루고 있었고], 그 대부분은 등을 맞대고 지어져 있었다. … 이 작은 집들은 아주 작고 노후하고 더러우며, 한편 거리는 울퉁불퉁하고 부분적으로 포장이 되어 있지 않고 배수가 잘 되지 않고 바큇자국이 가득하다. 쓰레기, 찌꺼기, 구역질나는 오물은 고인 물 웅덩이와 더불어 여기저기 산재한다. 대기는 악취로 오염되고 12개의 공장 굴뚝에서 나오는 짙은 연기로 거무스름하다. 다수의 남루한 차림의 여성과 아이 들이 거리에 들끓는다. … 이런 주거와 심지어는 어둠침침하고 습한 지하실에 사는, 그리고 이와 같은 온갖 오물과 더러운 공기(높이 솟은 건물들로 에워싸여 흩어지지 않는) 가운데 갇혀 사는 사람들은 틀림없이 최하위의 인간으로 전락했을 것이다.39)

리틀아일랜드는 교외지역의 역사와 아주 다른 것처럼 보이지만, 빅토리아 파크의 대립물을 고려하지 않고서는 빅토리아 파크를 제대로 이해할 수 없다. 리틀아일랜드는 부르주아지가 보고 싶어하지 않는 세상의 일부였다 그러나 그것은 빅토리아 파크의 그늘진 모퉁이 어디에서나 느껴질 수 있다.

빅토리아 파크의 계획 원리들은 본질적으로 약 20년 전에 내시가 런던의 파크 빌리지를 위해 내놓았던 것이다. 그러나 그것들은 산업도시의 맥락에서 새로운 점을 갖고 있다. 교외지역의 녹색세계는 클래펌 종파가 추구한 경건과 도덕의 자연세계에 불과한 것이 아니다. 그것은 또한 계급 특권의 세계이다. 맑은 공기와 물에의 접근은 구입되어야 하며 소수에게만 가능하다. 빈자들이 넝마를 입고 있던 도시에서 중세 부르주아지의 모피로 안감을 댄 망토와 무늬를 풍부하게 넣은 옷감이 부르주아지의 특권을 직접적으로 주장하는 것이었듯이, 빅토리아 파크의 자연환경도 마찬가지였다.

---

38) Robert Rawlinson, *Report to the General Board of Health* … *on the Township of Rusholme*(London, 1850), 12.

39) Engels, *Condition of the Working Class*, 71.

그러나 중산층 교외지역이 빈자의 환경과 반대되는 것에 의해 부분적으로 정의되었다면, 또한 그것은 옛날 귀족의 사유지와의 관계 속에서 의미를 얻었다. 클래펌은 농촌 젠트리와 귀족으로부터 많은 요소들을 차용했으나, 런던 상인들은 "자신들의 위치를 알고 있었으며", 결코 귀족에게 직접적으로 도전하지 않았다. 빅토리아 파크는 근심과 주장이라는 훨씬 더 무거운 짐을 지고 있었다. 빅토리 파크의 창설자 가운데 다수는 또한 곡물법 반대연맹(Anti-Corn Law League)의 창설자들이었다. 이는 곡물가격(따라서 그들의 수입)을 높게 유지시키기 위해 무거운 관세를 부과해야 한다는 귀족 지주들의 주장에 직접적으로 도전하는 것이었다. 옥양목 날염업자이자 연맹의 지도자이며 빅토리아 파크 조합의 대표였던 콥던은 당시 귀족적 시골저택을 점유하고 있던 사람들을 "평화롭고 부지런한 도시의 주민들을 불과 칼로 약탈하고 억압하고 유린하던 성채에서 유람을 떠나곤" 했던 "야만적인 선조들"과 거의 다름없다고 공격했다.40)

하지만 맨체스터를 비롯한 산업도시들의 상인 지도자들은 귀족의 정치권력에 대항하는 조직을 만들고 있었던 한편, 새로이 부상하는 이 계급은 또한 옛날 계급의 건축적 상징성을 전유하고 있었다. '파크'라는 명칭은 분명 귀족의 시골 사유지를 지칭했다. 그런 특성이 사라질 경우를 생각해, 전체 단지는 시골 사유지를 둘러싼 것과 유사한 담장으로 에워싸였고, 수위실을 통해서만 들어갈 수 있었으며, 수위는 주민과 주민의 손님을 제외하고는 누구도 들이지 않았다.

내부를 보면, 구불구불한 가로와 장식적 조림(造林)은 내시의 영향을 받은 시골저택의 그림 같은 조경에서 직접 차용되었다. 더욱 눈에 띄는 것은 기업가의 빌라 건축이 콥던이 개탄했던 귀족풍 성곽을 축소해놓은 것에 불과했다는 것이었다.

내시 등이 이미 고딕 양식을 중산층 빌라에 적합한 양식으로 교외화시켰

---

40) Richard Cobden, *Incorporate Your Borough in Cobden as a Citizen*, ed. Wolliam E. A. Axon(London: Unwin, 1907), 31.

으나, 이와 같은 초기의 고딕풍 주거들은 고딕 양식을 기발한 별장 장식의 원천으로 사용해 진지하기보다는 경쾌했다. 하지만 빅토리아 파크의 고딕 양식 빌라들은 규모와 외관의 측면에서 양적인 도약을 보인다. 검은 슬레이트 지붕에서부터 계획의 불규칙성 증가에 이르기까지, 새로운 이 고딕 양식은 개성과 특성과 힘과 내구성을 내포하도록 의도되었다. 빅토리아 파크의 고딕 양식은 묵직한 권위를 가지고 있다.

게다가 1840년대에 들어와 고딕 양식은 가족적 정서를 표현하는 주요한 양식이 되었다. 이것은 러스킨(John Ruskin)과 같은 이론가뿐만 아니라 고딕 건축에 대한 글을 썼던 정치평론가 라우던의 지지를 받았다.

> 습관적으로 교구 교회에 참석해온 사람들은 모두 어린 시절부터 탑, 흉벽, 부벽(扶壁), 뾰족한 창, 장살대(창문의 중간 세로 창살), 현관을 보아왔다. 그리고 다른 건물에서 이것들을 볼 때마다, 우리는 출생지, 청년 시절의 장면들, 부모님의 고향, 친구의 집과 관련된 수천 가지의 이미지를 떠올린다. 이런 기분이 들면, 얼마나 기쁘겠는가.[41]

교외지역이 "도시사회와 그 문제들로부터의 도피"가 아니라 도시사회 내에서 지배를 표현하는 새로운 방식이었다는 점을 생각한다면, 이처럼 산업부르주아지가 귀족적 상징성을 전유한 것은 놀라운 일이 아니다. 교외지역은 중산층이 과거 귀족권력의 상징성을 전유할 수 있는 완벽한 환경임이 입증되었다. 새로운 위계질서 속에서 불안정한 위치에 있던 부르주아지는 전통적인 권력 엘리트의 확립된 상징성을 간절히 움켜잡았다.

계획의 설계에서 나타난 하나의 결정적인 모호성은 개별 주택의 자족과 전체 환경 사이의 갈등이었다. 설계는 개별 주택에 통일적 효과를 주는 잔디밭과 정원을 두는, 상대적으로 열린 디자인을 요구했다. 하지만 이런 개방성은 개별 주택 주위에 담장을 두르는 전통과 상충되었다. 예견했던 바와 같이

---

41) J. C. Loudon, *A Treatise on Forming, Improving and Managing Country Residences*, 2 vols.(London: Longman, Hurst, Rees and Orme, 1806), 773. 라우던의 저작과 그 영향에 대해서는 John Archer, *The Literature of British Domestic Architecture, 1715-1842*(Cambridge, Mass.: M.I.T. Press, 1985), 500-536을 참조하라.

개인주의가 성공했다. 그리하여 거리에는 높은 담장이 줄지어 섰고, 이것이 뒤에 있는 정원의 풍경을 대부분 가로막았다. 잘해야 담장 위로 인상적인 지붕선이 흘끗 보일 뿐이었다.

하지만 이와 같은 가로경관의 축소는 빌라의 기본 개념을 표현했다. 라우던이 말했던 것처럼, 빌라는 "배타적인 향유를 선호했으며, 그리고 작은 빌라든 큰 빌라든, 그것의 일반적인 목적은 근처의 주거에 다른 소유주가 있음을 나타내는 (근린에 속하는) 모든 것을 보이지 않게 가리는 것이었다."42)

이런 빌라 개념은 정원에 특별한 중요성을 부여했다. 일치하지는 않지만 라우던은 정원사로 출발했으며, '그림 같은 것'-다시 말해 교외 정원과 같이 제한된 영역에 그림 같은 원리를 적용하는 것-이라 불리는 것을 정의하는 데 혼신의 노력을 기울였다. 라우던이 보기에, 이와 같은 정원의 주요한 가치는 "다양성과 복잡함"이며, "실제로 그 장소가 가지고 있는 것보다 더 많은 것을 가지고 있는 것처럼" 보이게 할 수 있을 때 특히 그러하다.43)

그래서 라우던은 의뢰인의 요구를 반영해, 주저없이 주택과 부속 토지의 외적인 규모를 늘리도록 디자인했다. 그는 두 가구 연립주택이 하나의 대저택으로 보이도록 입구들을 배치하라고 권고했다. 현관의 크기는 어느 정도가 적절한가를 논의하면서, 그는 현관은 주택 자체의 크기에 어울리는 것보다 더 크지 않아야 한다는 주장을 분연히 배격했다. 그는 "모든 진보의 원천은 자신의 조건을 향상시키려는 개인의 욕구에서 비롯된다"고 천명했다.44)

정원이 빌라의 격리를 반영한다면, 이런 격리와 이보다 광범위한 도시 분리는 주택 자체의 계획 안에서 수행되었다. 우리가 18세기 클래펌에서 보았듯이, 18세기 런던 교외에서의 사회활동은 가족의 응접실 안에서 이루어졌으며, 이 응접실은 전체 가족과 그 친구들을 위한 일종의 사교의 장으로서 기능했다. 그러나 빅토리아 파크와 빅토리아풍 주택의 시대에, 도시를 위한

---

42) Ibid., 766.

43) J. C. Loudon, *The Suburban Gardener, and Villa Companion*(London: published by the author, 1838), 158.

44) Loudon, *Treatise on … Country Residences*, 845.

규범이 되었던 분리는 주택의 내부구조를 위한 토대가 되었다.

이런 변화는 빅토리아 시대의 건축가들이 가족의 시중을 드는 하인들을 가족으로부터 분리시키는 데 전념했다는 것에서 가장 잘 드러난다. 뒤층계와 전문화된 주방과 세탁방 사이의 복잡한 네트워크를 만듦으로써 접촉은 직접적인 감독에 필요한 최소한의 수준으로 감소되었다. 교외주택 자체는 도시공간에 부과되었던 복잡한 분리 경로들을 반영했다고 말할 수 있을 것이다.

이와 마찬가지로 연령별 분리와 성별 분리도 두드러지게 강화되었다. 엄격한 빅토리아풍 집안의 아이들은 클래펌보다도 훨씬 더 아이들의 방에 한정되어 있었으며, 보모와 유모의 감독을 받았다. 더구나 주택들은 남성의 공간과 여성의 공간으로 분리되는 경향을 보였다. 이런 분리는 방의 수를 늘림으로써 이루어졌다. 침실 옆에는 남성의 옷방과 여성의 내실이 있었다. 아래층에는 각양각색의 교제를 위한 응접실을 비롯해 남성들을 위한 도서실, 서재, 당구장과 여성들을 위한 휴게실이나 거실이 있었다. 이와 같은 성별에 따른 분리는 빅토리아 시대 가정생활의 이상 안에서 기묘한 모순이었다.[45]

사실상 우리는 이제 이와 같은 가정의 이상 자체에 그리고 특히 빅토리안 부르주아 교외에서의 여성의 지위에 관심을 기울여야 한다. 다른 여러 가지 측면에서처럼 빅토리아 파크와 같은 교외는 클래펌의 복음주의 이상의 정점을 표현했을 뿐만 아니라 그것을 강화하고 심화했다. 19세기 중엽에 이르러 윌버포스, 모어, 그리고 기타 클래펌의 교인들은 사회와 가족 내에서 훌륭한 여성에게 어울리는 역할을 표현하기 위해 빅토리아니즘의 일반적 담론을 제시하게 되었다.

역설적이게도 노동계급 여성들을 공장체계의 필수적인 부분으로 끌어들였던 바로 그 경제적 힘들이 (복음주의자들이 주장했던 것처럼) "풍속을 문란하게 하는" 일들로부터 중산층 여성들을 완전히 분리시켰다. 기계를 다룰 노동계급 여성들(및 그들의 아이들)을 지속적으로 공급하지 않고서는 공장들이 운영될 수 없었으나, 이 공장들에는 중산층 여성들을 위한 자리는 없었다.

---

45) Donald Olsen, *The City as a work of Art*, 101-13.

맨체스터의 초창기 공장체계에서 중산층의 주거와 작업장 사이의 전통적인 긴밀한 유대는 아주 강력해서 일부 공장주들은 공장 옆이나 심지어는 공장 마당에 집을 가지고 있었다. 그러나 이 관계는 곧 창고가 딸린 타운하우스의 전철을 밟았고, 이는 맨체스터의 중산층 여성들을 공장과 회계실로부터 완전히 분리시키는 결과를 낳았다.

여성은 남성의 도덕적·종교적 상태를 높이고 아이들을 신앙심이 깊은 기독교도로 양육하는 일에 가장 적합하다는 것, 이 교의는 맨체스터 공장주들이 복음주의 은행가만큼이나 간절히 믿고 있던 것이었다. 부르주아 가족 정서의 힘은 해드필드(George Hadfield)―그는 성공한 변호사였고 의회의원이었으며, 빅토리아 파크의 주민이었다―가 인생을 마감할 무렵에 써서 맨체스터 중앙도서관에 원고로 보존되어 있는 『사적인 이야기』에서 확인될 수 있다. 해드필드의 이야기에서 가장 감명적인 부분은 사별한 아내 리디아에 대한 찬사이다. "나는 가정에서의 성공과 바깥에서의 유능함에 대해 그녀에게 큰 빚을 지고 있다. 우리는 아이를 일곱 두었고 그녀는 그 아이들을 모두 길렀다."46)

해드필드가 그녀에 대해 기술하듯이 리디아는 실제보다도 더 높은 문화적 이상형인 듯하지만, 이 이상형을 진솔하게 그리고 있음이 행마다 느껴진다. "그녀는 훌륭한 주부였으며, 건전한 판단력과 뛰어난 감각을 가지고 있었다. 그녀는 내가 처한 상황들을 올바르게 인식했고 가정을 뛰어나게 관리했으므로, 나는 걱정 없이 교회와 세상에 유용한 사업과 일들에만 관심을 기울일 수 있었다."47) 그리고 이 훌륭한 아내가 남편을 가사로부터 해방시켰다면, 또한 그녀는 가정을 남편 혼자서는 할 수 없는 경지까지 끌어올렸다. "[가족의] 건강과 지성을 향상시키는 것뿐만 아니라 도덕적·종교적 훈련에 대해 그녀는 열성과 노력을 기울였다. 우리 아이들은 그녀와 함께한 시간들과 그녀

---

46) George Hadfield, *The Personal Narrative of one George Hadfield, M.P.*, bound MS, 1870, Manchester Central Library Archives, MS 923.2 H526, 61.

47) Ibid., 60.

의 조언을 기억할 수 있을 것이다. 성과는 풍부했으며 풍부할 것이다."48) 결국 해드필드는 리디아를 빅토리아 시대의 아내와 어머니에 대한 이상을 위한 일종의 순교자로 표현한다. 결혼 후 17년 동안 11명의 아이를 출산하는 육체적 부담을 고려할 때 놀라운 일이 아니다. "그녀는 헌신과 근심 때문에 고결한 육체를 망가뜨려서 만년에 많은 고생을 했으나, 우리는 행복한 결혼생활을 했으며, 그녀는 보상을 받을 것이다."49)

빅토리아 시대의 이상적인 교외 아내에 대한 더욱 무미건조하지만 아마도 똑같이 뜻 깊은 묘사는 그 시대를 풍미했던 '가정경제' 및 가정관리에 관한 안내서들에서 볼 수 있다. 이 안내서들이 아내를 관리자-하인 감독자, 가계의 주인, 아이 교육자-로, 일하는 남편에 대응되는 가정의 대표자로 강조하는 것은 놀라운 일이 아니다. 안내서가 제시하는 야단법석과 능력에 대한 묘사는 분명 리디아의 미덕에 대한 해드필드의 묘사만큼이나 이상적이었으나, 그것은 문화적 이상형과 마찬가지로 중요하다.

1850년에 소이어(Alexis Soyer)가 쓴 『근대 주부』(The Modern Housewife)는 비 프론 빌라의 '비 씨 가족'을 소설적으로 묘사함으로써 독자들에게 가르침을 준다. 비 씨는 모어의 혹평에서 직접 차용한 용어를 사용해 자신의 아내를 완벽한 여성이라고 칭찬한다. 남편이 자랑하는 비 여사는 "두세 가지 언어를 꽤 유창하게 사용하고 아마추어로서 음악에 조예가 깊지만, 아주 현명하게도 가사에 대한 지식을 더욱 중요하게 생각하는 그녀의 부모님은 그녀에게 피아노 열쇠보다는 광 열쇠를 먼저 알려주었다." 비 씨는 "나는 언제나 나에게 가정적인 여자를 주소서라고 말한다"고 끝을 맺는다.50)

비 여사는 곧 자기 생각을 말한다. 우리는 비 씨 가족이 출세했다는 것을 이해하게 된다. 왜냐하면 이전에 그들은 "점포에 있는 세 명의 젊은이"-가족이 "점포 위층에" 거주할 경우 그들과 함께 살던 도제들-와 함께 아침식

---

48) Ibid., 61.
49) Ibid.
50) Alexis Soyer, *The Modern Housewife*(New York: Appleton, 1850), 4.

사를 했지만, 지금은 그렇지 않기 때문이다. 비 씨 가족은 현재 교외빌라와 마차를 소유하고 있다. 비 씨는 마차를 타고 매일 아침 9시 20분에 도시로 가고 매일 저녁 4시 40분에 돌아온다.

그 사이에 비 여사는 집의 운영을 모범적으로(모든 것에 그러하듯이) 감독한다. 아침식사를 마친 후 그녀는 10시에 그날의 식단에 대해 요리사와 협의를 한다. "외출을 하든 하지 않든 언제나 나는 12시까지 화장을 한다. 따라서 나는 1시간의 여유를 가지고 있고 이 시간에 나는 글을 쓰거나 상인이나 양재사를 만나며, 월요일 아침에는 상인의 계산서를 점검하고 셈을 치른다." 비 여사는 점포에 가거나 누구를 방문할 경우, 사륜마차를 타고 간다. 친절하게도 그런 날에는 그녀의 남편이 승합마차를 이용한다. "집에 있을 경우, 나는 독서를 하거나 아이방에 아이들을 보러 가거나 [비 여사는 세 명의 아이를 두고 있다] 때로는 다시 부엌으로 가서 새로운 어떤 재료나 요리에 대해 요리사를 돕는다."51) 그러는 동안 두 가정부는 집안 청소를 하거나 빨래를 한다.

늦은 오후가 되면, 비 씨의 귀가와 저녁식사 준비를 하느라 집안의 보조는 빨라진다. "하인들은 1시에 식사를 하고 5시 15분 전에 차를 마시며, 그때쯤 요리사는 불을 끄고 가져가기만 하면 될 정도로 모든 것을 준비해두며, 가정부는 식당방을 정돈해둔다." 그리고 비 씨와 비 여사는 5시 30분에 마부의 시중을 받지 않고(마부의 시중을 받는 것은 다른 집안들의 관습이었던 듯하다) 가정부의 시중을 받으며 식사를 한다. 그녀는 "나는 결코 마부가 마구간 신발로 카페트를 더럽히도록 내버려두지 않겠어요"라고 단언한다. "마구간의 직무는 식탁의 직무와 양립할 수 없어요."52)

아이들과 접촉하는 것도 신중하게 제한된다. 아이들은 따로 아이방에서 가정교사와 식사를 한다. "저녁식사를 마친 후, 우리뿐이라면 아이와 가정교사를 내려오게 한다. 그러나 손님이 있을 때에는 아이들을 만나지 않는다.

---

51) Ibid., 336.
52) Ibid., 337.

그리고 아이들은 8시 15분 전에 잠자리에 든다." 아이들이 잠자리에 들고 난 후, 가정교사는 응접실에서 비 씨와 비 여사를 만날 수 있다. "우리가 잠자리에 드는 시간은 대개 11시이며, 잠자리에 들기 전에 비 씨는 즐겨 니거스 술을 마시고, 쟁반에 담아내온 비스킷이나 샌드위치를 먹는다." 하인들은 다음날 아침 7시 정각에 기상해야 하며, 8시 30분에 있을 아침식사를 위해 모든 것을 준비했다.53)

『근대 주부』는 여성다움에 대한 복음주의 전통에서, 즉 빅토리아 시대의 물질주의를 통해 여과된 클래펌의 이상들에서 흔히 나타나는 요소들을 보여준다. 러스킨(John Ruskin)은 교외 여성에 대한 다소 다른 해석을 제시했다. 그는 1864년에 강연을 하기 위해 맨체스터에 왔으며, 이 강연은 다음 해에 『참깨와 백합』(Sesame and Lilies)이라는 제목으로 출판되었다. 강연 가운데 하나는 리틀아일랜드와 빅토리아 파크가 속해 있었던 지구인 러숌 시청에서 행해졌다. "여왕의 정원에 관해"라는 제목의, 여성에 대한 그의 연설은 맨체스터 시청에서 행해졌다.

러스킨의 연설은 여성다움에 대한 복음주의 전통을 요약한 것이며, 그것에 대해 새로운 방향을 제시하기 위한 시도이다. 러스킨은 이 전통에 대해 권위를 가지고 말할 수 있었다. 그는 클래펌 근처, 런던 남쪽의 헤른힐(Herne Hill) 교외에서, 어머니로부터 복음주의의 도덕과 성경 교육을 받으며 육체적·지적으로 성장했다.54) "여왕의 정원에 관해"는 중세 로맨스의 이미지와 라우던의 『교외 정원사』(Suburban Gardener)의 이미지를 혼합해 교외 주부의 이미지를 "성스러운 장소"의 "여왕"으로 만들어낸다.

참된 아내에 대한 러스킨의 찬사는 아마도 윌버포스에 의해 시작된 가정과 여성다움에 대한 복음주의적 이상을 가장 웅변적으로 설파한 것이다. 러스킨이 천명하길, 참된 아내는 "자신의 직무와 장소로 인해 온갖 위험과 유

---

53) Ibid., 338.
54) John Ruskin, *Praeterita*[1889], "Herne-Hill Almond Blossoms", reprinted in John D. Rosenberg, ed., *The Genius of John Ruskin*(Boston: Houghton Mifflin, 1963), 479-89.

혹으로부터" 보호받는다.

　　열린 세계에서 거친 일을 하는 남성은 온갖 위험과 시련에 직면하지 않을 수 없다. 그러므로 그에게는 실패와 위반과 피할 수 없는 과오가 있다. 때때로 그는 부상을 당하거나 감정을 억제해야만 하고, 때때로 오해를 받는다. 그리고 언제나 무감각해진다. 그러나 그는 이 모든 것으로부터 여성을 보호한다. 그녀가 관리하는 그의 집 안에서 그녀 자신이 원하지 않는다면, 어떠한 위험도, 유혹도, 과오나 위반의 원인도 침범할 수 없다. 이것이 가정의 진정한 본질이다. 그것은 평화의 장소, 즉 온갖 상해뿐만 아니라 온갖 테러, 의심, 분열을 막아주는 거처이다. 그렇지 않다면 그것은 가정이 아니다. 바깥 생활의 근심이 들어오고 바깥 세상의 변덕스럽고 알 수 없고 불쾌하고 적대적인 사회가 남편이나 아내에 의해 가정의 문턱을 넘어들어오는 한, 그것은 이미 가정이 아니다. … 그러나 그것이 신성한 장소인 한 … 지금까지 그것은 가정이라는 이름값을 하고 가정에 대한 찬사를 충족시킨다55)

　　하지만 러스킨의 지적은 비 여사의 자기만족을 지지하는 것이 아니며, 나아가 리디아 해드필드가 남편이 바깥일을 잘 할 수 있도록 해주기 위해 가정에 머무르는 것을 칭찬하는 것도 아니다. 그는 최대한의 강력한 어조로 여성다움과 가정에 대한 복음주의 이상을 확언함으로써 그리고 복음주의 여성이 바깥 세상에서 최소한 남자들의 역할과 동일한 역할을 가지고 있다고 주장함으로써 클래펌 전통에 주의를 집중시킨다.

　　러스킨은 잉글랜드를 잔디밭 가운데 파인 석탄갱과 장미들 사이의 코크스 더미로 위협받는 교외 정원에 비유한다. "만약 여러분들이 아이들을 모두 그곳에서 뛰어다니게 하면, 전국토는 아이들이 잔디밭에서 뛰어다니기에 충분하지 않을 만큼 작은 정원에 불과하다. 그리고 여러분은 이 작은 정원을 시련의 장으로 바꾸어놓을 것이다."56) 여성의 의무가 약탈과 추함에 대항해 가정을 보호하는 것—러스킨의 표현을 빌리면, 가정의 "질서와 안락과 사랑스러움"을 지키는 것—이라면, "국민의 일원으로서" 여성의 의무는 "국가의 질서를 잡고 안락하게 하고 아름답게 장식하는 것을 돕는 것이다."57)

---

55) John Ruskin, *Sesame and Lillies,* ed. Gertrude Buck(New York: Longmans, Green, 1905), 73.
56) Ibid., 85.

이것들은 결코 작은 기능들이 아니다. 러스킨이 보기에 사실상 우리가 복지국가라고 부르게 된 것은 모두 여성들의 공공 행위 영역 안에 놓여 있으며, 이 기능들에서 여성이 빠지면 지속적인 고통을 받게 된다. 그는 남성은 "공감에 박약하고, 희망에 인색하다"고 단언한다. 여성만이 "고통의 깊이를 느낄 수 있고, 그 치유 방법을 생각해낼 수 있다. 이렇게 하려고 하는 대신에, 당신은 그것을 외면한다. 당신은 자신을 정원 담장과 정원 출입문 안에 가둔다. 그리고 그 너머에는 황량한 세계-당신이 감히 들어가지 못하는 비밀의 세계, 당신이 감히 생각하지 못하는 고통의 세계-가 있음을 아는 것으로 만족한다."58) 그는 맨체스터의 중산층 여성들에게 "단지 주부가 아닌 여왕이 되지 않겠습니까?"59)라고 묻는다.

러스킨이 이해했던 것처럼, 부르주아 교외지역의 복음주의 미덕-자연과 합일된 신성한 가족생활-은 산업도시의 맥락에서 도피와 탈출로 변화되었다. 중산층 여성과 그 가족은 빅토리아 파크의 담장 뒤에 안전하게 자리를 잡았기 때문에, 나머지 맨체스터는 실제로 '시련의 장'으로 변화될 수 있었다. 부르주아의 에덴동산이 교외지역에서 실현되었기 때문에, 조금 떨어진 곳에 있는 인간들은 엥겔스의 말에 따르면 "최하위 인간으로" 전락하도록 방치될 수 있었다. 엥겔스와 마찬가지로, 러스킨은 이처럼 계급이 분화된 사회의 더없는 맹목성을, 다시 말해 정원 출입문 너머를 바라볼 수 없음을 고발한다.

러스킨의 해결책은 아마도 엥겔스와 마찬가지로 유토피아적인 것이 아닐 것이다. 즉, 부르주아 교외지역의 가치들을 사회 전체로 확산시키기 위해 복음주의의 이상주의를 사용하는 것이 아닐 것이다. 아름답고 자연적인 환경은 더 이상 계급의 특권일 수 없으며, 모든 사람의 권리이다. 산업화의 공포로부터 빅토리아 파크와 기타 배타적인 교외들을 지키는 데 들였던 노력이 이

---

57) Ibid., 87.
58) Ibid., 90.
59) Ibid., 88.

제는 사회 전체에 아낌 없이 투자되어야 한다. 조만간 많은 여성들은 실제로 러스킨의 말대로 "여왕"이 될 수 있었으며, 그들의 공헌은 영국 환경에서 가장 좋은 것이 무엇인지에 관해 깊은 인상을 남겼다. 그러나 러스킨이 살던 시절에, 빅토리아 파크와 리틀아일랜드 사이의 틈은 복음주의 열정이 다리를 놓기에는 너무 깊었다. 교외의 견고한 안락과 정원 같은 아름다움에도 불구하고, 새로운 산업 대도시의 교외들은 도시들을 지속적으로 추하게 하는 분화된 환경 위에 건설되었다.

제4장
도시성 대 교외성: 프랑스와 미국

> 이미 가장 매력적이고 가장 세련되고 가장 건전한 가정생활의 양식과 인류가 지금까지 이룩한 문명 기술들을 가장 잘 응용한 것이 [교외지역에서] 나타나고 있다. 옴스테드(Frederick Law Olmstead, 1868)[1]

    1850년대 초, 두 방문객이 교외에 대한 특별한 관심을 가지고 각기 잉글랜드에 왔다. 달리(César Daly)는 이미 프랑스에서 가장 잘 알려진 건축비평가이자 ≪건축 리뷰≫(Revue générale de l'architecture)의 편집장이었다. 한때 유토피아적 사회주의자 푸리에(Charles Fourier)의 추종자였던 그는 여전히 근대에 가장 잘 어울리는 주거를 디자인하는 데 관심을 가지고 있었다. 그는 런던 외곽에서 교외빌라라는 뜻밖의 새로운 해답을 발견했다. 중산층의 가정생활에 대한 열망에서 그 원천을 보았고, 도시 건축과 시골 건축의 결합이라는 점에서 그 미학적 가능성을, 점점 부유해지고 강력해지는 부르주아지가 선택하는 주거라는 점에서 그 재정적 가능성을 보았다. 달리는 잉글랜드에서나 프랑스에서나 교외화가 중산층에게는 불가피할 것이라 확신했다.[2]

---

1) Olmsted, Vaux and Co., "Preliminary Report upon the Proposed Suburban Village of Riverside, near Chicago"(New York, 1868), reprinted in S. B. Sutton, ed., *Civilizing American Cities: A Selection of Frederick Law Olmsted's Writings on City Landscapes*(Cambridge, Mass.: M.I.T Press, 1971), 295(이하 "Riverside").

2) 달리는 "Maisons d'habitation de Londres", *Revue générale de l'architecture* 13(1855), 57-63에서 그의 런던 여행을 언급한다. 교외에 대한 그의 결정적인 언술은 "Des

별로 알려지지 않았던 또 한 사람의 방문객인 옴스테드는 1850년 뉴욕에서 왔다. 문학적 열정을 가지고 스태튼아일랜드(Staten Island)에서 농장을 경영하던 28세의 옴스테드는 후에 자신을 유명하게 해줄 조경가와 계획가라는 직업을 아직 갖고 있지 않았다. 그는 잉글랜드를 여행하면서 책을 쓸 자료를 기록하는 한편, 리버풀 근처의 버켄헤드 파크(Birkenhead Park)를 둘러 보았다. 그리고 당시에는 깨닫지 못했지만, 그는 공원 계획가 및 교외 계획가로서 자신의 미래 작업을 위한 원형을 거기서 만났다.[3]

버켄헤드 파크는 팍스턴(Joseph Paxton)에 의해 디자인되었으며, 그는 정원사로 시작해 1851년의 대박람회(Great Exposition)를 위해 크리스탈 팰리스(Crystal Palace)를 짓는 것으로 끝을 맺었다. 1844년 팍스턴은 그림 같은 디자인의 공공 공원을 설계했고, 이는 옴스테드와 복스(Calvert Vaux)가 디자인한 뉴욕의 센트럴 파크의 모델이 되었다. 우리의 목적상 더욱 중요한 것은 팍스턴이 그림 같은 교외로 공원을 에워쌌다는 것이다. 구불구불한 도로, 기교를 부린 조림, 개별 필지별로 지어진 웅장한 빌라들은 1837년 맨체스터의 빅토리아 파크뿐만 아니라 20년 전 내시의 파크 빌리지를 떠오르게 한다. 옴스테드가 1850년에 보았던 교외는 영국의 교외 디자인의 전통을 요약하고 있었을 뿐만 아니라 또한 그것은 옴스테드가 미국에서 그다지도 폭넓게 그리고 성공적으로 응용하게 되었던 원리들을 구현하고 있었다.[4]

교외지역에 대한 옴스테드의 옹호는 달리보다는 느리게 발전되었으나, 옴스테드의 말을 빌리면, 두 사람은 "거대한 교외가 없다면 어떠한 거대한 도시도 오래 지속될 수 없다"[5]는 공통된 신념을 공유하게 되었다. 실제로

Villas" in *L'architecture privée au XIXe siécle sous Napoléon III*, 2 vols. in 3(Paris: Morel, 1864), 18-27. 또한 Hélène Lipstadt, "Housing the Bourgeoisie: César Daly and the Ideal Home", *Oppositions* 8(spring 1977): 35-47; and Donald J. Olsen, *The City as a Work of Art: London. Paris. Vienna*(New Haven: Yale University Press, 1986), 165-71을 참조하라.

3) Laura Wood Roper, *FLO: A Biography of Frederick Law Olmsted*(Baltimore: Johns Hopkins University Press, 1973), chap. 6.

4) Ibid.

1850년대와 1860년대는 프랑스에서나 미국에서나 중산층의 대대적인 교외화를 옹호하고 그로부터 이윤을 획득하는 이상적인 시기인 듯했다. 두 나라에서 중산층은 여전히 혼잡한 도심을 점유하는 경향을 보였다. 1850년 파리의 부르주아 가족은 런던의 부르주아 가족이 한 세기 전에 취했던 것과 유사한 생활을 하고 있었다. 즉, 런던 구시내보다 훨씬 더 혼잡한 근린에 위치한, 작업장과 주거가 결합된 타운하우스에 살고 있었다.[6] 같은 시기에 뉴욕, 필라델피아, 보스턴의 상인은 1830~40년대의 교외화가 일어나기 이전 맨체스터 중산층의 건물을 닮은 건물에 거주했다. 즉, 타운하우스는 실제로 창고 바로 옆에 있었고, 장인과 임시 노동자는 으리으리한 주거 바로 뒤켠의 골목에 밀집 거주하고 있었다.[7]

하지만 프랑스와 미국의 중산층은 영국에서 교외화를 이끌었던 문화적 선호들을 정확히 공유하게 되었다. 빅토리아 시대의 가정생활에 대한 강조는 여왕이 실제로 통치하는 영역에 결코 한정되지 않았다. 미국과 프랑스의 간행물에서도 가족을 우위에 두는 것과 가족을 결속시키는 정서적 유대, 가족 단위의 사생활과 분리의 필요성 그리고 그에 따른 가정의 영역과 일의 세계를 분리시킬 것을 강조하는 것을 볼 수 있다. 또한 계급 분리에 대한 동일한 욕구를 찾을 수 있다. 다시 말해 계급간 긴밀한 접촉을 점점 거북해하고 그런 접촉을 피할 수 없게 하는 근린을 거부하며, 구도시가 제공할 수 없었던

---

5) Olmsted, Vaux, "Riverside", 295.
6) David Pinkeny, *Napoleon III and the Rebuilding of Paris*(Princeton : Princeton University Press, 1958), 8-11.
7) 남북전쟁 이전의 미국 도시 주변부는 아마도 Henry C. Binford, *The First Suburbs : Residential Communities on the Boston Periphery 1815-1860*(Chicago: University of Chicago Press, 1985)에 가장 잘 기술되어 있는 듯하다. 교외화되기 전의 필라델피아는 Roger Miller and Joseph Sirey, "The Emerging Suburb: West Philadelphia, 1850-1880", *Pennsylvania History* 47(1980), 102-4에 생생하게 그려져 있다. 또한 Edward K. Spann, *The New Mertropolis : New York City, 1840-1857*(New York: Columbia University Press, *1981*), chap. 8과 Betsy Blackmar, "Re-walking the 'Walking City': Housing and Property Relations in New York City, 1780-1840", *Radical History Review* 21(Fall *1979*): 131-150을 참조하라.

계급이 분리된 부르주아 주거근린을 탐색하는 것을 볼 수 있다.

이런 문화적 선호가 확립된 시기에, 즉 1850~60년대에 프랑스와 미국의 도시들은 폭발적 성장을 경험하고 있었으며, 영국에서 그와 같은 폭발적인 성장은 중산층 주택패턴의 재구조화를 필수적일 뿐만 아니라 돈벌이가 되게 했었다. 프랑스에서의 도시성장은 영국보다 늦었다. 파리를 중심으로 하는 국가철도망이 시작되었던 1840년대 후반에 와서야 대대적인 도시재개발이 전개되는 상황이 벌어졌다.8) 미국 도시들은 언제나 빠르게 성장했지만, 상대적으로 토대가 미약했다. 런던과 같은 제국도시처럼 거대하지도 않았고, 영국 북부의 산업도시처럼 빠르게 성장하지도 않았던 미국 도시들은 18세기 상업도시의 모양을 19세기에도 잘 유지하고 있었다.

따라서 영국의 모델이 커다란 영향력을 행사하고 있을 바로 그때, 프랑스와 미국의 도시들은 급격한 변동과 불가피한 변혁의 단계에 이르렀다.9) 1851년의 대박람회는 영국의 모델이 근대의 양식을 창조했다는 암묵적인 메시지를 전했다. 영국 부르주아지의 기술혁신을 서둘러 채택하고 있었던 프랑스와 미국의 사업가들이 주택 분야의 혁신, 즉 중산층 교외를 채택했던 것은 당연한 듯했다. 달리와 옴스테드는 열렬한 국수주의자였으나, 교외지역을 옹호함에 있어서 그들은 영국의 사례를 기꺼이 받아들였다.

1850년대와 1860년대에 프랑스와 미국의 중산층은 대대적인 재건을 시작했으나, 미국에서만 이런 변혁은 달리와 옴스테드가 예상했던 교외의 형태를 취했다. 옴스테드는 자신이 예견했던 "거대한 교외"의 출현을 목도했을 뿐만 아니라 영국의 모델들을 능가하는 규모와 디자인의 교외를 계획하는 데 참여했다. 같은 시기에 대조적으로 달리는 그가 사랑하는 교외빌라가 프랑스 중산층 사이에서 중요하지 않은 별난 용도로 격하되는 것을 보았으며, 프랑스 중산층은 영국인들이 가장 싫어하는 주택형태, 즉 도심 근처의 번잡

---

8) Olsen, *City as a Work of Art*, chap. 4.
9) 19세기 중엽의 런던과 파리를 비교분석한 글에 대해서는 Lynn Less, "Metropolitan Types: London and Paris Compared" in H. J. Dyos and Michael Wolff, *The Victorian City: Images and Realities*(London: Routledge and Kegan Paul, 1973), 1 : 413-28을 참조하라.

한 대로에 위치한 커다란 건물의 아파트를 압도적으로 선호했다. 파리에서 도심을 지키고 있었던 사람들은 부자들이었던 반면, 공업과 노동자들은 가난과 황량함으로 주로 알려져 있던 주변부 '교외'로 밀려났다.

그리하여 파리와 같은 도시의 역사는 이 책에서 정의된 교외지역의 역사와는 다르다. 그럼에도 불구하고 이 장에서는 파리의 경험을 검토할 것이다. 왜냐하면 근대 도시가 교외지역을 어떻게, 왜 배격했는가를 이해해야만 우리는 다른 도시들이 왜 교외지역을 수용했는가를 완전히 이해할 수 있기 때문이다. 파리의 중산층은 앵글로 아메리카의 중산층과 마찬가지로 부르주아였다. 그들은 가족과 도시생활에 관해 동일한 가정들을 다수 공유하고 있었다. 그리고 그들은 그에 필적할 만한 경제발전수준에 도달했었다. 하지만 그들은 교외지역을 배격했다. 그리하여 교외지역은 중산층의 보편적인 현상이 아니며, 또한 국지적인 영국의 주택형태도 아니라는 것이 입증되었다. 대신에 그것은 북부와 중부 유럽의 도시들에 약간의 영향을 미쳤으나 파리를 본받았던 나머지 유럽 도시들이나 라틴 아메리카 도시들에는 거의 영향을 미치지 않았던 앵글로 아메리카적 현상이었다. 파리를 보다 세밀하게 들여다보면, 교외지역에 대한 이와 같은 저항을 더욱 잘 알 수 있을 것이다. 이와 유사하게 앵글로 아메리카의 도시들을 파리와 비교해보면, 왜 중산층의 주택 선정이 상이한 종류의 주거지역들을 창출했을 뿐만 아니라 궁극적으로 상이한 종류의 도시들을 창출했는지를 알 수 있을 것이다.

1850년의 파리

파리의 주민들은 파리를 "세계의 수도"라 불렀지만, 좁고 어둡고 악취나는 혼잡한 거리를 아는 사람은 누구나 왜 달리가 중산층의 교외로의 탈출이 곧 닥쳐올 것이라고 예견했는지를 잘 이해할 수 있었다. 도시의 성벽들이 도시팽창에 대해 아무런 실질적인 장벽이 될 수 없었다 하더라도 105만 4천명의 도시 인구 가운데 대다수는 여전히 17세기의 성벽에 의해 확립된 경계 안에서 살고 있었다. 도시 중산층의 대부분이 거주하며 일했던 라이트뱅크(Right Bank) 업무구역의 인구밀도는 같은 시기 런던에서 가장 과밀했던 구역의 두 배를 넘었으며, 사실상 1930년대 뉴욕의 로어이스트사이드(Lower East Side)의 밀도보다 높았다.[10]

이런 상황에서 중산층 가족들은 연립주택조차도 소유하기가 어려웠다. 옛날식의 3~4층 건물들을 보면, 일반적으로 1층에는 상인의 점포가 있었고 점포 뒤로는 거실이 있었다. 2층과 3층에는 가족의 식당방, 부엌, 침실이 밀집해 있었다. 그 위층의 공간은 작업장과 가족을 단칸 다락방에 밀어 넣을 수밖에 없었던 가난한 장인에게 임대했다. 때때로 이 장인들은 아래층에 사는 상인을 위해 삯일을 하기도 했으며, 상업에 종사하는 모든 사람들-소유주, 노동자, 그리고 그들의 가족-은 하나의 작은 주택에 모여 있었다.[11]

이 체계가 파리 경제의 핵심을 차지하고 있었던 소규모 사치품 교역의 요구에 잘 적응하고 있었다 할지라도, 아마도 정기적인 콜레라 전염병으로 가장 잘 상징되는 것처럼 그것은 극심한 인명 손실을 입었다(가장 최근에 발생한 1848~49년의 콜레라는 19,000명 이상의 인명을 앗아갔다).[12]

사실상 개방공간이 없는, 지나다닐 수 없는 미로와 같은 거리들은 열린 하수구와 도랑에서 질병을 키웠을 뿐만 아니라 도시의 여러 지구들 사이의 직접적인 왕래를 완전히 불가능하게 했다. 하지만 이 격리된 '도시마을'에서 부자와 빈자 사이의 밀접한 물리적 접촉은 계급 조화의 분위기를 전혀 만들어내지 못했다. 반대로 그것은 1848년 6월 혁명(June Days of Revolution)에서의 잔인한 계급 증오를 낳았다. 이 혁명에서 3,000명이 넘는 노동자가 군인의 소총과 대포를 막는 바리케이드를 지키며 죽어갔다.[13]

---

10) Pinkney, *Napoleon III*,7.
11) Adeline Daumard, *Maisons de et propriétaires parisiens au XIX siècle*(Pris: éditions Cujas, 1965), 96.
12) Pinkney, *Napoleon III*, 23.
13) William L. langer, *Political and Social Upheaval, 1832-1852*(New York: Harper &

하지만 혼잡과 질병과 계급 갈등이 점철된 이 지역에서 1마일도 떨어지지 않은 곳에 개방지와 조용한 마을들이 있었다. 17세기 성채의 경계선을 따라 구획된 중심지대 너머에는 18세기의 관세장벽에 의해 에워싸인 중간지대가 있었고, 이는 1850년 이 도시의 법적인 경계였다. 관세장벽 1마일 너머에는 19세기의 성채 경계선이 있었고, 이는 1860년에 확대된 도시의 새로운 경계가 되었다. 관세장벽과 새로운 성채 사이의 바깥 지대는 사실상 시골로 남아 있었다. 런던의 중산층이 한 세기 전에 런던 외곽에서 그랬던 것처럼 이미 파리의 중산층은 거기에 여름용 별장을 짓기 시작했다. 자신의 건축 잡지에서 이와 같은 수많은 빌라들의 평면도와 입면도를 찍어냈던 달리는 이들을 위대한 파리 교외화 운동의 선구자라고 부르며 환호했다.[14]

그럼에도 불구하고 1850년경 극소수의 프랑스 부르주아지만이 결정적인 조치를 취했고, 자신들의 여름 및 주말용 빌라를 상시거주용 주택으로 전환시켰다. 교외화에 대한 열정이 없었던 것은 농촌 변두리와 중심부 사이의 교통이 발달하지 않았기 때문은 아니었다. 반대로 파리는 놀라울 정도로 효율적인 승합마차체계를 가지고 있었으며(사실 런던의 체계는 프랑스 사업가가 파리의 모형을 본떠서 만든 것이었다), 30분 이내에 도심을 오갈 수 있는 증기기차도 있었다.[15]

1840년대에 가장 부유한 프랑스 상인과 은행가들은(클래펌을 건설한 영국의 부유층과 같은 부류) 혼잡한 도심을 떠났으나, 교외빌라를 위해서 떠났던 것은 아니었다. 대신에 그들은 대로를 따라 쇼세당텡(Chaussée d'Antin)이라 불리는 새로운 도시지역을 만들었다. 당시 도시의 서북부 가장자리였던 라이트 뱅크에 위치한 쇼세당텡은 가정생활, 프라이버시, 계급 분리라는 '교외적' 원리를 구현했으나, 도시적 환경에 있었다. 쇼세당텡은 시골이 아닌 도시와

Row, 1969), 346-50.
14) Csar Daly, "Maisons d'été des environs de Paris", *Revue générale de l'architecture* 17(1859): 269-70.
15) Norma Evenson, *Paris: A Century of Change, 1878-1978*(New Haven: Yale University Press, 1979), 76-79; Pinkney, *Napoleon III*, 167-70.

제휴를 천명하는 호화로운 건물들의 견고한 외관을 하고 있었다.16)

쇼세당텡의 특징적인 건물유형은 아파트였으나, 이 거대한 건물들은 구도시지역들의 아무렇게나 늘어선 연립주택들과는 전혀 공통점을 가지고 있지 않았다. 이것들의 실질적인 디자인 성격은 귀족의 저택(palais)과 공통점을 가지고 있었으며, 가장 유명한 것은 18세기의 팰레이 로열(Palais Royal)이었다. 이것은 오를레앙 공작이 자기 저택의 뒤켠에 투기적 이윤을 노리고 지은 상류층 아파트 주거의 전형이었다. 쇼세당텡의 아파트는 상위 중산층을 위한 타운하우스였고, 5~6층의 당당한 파사드는 팰레이 로열의 고전적 형태나 기타 18세기 귀족적 도시 맨션에서 차용한 것이었다.17) 이런 파사드 뒤에는 혼란스러운 작업장 및 가족 공간이 아니라 우아한 스위트룸이 있었으며, 각각의 아파트는 일반적으로 한 층을 모두 점유하고 있었다.18)

이 새로운 아파트들은 대개 주거공간이었다. 사무실과 매장은 도시 중심부에 남아 있었으며, 도시 중심부는 (런던 구시내와 맨체스터 중심부와 같이) 주거기능이 없는 업무지구로 변화하고 있었다. 또한 이 아파트들은 계급적으로 분리된 공간들이었다. 위층으로 올라갈수록 임대료가 낮아지더라도 아파트들은 모두 부자들을 위해 디자인되었으며, 지붕 아래의 다락방 공간은 아래층 아파트에서 일하는 하인들이 사용했다.19)

클래펌이나 빅토리아 파크의 교외빌라들이 영국의 부르주아지에게 영향을 주었던 것처럼 쇼세당텡의 아파트들은 프랑스의 부르주아지에게 영향을 주었다. 이것들은 중산층이 열망했던 부유한 가정생활의 모형을 확립했다. 영국에서 복음주의 운동은 가족의 보호와 강력한 반도시성을 결합했었다. 가족은 노동의 세계로부터 분리되어야 했을 뿐만 아니라 부패한 도시를 떠나

---

16) Xavier Auvryet, "La Chaussée d'Antin" in *Paris Guide*(Paris: Librairie internationale, 1867), 2:1388-48.

17) Michel Gallet, *Stately Mansions : Eighteenth Century Paris Architecture*(New York: Praeger, 1972).

18) Olsen, *City as a Work of Art*, 42-44.

19) Daumard, *Maisons de Paris*, 90-91.

시골의 자연세계로 가야 했다. 프랑스 부르주아지도 가정생활의 이상을 강력하게 느꼈으나 복음주의자들의 청교도 전통을 가지고 있지 않았으므로, 그들은 가족생활과 도시문화의 쾌락 사이에 아무런 모순이 없다고 보았다. 반대로 그들의 이상은 가족의 분리와 프라이버시에 대한 부르주아의 관심을 이전에는 상류층의 특권이었던 파리의 극장, 무도회, 카페, 레스토랑에 대한 신속한 접근과 결합했다. 도시의 아파트는(건물의 파사드는 귀족적이고 건물의 내부시설은 철저히 부르주아적이다) 이런 이상을 정확히 표현했다.20)

기이한 역설에 의해 영국의 복음주의자들은 기존의 정치질서에 대해서 지나치게 충실했다 할지라도, 도시문화의 귀족적 취향들을 위험하고 타락한 것으로 배격했다. 프랑스의 부르주아지는 귀족적 정치질서를 강렬하게 배격했으나, 그럼에도 불구하고 귀족적 도시 이상에 대해서는 지나치게 충실했다. 버거롱(Louis Bergeron)이 쓰고 있는 것처럼 프랑스 대혁명이 근본적으로 쟁취해냈던 것은 "이전 시대에는 선망의 원천이자 압제의 원천이었던 귀족적 생활양식을 '민주화'한 것"이었다.21) 버거롱이 언급한 "귀족적 생활양식의 민주화"라는 구절은 바로 도시주택에서의 파리 중산층의 대대적인 혁신(즉, 대규모 아파트) 이면에 깔린 지배적 추진력을 말하는 것이다.

아파트가 중산층 생활에 대한 이상형을 제공했다 하더라도, 우리는 쇼세 당텡에 거주했던 부르주아지 엘리트를 제외한 모든 사람들이 이런 이상을 성취할 수 있었을까 하는 의문을 가질 수 있다. 1840년대에 상대적으로 미발전단계에 있었던 파리의 주택산업은 대규모 아파트에 대한 엄청난 수요를 감당할 만한 능력이 부족했다. 우선 적절한 장소를 찾는 것이 큰 문제였다. 즉, 대부분의 거리들은 그렇게 큰 건물을 짓기에는 너무 좁았으며, 주도로에 있는 토지조차도 소유주들이 세심하게 경계하는 작은 필지들로 나뉘어져 있었다. 큰 건물을 짓기 위한 자본을 구하는 것도 마찬가지로 어려웠다. 더구

---

20) Olsen, *City as a New York of Art*, 94-96 and 114-25; Evenson, *Paris*, 200-201; and Daumard, *Maisons de Paris*, 99-100.

21) Louis Bergeron, *France Under Napoleon*(Princeton: Princeton University Press, 1968), 204.

나 프랑스의 공증인들은(영국의 변호사처럼 저당권을 설정하는 기능을 수행했다) 큰 건설 프로젝트를 위해 많은 액수를 제공할 수 없었다.22)

이런 한계를 감안할 때, 아파트는 새로운 형태의 가정생활을 추구하는 중심지구 중산층의 억압된 수요를 충족시킬 만큼 충분한 물량이 건설되지 않았던 것 같았다. 몇몇은 특별한 특권지역에 건설되어 엘리트의 상징으로 기능했을지도 모른다. 그러나 중산층 대다수가 그와 같은 보 카르티에(beaux quartiers: 고급주거지역)에 거주할 수 있었다는 것은 동네 포목상이 로스차일드(Rothschilds)의 저녁식사에 초대받는 것처럼 있을 법하지 않은 듯했다.

이런 맥락에서 중산층 교외화에 대한 달리의 예견은 설득력이 있었다. 교외빌라가 프랑스 중산층의 최선책은 아닐지도 몰랐으나, 그것은 프랑스 주택업의 강점과 약점에 아주 적합했다. 거대한 자본의 집중은 필요하지 않았다. 그러므로 아주 손쉽게 구할 수 있는 변두리의 값싼 토지라면 어디든지 한 채씩 빌라를 건설할 수 있었다. 하나씩 공증인들이 공급할 수 있는 작고 산발적인 자금만을 사용해, 파리 외곽의 교외 지대는 형성될 수 있었다. 빌라들이 아주 양호한 장소 주위에 밀집했던 영국과 마찬가지로 다수의 프랑스 중산층을 도시 외곽으로 유인할 교외 양식이 확립되었을 것이다.

예상할 수 있는 이와 같은 결과는 결코 발생하지 않았다. 대신에 정부가 프랑스 주택시장에 대대적으로 개입함으로써 게임의 법칙이 완전히 바뀌었고, 파리 도심 근처에 누구도 예견할 수 없었던 규모의 아파트를 건설하는 것이 가능해졌다.

오스만과 파리 재건

이 정부 개입은 나폴레옹(Louis Napoleon)과 오스만(Eugène-Georges Haussmann)의 파리 재건이었다. 나폴레옹 3세는 파리를 거대한 제국 수도로 변모시키고 싶

---

22) Daumard, *Maisons de Paris*, 80-88.

■주: 오스만의 반(反)교외적 파리 구상. 대대적인 파괴를 통해 도시 중심부의 공간을 정리하고, 부르주아의 아파트들이 늘어선 넓은 대로를 만들었다. 아파트는 구도시의 밀집된 구조를 직선으로 관통했다. 바스티유 광장에서 북쪽으로 바라본, 리차드 르누아르 대로(가운데)와 보마르세(Beaumarchais)대로(왼쪽)의 교차점
자료: Adolphe Alphand, Les promenades de Paris(1867).
펜실베이니아 대학교 미술 도서관의 허가를 받아 수록함.

어했으며, 이런 목적을 위해 그는 파리 시장이었던 오스만 남작에게 사실상의 전권을 위임했다. 오스만의 계획은 미로 같은 좁은 도로들을 넓혀 직선 대로를 만들고, 길 가운데 있는 모든 건물들을 구입해 헐어내는 것이었다. 이 대로들은 마침내 파리를 대도시로 통합할 결정적인 교통수단을 제공할 수 있었다.[23]

그러나 새로운 교통로를 뚫는 것이 오스만의 유일한 관심사는 아니었다. 그는 거대하고 호화로운 건물들이 줄지어 선, 진실로 기념비적인 새로운 대

---

23) 특히 Pinkney, *Napoleon III*, chaps. 2-6을 참조하라. 오스만의 계획이 가진 문화적 의미는 Marshall Berman, *All That Is Solid Melts Into Air : The Experience of Modernity*(New York: Simon and Schuster, 1982), chap. 3, "Baudelaire, Modernism in the Streets"에 훌륭하게 설명되어 있다.

로를 만들고자 했다. 그는 쇼세당텡의 새로운 아파트를 자신의 요구에 가장 적합한 건물유형으로 정했다. 우아하게 디자인된 이 건물들—높이가 동일하고 장식이 화려한—은 넓은 대로를 보완하는 장려한 건축적 경계를 제공할 것이었다. 사회적으로 이 새로운 아파트는 대로를 생활과 패션의 중심지로 만들 것이었다. 정치적으로 이 정교하고 유명한 주거들은 부르주아지에게 득이 될 것이며, 나폴레옹 정권에 대한 지지를 상징할 것이었다.24)

그리하여 오스만은 신속하게 충분한 수로, 자신이 생각한 설계서에 따라 대로변에 아파트를 짓는 것을 확정하는 작업에 착수했다. 그의 목표는 새로운 대로변에 "교통에 방해가 되지 않는 기념비인 완성된 주택들을 촘촘히 늘어 세우는"25) 것이라고 그는 말했다. 애초에는 1855년 세계박람회에 맞춰 리볼리 가(Rue de Rivoli)의 연장선상에 있는 건물들을 서둘러 완공하기 위해 기본적인 재정적·행정적 기법들이 처음으로 시도되었다. 1850년대 말경에 이런 기법들은 완성되었다.

오스만은 대대적인 파괴로 얻은 가장 귀중한 전리품, 즉 새로운 대로와 연접한 최고급 토지를 통제했다. 갑자기 파리 중심부에 풍부한 최고급 토지가 생겨났고, 오스만은 자신의 계획에 따라 아파트를 짓고자 하는 건설업자들을 위해 이 토지를 남겨두었다. 이와 같은 혜택받은 건설업자들은 종종 시장가치보다 낮은 값에 토지를 획득했다.26)

게다가 정부는 개발업자들이 전통적인 저당권 시장의 제한을 벗어날 수 있도록 해주었고, 그리고 정부가 지원하는 부동산 은행으로부터 그들이 필요로 하는 만큼의 신용을 얻을 수 있도록 해주었다. 소위 크레디 퐁시에(Crédit foncier: 부동산 담보대부 은행)는 프랑스 전역의 소투자가에게 주식을 판매해 돈을 모았다. 당시 그것은 이런 투자 자본을 많이 모아 (오스만의 방침대로) 파리의 아파트 개발업자에게 대부했다. 그리하여 이 개발업자들은 아파

---

24) Jeanne Gaillard, *Paris, la ville, 1852-1870*(Paris: Champion, 1970), 70-82.
25) Ibid., 77.
26) Baileux de Marisy, "Des Sociétés foncières et leur rôle dans les travaux publics", *Revue des deux mondes* 34(1861): 193-216.

트를 짓기 위한 거의 무한한 자본을 그리고 아파트를 완공했을 때에는 장기 저당대부를 보장받았다.27)

마침내 대규모 개발업자들은 합자회사를 구성해 소투자자들로부터 돈을 모았다. 합자회사를 만듦으로써 이들은 훨씬 더 큰 규모로 사업을 할 수 있었고, 따라서 제2제정기의 지속적인 대로 건설로 창출된 미증유의 기회들에 대응할 수 있었다. 결과적으로 이 회사들은 정규직 건축가, 엔지니어, 기능공, 십장을 고용해 도시 전체의 프로젝트를 수행하는 사업체였다. 그 가운데 가장 두드러진 회사는 페레이르(Pereire) 형제가 설립한 파리 부동산회사(Société Immobiliere de Paris)였다. 말할 필요도 없이 이런 회사들은 오스만 및 크레디 퐁시에와 특별한 관계를 맺고 있었다.28)

오스만이 국가권력 및 국가의 지원을 받는 은행과 업체에 의지했던 것은 저개발된 프랑스 경제는 대규모의 근대화 과업을 수행할 수 있도록 조직되어야 한다는 생시몽(Henri de Saint-Simon)에게서 유래한 철학을 반영한다. 오스만은 파리의 건설산업을 동원해 민간기업이 지원을 받지 않고서는 결코 시도될 수 없는 것을 이룩했다. 중산층 주택 사업에 권력과 이윤 동기가 개입됨으로써 대로에는 곧 오스만이 구상한 아파트가 줄지어 섰다.

이와 같은 정부의 주도로 화려한 아파트에 대한 중산층의 문화적 이상은 성취될 수 있었다. 이런 대대적인 붐은 아파트 디자인과 건축 기준의 급격한 진보를 촉진했다. 이 진보는 역설적이게도 달리가 가장 주목할 만한 혁신들을 자신의 잡지에 출판함으로써 촉진되었다. 이 건물들은 정교하고 값비싼 석조로 된 파사드를 도로로 향하고 있었다. 반원기둥이나 벽기둥의 고전적 양식이 기본 원리를 제공했고, 창문 주위나 현관 위 또는 어울릴 만한 곳은 어디에나 풍부한 조각물―사자의 두상, 소녀의 육체, 풍요의 뿔(cornucopia: 어린 제우스 신에게 젖을 먹였다고 전해지는 염소의 뿔)장식―을 둠으로써

---

27) Ibid., especially 194-200; Pinkney, *Napoleon III,* 193-206.
28) Bailleux de Marisy, "La Ville de Paris, ses finances et ses travaux publics", *Revue des deux modes* 47(1863): 775-836.

변화를 주었다. 두들겨 만든 철제 발코니는 수평적 느낌을 주었다.29)

대부분의 아파트는 1층에 점포들을 두었는데, 점포들은 주민들이 드나드는 거대한 중앙 입구 주위에 모여 있었으며, 이 입구를 통해 마차들은 내부의 마당으로 들어갈 수 있었다. 이 점포들은 건물주들에게 수입을 가져다주었을 뿐만 아니라 대로 자체에 생기가 넘치는 활력을 불어넣는 데 도움을 주었다. 그럼에도 불구하고 프라이버시를 지키기 위해 점포들은 주민들과 관계를 맺지 않았다. 하인들과 상인들은 뒤층계를 사용했던 한편, 오직 주민들과 손님들만이 주층계를 사용했다.30)

아파트들은 대개 쪽모이 세공을 한 마루, 정교한 미장공사(회반죽 칠), 금박 창틀 거울이 달린 대리석 벽난로, 기타 사치품들로 장식되어 있었으며, 이것들은 점유자가 귀족과 (정신적) 혈족 관계에 있음을 나타냈다. 아파트 내에서도 가족의 방―거실, 식당, 응접실, 침실 등은 대개 거리를 향한 상호연결된 방들이 조합을 이루어 배열되었다―과 내부의 마당을 향하고 있는 (부엌을 포함해) 하인들의 공간은 구별되어 있었다.31) 밤에 하인들은 지붕 아래의 다락방에서 잠을 잤다. 따라서 프랑스인들은 영국인들이 교외지역으로 탈출함으로써 성취했던 가내 분리를 도시의 중심부로 들여왔다.

파리의 중산층이 대거 대로의 아파트와 보 카르티에로 이주했으며, 대규모 아파트에 대한 그들의 신뢰가 결코 흔들리지 않았다는 것은 놀라운 일이 아니다. 이와 같은 오스만화(化)의 결과는 교외의 이상이 파리 부르주아지를 거의 전향시키지 못할 것이라는 점을 더욱 확실하게 했다. 첫째, 오스만의 재정적 지원은 점진적인 교외화를 뒷받침할 수 있었던 소투자자본의 공급을 막았다. 영국과 미국의 소투자가의 저축은 소규모 교외 건설업자들에게로 들어갔던 한편, 프랑스 소투자가의 저축은 그 대신에 크레디 퐁시에나 오스만

---

29) Daly, *L'Architecture privée*. 또한 William H. White, "On Middle Class Houses in Paris and Central London", *Transactions of the Royal Institute of British Architects*, Sessional Papers(1878): 21-55를 참조하라.

30) Ibid., 16-20; Olsen, *City as a Work of Art*, 124.

31) Daly, *L'Architecture privée*, 18-19.

이 원하는 아파트에 자금을 공급하는 합자개발회사의 주식으로 유인되었다. 영국에서 소투자가와 소건설업자의 네트워크는 교외주택을 시장에 지속적으로 공급하는 것을 보장해주었다. 프랑스에서는 그런 네트워크가 발전되지 않았던 한편, 정부는 아파트 네트워크가 번창하도록 후원했다.

동시에 오스만의 활동은 파리의 사회지리를 철저하게 바꾸어놓았다. 빈자들은(오스만이 호의를 가지고 있던 부르주아지에게 부여했던 혜택을 전혀 받지 못했다) 자신들의 근린이 파괴되었음을 알았으며, 정부 정책에 의해 변두리로 강제로 밀려났다. 공업도 주변부로 밀려났고, 노동계급 공업지대는 중산층 빌라를 유인했을 법한 그림 같은 지역에 형성되었다.[32]

따라서 19세기 중엽 파리의 공업화는 맨체스터의 그것과 정반대되는 결과를 낳았다. 그것은 노동계급이 변두리로 이동하는 것을 촉진시켰고, 주변부의 산업지대가 점증하면서 중심부에 대한 중산층의 신뢰는 확고해졌다. 그러므로 프랑스에서의 '교외화'는 주로 노동계급이나 하위 중산층이 주변부로 이동하는 것을 지칭하게 되었다.

보수적 은행가들이 오스만의 재정적 절차에 대해 신각한 문제를 제기한 이후 오스만은 1870년에 사임 압력을 받았고, 그후 보불전쟁에 패배하면서 이 체제 자체가 붕괴되었다. 그럼에도 불구하고 제3공화정은 20년 간의 오스만화를 거치면서 파리가 모범적인 형태를 갖추었다는 점을 인정하고, 제2제정의 업적을 추인했다.[33] 그리고 이런 형태는 리옹, 마르세유를 비롯해 유럽의 여타 도시들에 강한 매력을 주었다.[34] 1860년대 후반, 비엔나는 링슈트라세(Ringstrasse) 개발에 착수했으며, 또 다른 정부는 도심부에 (파사드는 바로크 궁전을 모방했으며 부르주아지에게 공급할) 기념비적 아파트를 중심

---

32) Pinkney, *Napoleon III*, 165-66.
33) Evenson, *Paris*, 15-24; Anthony Sutcliffe, *The Autumn of central Paris*(London: Edward Arnold, 1970).
34) 예컨대 라케이브의 최근 연구를 참조하라. Michel Lacave, "Stratgies d'expropriation et haussmannisation: l'exemple de Montpellier", *Annales: Economies. Sociétés. Civilisations* 35(September-October 1980): 1011-25.

으로 한 특권 지대를 건설하려는 노력을 후원했다. 이 형태는 비엔나로부터 중부 및 동부 유럽으로 확산되었다.[35]

파리의 사례는 중산층 교외화가 부르주아지의 피할 수 없는 운명이었던 것은 결코 아니었다는 점을 입증한다. 부르주아지가 도시문화에 참여함으로써 중심도시는 그들의 가치에 맞게 재건될 수 있었다. 그러나 정부가 주택시장과 도시구조에 대대적으로 개입하고자 하지 않았다면, 이와 같은 재건은 불가능했다. 19세기에 교외지역은 소기업과 자유방임주의의 길을 표상했다. 아파트가 줄지어 서 있는 광대한 파리의 대로는 중산층의 가치와 권위적 계획의 결합을 표현했다.

미국으로 전파된 교외지역

트웨인(Mark Twain)이 주장했듯이 사후에는 많은 미국인들이 파리에 간다 할지라도, 살아 있는 미국인들은 아주 다른 종류의 도시를 추구해왔다. 파리가 부르주아 주거 교외를 배척하고 있던 그해에, 미국 도시들은 그것을 도시구조의 필수적인 부분으로 삼았다. 이처럼 중산층 주거 교외를 수용하게 된 근원이 미국 중산층의 문화와 경제에 아주 깊이 뿌리박혀 있었기에, 미국 교외지역을 아주 진지하게 연구한 학자들조차도 교외화가 '미국제'라고 생각했다. 그럼에도 불구하고 영국 도시와 미국 도시들을 비교해보면, 영국의 교외 디자인이 앞설 뿐만 아니라 영국의 부르주아지가 단독이나 두 가구 연립의 교외빌라를 선택하고 나서 오랜 시간이 지난 후에도 미국의 부르주아지는 의외로 도시의 연립주택과 혼합 근린을 선호했음을 알 수 있다.

잭슨(Kenneth Jackson)은 자신의 결정적인 역사서『크랩그래스 프런티어: 미국의 교외화』(*Crabgrass Frontier: the suburbanization of the United States*)에서

---

[35] Carl E. Schorske, *Fin-de-siécle Vienna*(New York: Knopf, 1979), chap. 2; Olsen, *City as a Work of Art*, chap. 5.

제4장 도시성 대 교외성: 프랑스와 미국 153

미국 교외지역의 내생적 기원에 대해 가장 포괄적인 주장을 제시한다. 그는 19세기 전반부에 미국 도시들에서 작업장과 주거의 분리-교외화의 필수적인 전제조건-가 뚜렷하게 나타났으며, 또한 중산층이 중심부에서 주변부의 특권적인 주거지역으로 집을 옮기는 경향을 보였다는 것을 설득력 있게 주장한다. 그는 자신이 "최초의 통근자 교외"라 부르는 것을 확인하기도 한다. 즉, '19세기 초' 맨해튼 남쪽의 항구 건너편에 있던 브루클린하이츠(Brooklyn Heights)가 그것이다(통근자들은 나룻배를 타고 통근했다).36)

하지만 진정한 교외는 중산층이 많이 사는 도시 변두리 이상의 의미를 가진다. 그것은 디자인의 측면에서 '도시와 시골의 결합', 즉 도시의 딱딱한 거리와 시골의 들판으로부터 분리된 별개의 지대를 구현해야 한다. 이 디자인은 표면적인 특성 이상의 의미를 가진다. 계속되는 성장에 의해 에워싸인 후에도 이것은 빌라 공동체를 보호하고 규정하며, 저밀도 개발을 위한 패턴을 정한다. 앞에서 검토한 것처럼 클래펌이나 기타 런던 외곽의 교외들은 18세기 후반에 이와 같은 진정한 교외 디자인을 달성했다. 이는 1814년 최초로 나룻배 서비스가 개통되어 맨해튼과 브루클린하이츠가 이어진 시기보다 훨씬 전이었다.

브루클린하이츠뿐만 아니라 19세기 초 미국 도시들의 '주변지역'에서 주목할 만한 것은 미국의 부르주아지가 (주변부로 향하는 경향을 보였으나) 여전히 도시의 연립주택을 선호하고 있었다는 점이다. 분명 아주 부유한 상인들은 일찍이 18세기 중엽의 런던 상인들을 모방해 뉴욕, 필라델피아, 보스턴의 주거지역을 벗어난 벌판에 아름다운 빌라들을 건설했다.37) 그러나 이 빌라들은 여름용 주택이거나 은퇴자를 위한 주택이었지, 결코 런던에서처럼 진정한 공동체를 형성하지 못했다. 더구나 이런 경향들을 공동체 디자인으로 전환시킬 미국의 존 내시가 없었다.

---

36) Kenneth T. Jackson, *Crabgrass Frontier: The Suburbanization of the United States*(New York: Oxford University Press, 1985), 20-33.
37) 특히 페어마운트 파크에 현재 보존되어 있는 필라델피아 빌라들을 보라.

잭슨이 주목하고 있듯 브루클린히이츠에서 초기의 개발업지들은 1823년에 그곳의 단독주택 '조합'에 대규모 필지들을 판매할 작정이었다. 그러나 단지가 그후 20년에 걸쳐 실제로 개발되었을 때, 그것은 맨해튼에 건설되고 있던 것과 유사한 틀에 박힌 도시연립주택의 형태를 취했다.38) 그것은 뉴욕시와 브루클린뿐만 아니라 그밖의 모든 대도시들에서도 나타나는 패턴이었다. 맨해튼 아일랜드 북쪽에 발달한 벽돌 및 갈색 사암으로 지은 타운하우스들은 남북전쟁 전의 미국에서 도시성장의 거대한 상징으로 남아 있었다. 그것들은 견고한 덩어리로 성장했으며, 계속해서 남부 맨해튼의 주택들을 상업적 용도로 전환시킴으로써 아래로부터 밀고 나갔다. 이런 확장은 불쾌한 기업들과 불법점유자들을 차례로 변두리로 밀어냈고, 이는 계속해서 잘 닦인 도로 외곽의 시골에 있던 소수 상인들의 빌라들을 집어삼키려 들었다.

이 과정은 필라델피아 엘리트가 소사이어티힐(Society Hill)에서 서쪽의 리텐하우스(Rittenhouse)로 위엄 있게 나아가고 보스턴 부르주아지가 비컨힐(Beacon Hill)에서 19세기의 가장 인상적인 연립주택단지인 백배이(Back Bay)로 이주하는 것으로 반향되었다. 1840년대에 시작된 백배이는 불과 1860~70년대에 이르러 타운하우스 건설의 절정에 도달했다.39)

미국에 진정한 교외 양식이 없었다는 것은 놀라운 일이 아니다. 미국 도시들은 런던만큼 규모가 크지 않았다. 1800년에 런던의 인구는 1백만 명 이상이었지만, 뉴욕의 인구는 6만 명에 불과했다.40) 런던의 규모가 크다는 것은 빠져나갈 필요성뿐만 아니라 대안적 스타일을 정의하는 데 필요한 만큼의 많은 부르주아가 있었음을 의미했다. 더구나 이 시기의 미국 대도시는 어느 도시도 맨체스터와 같은 산업적 중요성을 가지고 있지 못했고, 그래서 상업

---

38) Jackson, *Crabgrass Frontier*, 32.
39) Bainbridge Bunting, *Houses of Boston's Back Bay*(Cambridge, Mass.: Harvard University Press, 1967), 5-6.
40) 뉴욕의 인구에 대해서는 Hackson, *Crabgrass Frontier*, 27; 런던에 관해서는 B. R. Mitchell, *European Historical Statistics*(New York: Columbia University Press, 1978), 13을 보라.

용 사무실과 작업장 들은 도시의 심각한 오염이나 심각한 계급 갈등을 낳지 않았다. 또한 미국 부르주아 엘리트는 맨체스터의 빅토리아 파크와 같이 담장을 친 은거처에 스스로를 격리시킬 긴요한 필요성을 느끼지 않았다는 것을 그리고 그들은 독립되어 있는 매우 장식적인 빌라를 개별적으로 과시하고자 하지 않았다는 것을 누구나 알 수 있다. 1880년대에 뉴욕의 한 작가가 기술했듯이 "갈색 사암으로 된 주택 정면은 평민적 설정이다. 그것이 최신 유행의 가장 우아한 주택 양식이었으므로, 백만장자들은 세련된 건축물이나 외적인 웅장함보다는 내부장식, 그림, 조각으로 자신들의 뛰어남을 보여주는데 만족했다."41) 물론 그 주택들을 기술하는 데는 '평민적'이라는 단어보다 '귀족적'이라는 단어가 더 낫다. 빈곤과 상업주의가 계속해서 주위를 압박해 들어옴에도 불구하고, 이 주택들은 도시경관을 지배하는 소유주들의 능력에 내포된 집단적인 자부심을 나타낸다.

그렇다면 19세기 중반 이후 미국 부르주아지 사이에서 타운하우스를 대체할 교외 양식이 출현하게 된 것은 무엇 때문인가? 그 대답은 분명 무질서하고 평민적인 도시에서 주거를 유지할 수 있게 했던 자부심이 상실된 것과 관련된다. 물론 가장 익숙한 이유들은 여전히 가장 유효한 것들, 즉 대량 이주, 산업화, 정당정치이다. 그 모든 것의 근원을 이루는 것은 맨체스터에서 작용했던 거대한 힘, 즉 계급 분리의 욕구였다.

대부호 이외의 사람들에게 도시의 타운하우스지구는 상당한 경제적·사회적 위험을 의미했다. 부자들은 패션의 기호가 변화함에 따라 자신들의 주거를 옮기거나 심지어 자신들이 선택한 이 기호를 무시할 수 있었다. 많은 뉴욕의 귀부인들은 호화지구가 창고로 바뀌어도 젊은 시절의 호화지구를 여전히 선호했으며, 와턴(Edith Wharton)의 어머니처럼 "인수인이 독촉을 해야만" 이주하겠다는 서약을 했다.42) 또 다른 한 극단으로 카네기(Andrew Carnegie)는 1889

---

41) *Distinctive Private Houses*(1881), quoted in M, Christine Boyer and Jessica Sheer, "The Development and Boundary of Luxury Neighborhoods in New York, 1625-1890", 뉴욕대학교 "도시들의 문화" 세미나에서 발표된 논문, 1980, p.100.
42) Ibid., 83. 맨해튼의 부유한 타운하우스 단지를 가장 잘 설명한 글(뉴욕 엘리트

년에 5번가 91번 거리에 맨션을 지을 수 있었는데, 당시에 그곳은 불법점유자들의 오두막집으로 에워싸여 있었다. 그는 더 나은 이웃들이 주위를 에워싸게 될 것이라고 확신했다. 그 사이에 그는 앤드루 카네기로 남아 있었다.

중산층 가운데 지위가 덜 안정적이던 사람들이 상업주의나 빈자들로 물든 급변하는 도시 근린에 속해 있었다면, 그들은 훨씬 더 많은 것을 상실할 수밖에 없었을 것이다. 1860년대에 와서야 필라델피아 유한계급은 주도로를 향하고 있는 자신들의 새로운 연립주택들 뒤켠에 가난한 가족들에게 임대할 골목집을 지었다.43) 영국과 마찬가지로 미국에서도 단일계급근린의 이상이 뿌리를 내리자 30년 전 맨체스터에서 달성했던 것과 비교될 수 있는 이와 같은 부자와 빈자의 의도적인 혼합은 더 이상 바람직하지 않았다.

다시 한 번 이 선택은 본질적으로 단순했다. 중상층을 위해 중심지를 "개선하는 어떤 조화로운 정치적·경제적 건설 프로그램을 수립할 것이냐, 아니면 부르주아지를 격리시키고 작은 단지를 효과적으로 개발할 수 있을 만큼 멀리 떨어진 주변부로 나갈 것이냐 하는 것이었다. 나폴레옹 3세와 독재적 프랑스 정부가 없는 상황에서 미국의 오스만이 있을 수 없었다. 잘해야 보스턴의 백베이처럼 유난히 운 좋은 도시연립주택지구만이 뛰어난 계획과 엄격한 토지이용규제를 통해 도시 중심부에서 안정과 정체성을 획득할 수 있었다. 그러나 새로운 이민인구가 미국 도시들로 물밀듯이 유입됨에 따라 엘리트만의 주거지구는 도시 중심부와 양립할 수 없는 듯했다.

이와 동시에 영국 교외지역의 사례는 안정적인 주변부 공동체에 관한 기성의 검증된 모델이었고, 이를 통해 토지 투기와 토지 개발의 무정부적 힘들을 감독했다. 이 모델은 특히 중요했다. 왜냐하면 1850년 이전에 도시 외곽의 격리된 단독빌라주거는 (아무리 멋지다 할지라도) 어떤 도시 주거보다도 재정적 위험이 컸기 때문이었다. 1860년의 한 편지에서 옴스테드는 맨해튼

의 도시 참여를 강조한다)은 M. Christine Boyer, *Manhattan Manners: Architecture and Style, 1850-1900*(New York: Rizzoli, 1985)이다.

43) Miller and Sircy, "The Emerging Suburb", 103.

의 시골로 남아 있던 지역에서 단독빌라 소유주들이 겪게 되는 재정적 어려움을 생생하게 묘사한다.

> 하지만 5년 전에는 우아하고 세련된 것들만 있었다. 지금 우리는 불법점유자 선발대의 명백한 징후를, 집을 처분하려는 으리으리한 빌라 소유주들의 근심을, 선술집을 제외하고는 팔리지 않음을, 부동산 가치의 절대적 하락을 본다. 브루클린 교외들을 다시 한 번 들여다 보라. 저지 시티, 필라델피아와 보스턴에서 반복되고 있는 과정을 보라.44)

문제에 대한 옴스테드의 분석은 본질적으로 50년 전 런던에 대한 내시의 분석과 동일했다. 1810년대 런던 서북부가 그랬던 것처럼 뉴욕 시에서 뻗어나가는 도로들을 따라 아무렇게나 지어진 빌라들은 도시가 팽창함에 따라 "불쾌한 것들"에 특히 취약했다. 격리된 이 빌라들 주위에는 곧 고속도로변의 편리한 입지를 찾는 공장들이 들어왔고, 이와 함께 "저렴한 주택과 기숙사"를 찾는 노동자들이 들어왔다. 그래서 옴스테드는 "조용하고 외딴 근린이 차츰 떠들썩하고 먼지가 많고 연기가 솟아오르고 시끄럽고 혼란스럽고 악취가 나는 근린으로 바뀌고 있다"고 결론짓는다.45)

옴스테드가 간파했듯이, 도시로부터의 거리만으로는 교외가 이처럼 쇠락하는 것을 막을 수 없었다. 진정한 교외를 건설하려면, "빌라를 짓고자 하는 사람들에게 머지 않아 이 지구들이 (여태까지 도시가 발달하기 이전에 언제나 진행되어왔던 것처럼) 황폐해지지 않을 것이라는 어떤 확신을 주는 것"46)

---

44) Frederick Law Olmsted to Henry H. Elliott, 27 August 1860, in *The Papers of Frederick Law Olmsted*, Charles Capen McLaughiln, ed.(Baltimore: Johns Hopkins University Press, 1980), vol. 3, *Creating Central Park*, Charles E. Beveridge and David Schuyler, eds.(1983), 262.

45) Ibid., 265. 더 큰 도시의 비전이라는 맥락에서 교외지역에 대한 옴스테드의 관점은 쉴러(David Shuyler)의 명저, *The New Urban Landscape: The Redefinition of City Form in Nineteenth Century America*(Baltimore: Johns Hopkins University Press, 1986), esp. chap.8, "Urban Decentralization and the Domestic Landscpe"에서 철저하게 분석되었다.

46) Ibid., 263.

이 필요했다. 미국의 교외는 파산지경에도 쇠락으로부터 맨체스터의 빅토리아 파크를 보호했던 암묵적 존중을 전혀 기대할 수 없었다. 옴스테드에 따르면, 맨해튼 변두리의 팔리지 않은 빌라들은 곧바로 아일랜드 출신 불법점유자들의 판잣집들과 돼지우리 같은 집들에 의해 점유되었고, 이들은 돌보는 사람이 없는 잔디밭에서 염소를 기르고 목재를 훔쳤다.47)

내시처럼 옴스테드는 "바람직하지 않은" 모든 용도들로부터 미개발토지 구역을 떼어내어, 그 토지를 중산층 주거에만 적합한 교외로 지정하는 의식적인 계획 및 디자인 과정에서 그 해답을 찾았다. 교외 디자인은 공인된 상품이 되어야만 했으나, 이를 위해서는 개발업자, 건설업자, 주택구매자들 사이의 교외 이상을 상대적으로 폭넓게 이해해야 했다.

이 이상은 옴스테드가 예견했던 것보다 훨씬 더 빠르게 확산되었다. 내 생각에 그것은 미국의 도시 정신에 어느 정도 잠복해 있었던 제퍼슨식의 주택건축에 대한 자생적인 전통이나 반도시성(反都市性)에서 비롯된 것이 아니었다. 19세기 중엽 미국에서 교외의 이상이 성공하게 된 것은 영국의 교외빌라를 이상적인 미국의 주거로 성공적으로 표현했던(혹자는 팔아먹었다고 말할지도 모른다) 일군의 평론가들에 의해서였다.

교외 양식의 미국화

잭슨은 1840년에서 1875년 사이에 "주택 및 주거 공간에 대한 새로운 미국적 성향을 형성하는 데 가장 중요한 목소리를 냈던" 세 학자로 비처(Catharine Beecher), 다우닝(Andrew Jackson Downing), 복스를 꼽았다.48) 덧붙여 말하자면, 이 세 학자들의 가장 두드러진 특성은 그들 모두 영국의 교외 양식—복음주의 가족 이데올로기와 그림 같은 디자인 전통—에 빚지고 있었

---

47) Ibid., 260-61.
48) Jackson, *Crabgrass Frontier*, 61-67.

다는 것이다. 실제로 진정한 미국적 특성을 반복해서 천명하면 할수록, 이들은 영국의 전례들로부터 더욱 많은 것을 차용했다. 그럼에도 불구하고 이들은 영국의 단독 빌라를 미국화하는 데 그리고 여전히 부르주아의 열망을 지배하고 있었던 도시연립주택에 대한 매력적인 대안으로 교외 양식을 제안하는 데 성공했다. 진실로 종교적인 열정을 가지고 이들은 그림 같은 경관 속에 자리잡은 단독 빌라의 미덕을 미국의 가정생활을 위한 이상적 환경으로 전도했다.

비처의 『가정경제론』(*Treatise on Domestic Economy*, 1841)은 미국의 가족 이데올로기에 대한 결정적인 언술이 되었으며, 그녀는 지성적으로나 감성적으로나 클래펌 종파의 교리에 따라 성장했다. 그녀의 아버지 라이먼 비처(Lyman Beecher)는 미국의 성직자들 가운데 가장 영향력 있는 복음주의 신학의 대표자였다. 그녀의 누이 해리엇 비처 스토(Harriet Beecher Stowe)는 윌버포스의 교리에 대중적인 취향을 가미한 위대한 반노예제 소설 『톰 아저씨네 오두막』(*Uncle Tom's Cabin*)을 지었다. 그리고 캐더린 자신은 진정한 클래펌의 딸이었고 여성이 종교적 역할과 적성이 높다는 것을 확신하고 있었으며, 영혼이지 않은 남성의 세계에서 여성의 영역을 확립하는 데 열중했다. 그리고 가정생활은 여성의 영성(靈性)이 미국인의 생활을 고양하는 데 본분을 다하는 수단이라는 것을 확신하고 있었다.49)

비처는 『가정경제편람』에서 이런 생각들을 탁월하게 구현했으며, 이 책은 명쾌하고 체제가 잘 갖추어져 있고 내용이 좋아 미국 가정의 핸드북이 되었다. 하지만 그녀의 정교한 가르침(예컨대 부엌의 배치나 아이 양육에 대한) 도처에는 가정이 기독교 윤리의 최선의 원천이라는 중대한 복음주의 테마가 함축되어 있었다. 그러므로 가정은 도시의 세속적인 관심사로부터 분리되어야 한다. 여성은 주부로서 자신의 역할의 중요성을 알아야 하며, 도시생활의 유혹을 물리쳐야 한다. 그녀는 다음과 같이 말했다. 주부는 "지금까지 인간의 책임감에 떠맡겨져 온 위대한 임무를 완수하는 행위자이다. 이것은 영광스

---

49) Kathryn Kish Sklar, *Catharine Beecher: A Study in American Domesticity*(New Haven: Yale University Press, 1973).

러운 신전을 짓는 것이며, 그 토대는 지구의 경계와 공존할 것이다."50)

비처는 교외지역 자체를 옹호하는 평론가가 결코 아니었으나 그녀의 『가정경제론』은 복음주의의 신성가족 이념을 확산시키는 데 결정적이었고, 이는 영국에서처럼 미국에서도 곧바로 교외지역을 낳았다. 그녀의 저작에는 신이 미국에 부여한 특별한 역할을 지속적으로 강조하는 것을 제외한다면, 윌버포스나 모어가 인정할 수 없는 것은 아무것도 없었다. 이런 관점은 러스킨조차도 필적할 수 없는 가정의 중요성에 대한 비전을 낳았다. 그녀가 믿기에 미국은 세계의 희망이었으나, 그 희망은 "타락한 남성을 혁신할 수 있는 신성한 영향력을 세상에 베푸는 고귀한 특권을 부여받은"51) 여성의 자애로운 영향력을 통해 실현될 수 있을 뿐이었다. 그러나 이런 혁신은 진실로 영적인 미국인 가정에서 일어날 수 있었다.

다우닝의 『별장주택』(Cottage Residence)은 비처의 『가정경제론』이 나온 이후에 출간되었으며, 그는 주택건축 분야에서 비처와 쌍벽을 이루고 있던 사람이었다. 비처가 윌버포스, 모어, 기타 복음주의자들의 교리들을 미국화했다면, 다우닝은 내시의 디자인과 그림 같은 경관 만들기 운동(picturesque movement)을 미국화했다. 비처와 마찬가지로 그는 "하늘 아래의 만물 위에 개별 가정의 힘과 영향력이 존재한다"52)고 믿었다. 그의 지속적인 관심사는 오직 그림 같은 빌라나 별장의 "소박한 지붕, 그늘이 많은 현관, 초록빛 잔디밭과 미소 짓는 꽃들, 이 모든 것들이 마음을 정화하고 우리를 동료로 더

---

50) Ibid., 160. 또한 Dolores Hayden, *The Grand Domestic Revolution: A History of Feminist Designs for American Homes, Neighborhoods, and Cities*(Cambridge, Mass.: MIT Press, 1981)에 실린 비처에 대한 중요한 논의를 참조하라.

51) Sklar, *Catharine Beecher*, 159.

52) Andrew Jackson Downing, *Rural Essays*, ed. George William Curtis(New York: G. P. Putnam, 1853), xxviii. 다우닝을 이렇게 해석하는 것에 대해 나는 벙클(Phillida Bunkle)에게서 많은 도움을 받았다. 그녀는 자신이 쓴 다우닝에 관한 원고를 나에게 보여주었다. 미국 주택건축에서 다우닝이 가지는 의미는 Vincent J. Scully, Jr., *The Shingle Style and the Stick Style*, rev. ed.(New Haven: Yale University Press, 1971)에, 그리고 도시계획에서 그가 가지는 의미는 Schuyler, *The New Urban Landscape*에 가장 잘 평가되어 있다.

욱 가깝게 묶어주는 가정적 느낌을 진지하게 우리에게 불어넣는다"-그림 같은 것만이 신성한 가정에 대한 비처의 비전을 진정으로 구현할 수 있다-고 주장하는 것이었다.53)

그 때문에 다우닝은 그림 같은 미학을 복음주의의 신앙심과 융합해, 영국인들에게 영감을 주었던 것과 같은 디자인과 윤리의 교외적 종합을 만들어 냈다. 그는 허드슨 강변의 부유한 사유지를 관리하는 정원사로 출발했지만, 그의 실질적인 공부는 영국의 그림 같은 것의 양식들에 몰두함으로써 얻어진 것이었다. 미국에서의 소비를 위해 영국 빌라 건축의 지배적인 양식들을 수집하고 보급하는 데 성공함으로써 그의 영향력은 커졌다. 앞에서 살펴보았듯이 그는 영국에서 지배적인 영향력을 가지고 있었던 건축가이자 저널리스트였던 라우던에게 (점잖게 말하자면) 특히 빚지고 있었다.54)

다우닝의 영감의 원천을 감안하면 이상적인 미국 주택이 "구영국 양식의 불규칙한 별장", 즉 18세기 사유지의 축소판을 배경으로 중세 잉글랜드의 환상에 토대를 둔 디자인이었다는 것은 별로 놀라운 일이 아니다. 이런 양식의 별장이라면 내시의 파크 빌리지에 아주 잘 어울렸을 것이다. 그리고 실제로 그것은 간접적으로 (라우던을 통해) 파크 빌리지로부터 도출된 것이었다. 다우닝은 내쉬의 핵심적인 가르침, 즉 그림 같은 건축은 과거의 진정한 복원-진실한 진정성은 관계없다-이 아니라 정서적 양식이며, 이런 관념은 "최선의, 그리고 가장 신성한 애정을 강화하고 활기차게 한다"55)는 것을 충분히

---

53) Downing, *Cottage Residences*(orig. ed. 1842; reprinted from the 1873 ed. under the title *victorian Cottage Residences,* New York; Dover Publications, 1981), ix. 이 시기의 미국 주택건축에 관한 논의에 대해서는, 특히 Gwendolyn Wright, *Building the Dream: A Social History of Housing in America*(New York: Pantheon Books, 1981), chaps. 5-6; David Handlin, *The American Home: Architecture and Society, 1815-1915*(Boston: Little, Brown, 1979), chaps. 2-4; Clifford Edward Clark, Jr., *The American Family Home, 1800-1960*(Chapel Hill: The University of North Carolina Press), chaps. 1-3을 참조하라.

54) 다우닝이 라우던에게 진 빚에 대해서는 Scully, *The Shingle Style,* xxvii과 John Archer, "Country and City in the American Romantic Suburb", *Journal of the Society of Architectural Historians* 42(May 1983): 143을 참조하라.

흡수했다. 중요한 것은 건축에 의해 고무되는 느낌이다. 즉, "우리 마음에 가장 소중한 장소를 사회적 공감이 그림자를 드리운 처마 아래에서 안전하게 피난처를 찾는, 혹은 무방비로 열린 세상의 길가에서 접할지도 모르는 어떤 쓰라림이나 다툼도 들이지 않으려는 듯 키 큰 나무나 휘감긴 포도나무 덩굴이 무리를 지어 믿음직스럽게 빛을 내며 엉켜 있는 양지 바른 곳"56)으로 만드는 힘이다. 오직 그림 같은 것—가급적이면 고딕 양식—만이 불규칙하고 자발적이고 불합리한 성질을 구현할 수 있었고, 이것은 가정을 시장으로부터 분리된 정서적 피난처로 만들었다. 그리고 오직 자연적인 환경만이 "업무와 유흥의 메마른 사막"인 도시로부터 가정을 보호할 수 있었다. 1850년에 그는 이상적인 "시골 마을" 계획을 출판했으며, 거기에는 나무가 늘어선 길 위의 단독주택들이 녹음이 우거진 공원을 에워싸고 있다(미국의 버켄헤드 파크).57) 다우닝을 통해 영국 교외지역의 단지인 철학은 미국 주택건축의 주류에 도입되었다.

복스는 잭슨이 미국에서 중요한 목소리를 냈던 사람으로 꼽은 사람 가운데 세번째로 그는 영국에서 태어나고 자랐다. 다우닝은 1850년에 파리에서 그를 만나 미국으로 데려왔다. 비록 그도 영국의 복음주의자들과 유럽의 그림 같은 건축가들로부터 차용한 용어로 미국 디자인의 고유한 성격을 강조하고 있다 할지라도, 이런 배경은 복스의 『빌라와 카티지』(*Villas and Cottages*, 1857)에 잘 반영되어 있다.58) 하지만 그의 가장 중요한 공헌은 다우닝의 최초의 파트너였고, 1852년 다우닝이 불시에 사망한 이후에는 옴스테드의 최초의 파트너로 일했다는 것이다.

아마도 이처럼 영국의 교외지역이 미국에 동화되는 현상이 정점을 이룬 것은 뉴저지의 루엘린 파크(1857)였을 것이다. 이는 오렌지 산기슭에 정교하게 조경을 한 빌라 단지였다. 단지를 개발한 주요 개발업자 루엘린 S. 하스켈

---

55) Downing, *Cottage Residences*, ix.
56) Ibid.
57) Downing, *Rural Essays*, discussed in Schuyler, *The New Urban Landscape*, 153-156.
58) Calvert Vaux, *Villas and Cottages*(New York: Harper, 1857).

(Llewellyn S. Haskell)의 이름을 땄으며, 그와 건축가 데이비스(Alexander Jackson Davis)가 디자인한 루엘린 파크는 50에이커의 공용 공원 램블(Ramble)을 에워싼 곡선도로에 빌라들을 그림같이 배치하기로 계획되었다. 잭슨은 이를 "세계 최초의 그림 같은 교외"라 부르지만, 아쳐(John Archer)가 최근 주장해온 것처럼 루엘린 파크는 파크 빌리지를 필두로 턴브리지 웰스의 캘버리 파크(Decimus Burton, 1827~28), 리버풀의 프린스 파크(Joseph Paxton and James Pennethorp, 1842), 맨체스터의 빅토리아 파크에 이르는 반세기 전 영국의 그림 같은 교외단지의 전통을 그대로 따른 것이다.59)

하지만 루엘린 파크가 이런 영국의 선례들을 크게 차용하고 있다 할지라도, 또한 그것은 참으로 미국적인 듯한 경관에 대한 관계를 구현하고 있다. 내려다보는 전망이 약 12마일 떨어진 맨해튼까지 펼쳐지는 루엘린 파크의 극적인 산허리 부지는 영국 교외의 평탄하고 조용한 환경과는 거의 공통점이 없다. 영국에서는 알려지지 않은 자연환경을 존속시키려는 시도가 강렬하다. 비탈진 땅과 잘 어울리는 대지, 지형을 강조하는 주의 깊은 조경, 소유지를 나누는 울타리 설치 금지, 램블의 넓은 공간과 더불어 루엘린 파크의 거대한 빌라들은 거의 자연을 삼켜버리는 듯하다.60)

크리스(Walter Creese)가 지적했듯이, 루엘린 파크는 데이비스, 다우닝을 비롯한 사람들이 장대한 경치에 어울리는 양식을 찾으려고 했던 허드슨밸리의 시골주택단지에서 많은 영향을 받았다.61) 만약 교외가 도시와 자연이 만나는 장소라면, 미국 교외는 거대한 미국 경관과 조화를 이루어야 했다. 루엘린 파크를 본뜬 대부분의 교외들은 이런 도전을 회피해왔으나, 거기서 시작된 디자인 전통은 뒤에서 살펴보겠지만 로스앤젤레스와 태평양을 굽어보는 산타모니카 산, 할리우드 힐스, 그리고 팔로스버데스 반도에 멋지게 자리

---

59) Jackson, *Crabgrass Frontier*, 76-79; John Archer, "Country and City", 139-56.
60) Christopher Tunnard, *The City of Man*, 2d ed.(New York: Scribner's, 1970), 181-86; Schuyler, *The New Urban Landscape*, 157-60.
61) Walter L. Creese, *The Crowning of the American Landscape*(Princeton: Princeton University Press, 1985), 85.

잡은 주택들의 근원이 되었다.

옴스테드와 리버사이드

루엘린 파크가 보여주듯이, 미국 교외지역이 영국에서 기원했다는 것은 미국의 계획가와 건축가들이 영국의 모델들을 영원히 모방할 수밖에 없음을 뜻하지는 않는다. 옴스테드의 이력은 영국의 경관 전통에 흠뻑 젖은 한 미국인이 이 전통을 미국의 교외 비전을 정식화하기 위해 창조적으로 사용할 수 있다는 가장 좋은 증거이다.

1850년 옴스테드가 잉글랜드와 버켄헤드 파크를 방문하기 이전에도 그는 이미 영국의 그림 같은 디자인을 갖춘 주요 저작들을 주의 깊게 연구했다. 그가 고향인 코네티컷 주 하트포드에서 학생이었을 때, 그는 공립도서관에서 영국의 그림 같은 디자인 가운데 가장 중요한 저작들, 예컨대 "그림 같은 마을"이라는 착상의 원천이 된 프라이스(Uvedale Price)의 『그림 같은 것에 대한 에세이』(An Essay on the Picturesque), 런던 주위의 초기 교외주택단지를 감탄스럽게 묘사한 길핀(William Gilpin)의 『그림 같은 여행』(Picturesque Tours)을 찾아 읽었다. 말년에 옴스테드는 여전히 프라이스와 길핀을 추천하고 있었으며, 이 책들은 "지난 세기의 책들이지만 기술적인 문제에 관한 판단을 실행에 옮기게 하는 자극제로서 그 이후 출간된 어떤 책들보다도 귀중하게 생각하며, 그리하여 나는 내 학생들이 연구실에 들어오자마자 '법학과 학생들이 블랙스톤(Blackstone)을 읽는 것처럼 이 책들을 진지하게 읽어야 하네'라며 이 책들을 건넨다"[62]라고 기술했다. 또한 하트포드 공립도서관에서 그는 때때로 내시의 파트너로 일했으며, 그림 같은 조경을 주업으로 삼았던 렙턴 그리고 쿠퍼와 동시대를 살았으며, 그림 같은 미학을 옹호했던 전원시인

---

62) Olmsted to Elizabeth Baldwin Whitney, 16 December 1890, P*apers of Frederick Law Olmsted*, 3:336.

셴스톤(William Shenstone)의 저작들을 찾아냈다.63)

이 저작들로부터 이론을 배웠기에 1850년 영국에서 실제로 교외 양식을 보았을 때, 옴스테드는 그것을 올바르게 인식할 수 있었다. 그 당시 그는 스태튼 아일랜드의 농장경영자로서 생계를 영위하기 위해 고군분투하던 무명의 작가였다. 1857년, 여전히 파트타임 농부이자 작가이던 그는 당시 황량하고 개발되지 않은 불모지인 뉴욕 센트럴 파크의 감독으로 선임되었다. 그는 센트럴 파크 디자인 공모전에 응모하면서 복스와 함께 작업했으며, 이 공모전을 통해 그림 같은 디자인에 대한 생각을 실행에 옮길 수 있는 기회를 처음으로 얻게 되었다. 당선된 디자인은 옴스테드 - 복스 회사를 국가의 선도적인 조경가로 그리고 다우닝의 미학적 주도권의 상속자로 자리잡게 했다.64)

옴스테드는 센트럴 파크에서 일하면서 도시적 경험을 강하게 했음에도 불구하고(또는 그러했기 때문에) 1860년대에 와서 그는 교외를 "가장 매력적이고 가장 세련되고 가장 건전한" 가정생활의 양식으로서 옹호하게 되었다.65) 이런 태도는 영국의 양식들을 맹목적으로 모방했기 때문이 결코 아니었다. 또한 가장 큰 도시공원 가운데 하나를 만든 사람을 반도시적이라 부를 수도 없었다. 그것은 근대 도시와 19세기 미국의 문제점들을 면밀하게 분석한 결과였다.

1868년 옴스테드가 주장했듯이, "현대 문명의 가장 두드러진 특징은 사람들이 대도시로 모여드는 경향이 강하다는 것이었다."66) 그는 이런 경향을 본질적으로 긍정적이라고 보았다. 근대적 시기에 "발명과 에너지와 기술을 전례 없이 이동"시켰을 뿐만 아니라 이전에는 엘리트에게만 국한되어 있었던 오락과 사치품과 문화를 도시에 거주하는 대중들에게 확산시켰다는 점에서

---

63) Olmsted to Hartford, Conn. Board of Park Commissioners, draft ca. 1895, *Papers of Frederick Law Olmsted*, 3:41.
64) Roper, *FLO*, chaps. 12-13. 또한 Thomas Bender, *Toward an Urban Vision: Ideas and Institutions in Nineteenth Century America*(Lexington: University of Kentucky Press, 1975)에 실린 옴스테드에 대한 중요한 통찰력을 참조하라.
65) Olmsted, Vaux, "Riverside", 295.
66) Ibid., 293.

그랬다. 하지만 이런 모여듦[雲集]은 혼잡한 지역에서 생활함으로써 생기는 심리적 긴장, 다시 말해 주위의 상황이 "사람들로 하여금 용의주도하고 방심하지 않으며, 빈틈없이 걷게 하는" 그리고 "냉정하게 타인들을 면밀히 관찰하게" 하는 도시에서 뿌리내릴 수밖에 없는 "아주 냉혹한 이기주의"와 같은 부정적 측면들을 가진다.67) 이런 긴장들은 엘리트의 신경쇠약이나 대중들의 비행, 범죄, 방종을 일으킬 수 있다.68)

복음주의자들과 마찬가지로 옴스테드에게도 자연은 도시의 해악을 막는 최선의 처방책이었다. 도시 주민들이 "경치와 공기의 변화"를 매일 경험할 수만 있다면 그들의 육체적, 심리적, 도덕적 건강은 유지될 것이며, 문명에 이로운 도시의 혜택이 온전히 보존될 것이다. 옴스테드는 교외지역을 장려했던 것과 같은 이유로, 즉 "도시 특유의 무기력한 분위기에 강력하게 반작용하는" 것으로서 도시공원을 장려했다.69) 실제로 그는 도시공원을 부자든 빈자든 누구나 이용할 수 있는 일종의 도시 내 교외로 생각했다. 공원 디자인의 주목적은 "도시를 경관상에서 보이지 않게 완전히 가리는 것"이었다.70)

그러나 1860년대에 들어오면서 도시공원의 치유력에 대한 옴스테드의 확신은 약화되었고, 그는 도시의 연립주택-공원에 인접한 것조차도-을 적합한 주택으로 보는 것에 대해 매우 비판적인 입장을 견지하게 되었다. 뉴욕의 갈색사암건물은 "사실상 부자들도 엄두를 못낼 만큼 비용을 들이지 않는 한 단일 가족의 품위 있는 필요조건에 적합한 편리하고 세련된 주거를 뉴욕에 지을 수 없다는 고백"이었다고 그는 말했다.71) 동시에 그는 잘 계획된 교외 빌라는 훨씬 적은 비용으로도 도시문명의 모든 혜택에 쉽게 접근할 수 있고, 자연과 접촉할 수 있는 훨씬 나은 기회를 제공할 수 있다고 믿게 되었다.

---

67) Frederick Law Olmsted, "Public Parks and the Enlargement of Towns", *American Social Science Association*(Cambridge, Mass., 1870), reprinted in Sutton, ed., *Civilizing American Cities*, 66-80.
68) Ibid., 93.
69) Ibid., 73.
70) Ibid., 80.
71) Jackson, *Crabgrass Frontier*, 75에서 인용.

그는 주장하길, 교외는 19세기 도시화의 밀물이 빠져나가는 조짐이 아니라 "더욱 높은 도시화의 밀물"이 밀려드는 전조였다. 그리고 교외는 "도시적 편익을 희생하는 것이 아니라 그것을 농촌적 생활조건의 독특한 매력 및 실질적 이익과 결합시키는 것"이었다.72) 헤일(Edward Everett Hale)에게 보낸 한 편지에서 그가 주장했듯이, 교외는 "시골로 가지 않고 정육점과 제과점과 극장을 포기하지 않으면서, 주택을 구입할 수 있는 기회"를 의미했다.73) 클래펌의 복음주의자들과는 달리, 옴스테드는 교외화를 도시문화로부터의 철수로 보지 않았다. 그는 일자리와 가까울 뿐만 아니라 오로지 도시에서만 구할 수 있는 모든 편익들도 구할 수 있어야 한다고 강조했다. 그는 말하기를, 빌라 주민들은 "사회의, 즉 밀집된 사회의 편익들을, 그리고 교사와 예술가와 의사의 전문적 재능을 활용하는 것의 편익들을" 원하고 또 찾을 것이다. "그들은 좋은 식료품이나 필요할 때 가족에게 신선하게, 빈번하게 또는 신속하게 공급해야 하는 다른 모든 것들을 규칙적이고 정확하고 세심하고 시의 적절하게 공급받고 싶어한다."74) 이렇게 도시와 시골을 결합했을 때, 교외는 실로 "인류가 지금까지 이룩한 문명 기술들을 가장 잘 응용한 것"75)이었다.

그리하여 교외는 도시 주거의 완벽한 형태였으며, 옴스테드는 부자들은 물론 모든 사람들이 머지 않아 교외에 살게 되기를 희망했다. 헤일에게 보낸 편지에서 그는 "모든 도시 인구의 농촌화와 농촌 인구의 도시화를" 역설할 "기회를 나는 놓치지 않을 것이네"라고 썼다.

> 왜냐하면 나는 대도시들의 조밀한 빈민가와 공장에서 우리가 보는 것 또는 특히 대서부의 황량한 지역에 산재한 농업인구에게 절박한 것, 야만적인 조건에 대한 이 두 가지 경향 가운데 어느 것을 더욱 개탄해야 하고 고심해야 하는가 하는 문제가

---

72) Ibid., 294.
73) Olmsted to Edward Everett Hale, 21 October 1869, Olmsted Papers, Library of Congress, no. 01916. 나는 옴스테드 페이퍼스 프로젝트의 버리지(Charles E. Beveridge)에게 신세를 졌다. 그는 이 편지의 사본을 내게 전해주었다.
74) Olmsted to Elliott, *Papers of Frederick Law Olmsted*, 264.
75) Olmsted, Vaux, "Riverside", 295.

미심쩍다고 여기기 때문이라네.76)

차일즈(E. E. Childs)라는 사업가의 요청으로 1868년 옴스테드가 일리노이 리버사이드(Riverside)의 교외를 계획하는 일을 맡았을 때, 이 이상들은 그의 마음을 크게 사로잡고 있었다. 하지만 그것은 '모두'를 위한 교외는 아니었다. 옴스테드가 고백했듯이, "수요와 공급의 법칙으로 인해 나는 주로 부자들을 위해 일하고 부자들의 욕구, 패션, 선입관을 연구하지 않을 수 없다."77) 그러나 옴스테드는 영국의 교외에 대한 심오한 지식과 디자인에 대한 천부적인 재능을 이 프로젝트에 적용했을 뿐만 아니라 미국의 교외가 어떠해야 할 것인가에 대한 이상을 세웠다. 그의 계획은 이전의 앵글로 아메리카의 교외 디자인을 종합하고, 자연과 합일을 이루는 공동체라는 옴스테드의 비전에 관한 아주 사적인 언술들을 표현한다. 부르주아 유토피아라는 사고를 표현하는 하나의 계획이 있다면, 그것은 옴스테드의 리버사이드이다.

차일즈는 중서부 대초원에 1,600에이커의 평범한 토지-옴스테드는 이를 "낮고 평탄하고 진흙투성이이고 적적하다"고 말했다78)-를 취득했다. 여기엔 오직 데스플레인스 강이 흐르고 약 9마일 떨어진 시카고로 이어지는 시카고, 벌링턴, 퀸시 철도회사의 노선이 지나갈 뿐이었다. 센트럴 파크와 마찬가지로, 옴스테드는 사용할 수 있는 기성의 그림 같은 속성들을 전혀 가지고 있지 않았다. 오로지 디자인만으로 경관과 공동체를 창조해야만 했다.79)

이 계획은 클래펌 이후로 교외지역의 정수로 간주되어온 인간과 자연의 조화-공원 속의 주거공동체-를 목표로 삼았다. 이것은 내시가 파크 빌리지를 계획할 때 사용했던 그림 같은 디자인 언어, 즉 "우아한 곡선과 넓은 공간을 확보하고 급한 길모퉁이를 없애" 도시 가로의 "통상적인직선"과 대조

---

76) Olmsted to Hale, Liberty of Congress, no. 01916.
77) Ibid.
78) Olmsted., Vaux, "Riverside", 292.
79) 리버사이드에 대해서는, 특히 Creese, "Riverside: The Greatest American Suburb", *Crowning*, 219-40 ; Schuyler, *The New Urban Landscape*, 162-66을 참조하라.

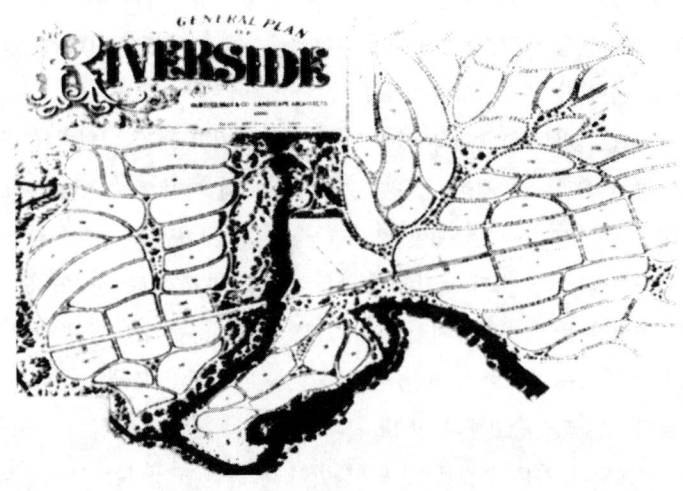

■주: 미국의 교외 비전. 옴스테드·복스 사의 일리노이 리버사이드 계획도(1869). 이 도면에는 곡선도로를 따라 대규모 조림을 할 뿐만 아니라 Des Plaines 강둑을 따라 풍광이 좋은 "공공 공원"을 조성하도록 명기되어 있다. 국립공원국의 옴스테드 국립사적의 허가를 받아 수록함.

를 이루는 가로수 길에 의존했으며, "이런 생각은 여가, 관조적임, 행복한 평온을 암시하고 함의하는 것이었다."80) 그러나 옴스테드는 파크 빌리지보다 10배나 큰 규모로 그리고 공적 공간과 사적 공간의 십자형 교차에 훨씬 더 많은 관심을 기울이면서 이 생각을 실행에 옮겼다. 개발업자들은 구불구불한 도로를 따라 그리고 공공 '잔디밭'에 나무와 관목을 대규모로 심어 기본 경관을 제공했다. 이 계획은 7,000그루의 상록수, 32,000그루의 낙엽수, 47,000그루의 관목을 필요로 했다.81)

게다가 옴스테드는 각 주택들을 도로에서 최소한 30피트 이상 떨어지게 짓고 "각 주택소유주들은 주택과 큰길 사이에 한두 그루의 나무를 심도록" 규정했다.82) 여기서 옴스테드는 빅토리아 파크에서 보이는 영국식 관행에

---

80) Olmsted, Vaux, "Riverside", 300.
81) Creese, *Crowning*, 227.
82) Olmsted, Vaux, "Riverside", 302.

역행하고 있었다. 빅토리아 파크에서는 각 빌라 소유주들이 주택 주위에 담장-꽉 막힌 높은 담장, 옴스테드는 이를 "줄지어 선 개인정신병원이라" 불렀다-을 둘렀다.83) 리버사이드에서 나무 그늘이 있는 주택 앞의 잔디밭은 공원 효과를 길가로부터 계속 이어준다. 그래서 지기 토지를 가진 주택소유주들은 공원 속의 공동체라는 주제를 강화하는 데 기여할 수 있었다.

하지만 옴스테드는 모든 개별 필지들을 단일한 무차별적 경관으로 융합하고 싶어하지 않았다. 그가 보기에 그것은 루엘린 파크의 큰 실수였다. "현재 문명의 양상을 볼 때, 자기 자신의 가족 및 가족 소유물과 타인의 그것 사이에 다소 날카로운(최소한 뚜렷한) 경계를 만들고 싶어하지 않는 사람은 건강하지 않다"고 그는 충고했다.84) 또다시 그 목표는 가족과 공동체 사이의 조화였다. "교외의 기본 성격은 가족생활이며, 이동을 조장하는 모든 것은 거주 개념을 강조하는 것보다 부수적이다."85) 그는 "공동체 생활로부터 격리되어 있지만 지나치게 멀리 떨어지지 않은 우아한 가족생활에 대한 제안들과 더불어, 쾌적한 광장과 경치"를 갖춘 환경을 원했다.86)

이 공동체 생활은 넓은 공적 공간에서 마련되었다. 따라서 1,600에이커 가운데 700에이커 이상이 공용이었다.87) 옴스테드는 각 가족의 사적인 필요는 물론, 교외는 "공동체 내에서 사람들의 조화로운 연합과 협동, 그리고 가족들 사이의 친밀한 관계와 지속적인 교제, 그리고 상호의존"을 이끌어내야 한다고 역설했다.88) 그는 마을 잔디밭, 운동장, 크로케 및 공놀이 공간, 도로변의 안전한 휴식처와 같은 놀이공간을 목가적으로 배치하도록 명시했다. 강에 댐을 막아 뱃놀이와 얼음지치기를 할 수 있게 하고, 호수 주위로는 산책로, "아름다운 보트 선착장, 수면 위로 내민 테라스와 발코니를, 그리고 보트

---

83) Ibid., 301.
84) Olmsted to Hale, *Liberty of Congress*, no. 01916.
85) Olmsted, Vaux, "Riverside", 303.
86) Ibid., 299.
87) Creese, *Crowning*, 228.
88) Olmsted, Vaux, "Riverside", 303.

레이스를 관람하기 좋은 곳에는 대개 소박하면서도 포도 넝쿨이 반쯤 뒤덮인 부속 건물"을 만들도록 했다.89)

나아가 옴스테드는 넓고 경치가 좋은 드라이브용 토지를 구입해, 리버사이드와 시카고 변두리를 연결시키라고 권고했다. 멋진 빌라들이 늘어선 이 드라이브길은 교외와 도시 사이의 쾌적한 도로를 제공할 뿐만 아니라 고상한 마차와 마차를 타고 가는 사람들이 부단히 통행하면서 드라이브길은 사회활동의 중심이 될 것이다.90) 옴스테드는 일찍이 샹젤리제에서 거리를 거니는 멋진 군중들을 보았을 때 느낀 열락을 떠올렸다. 그는 공동체는 "무리를 지어 사는 성향", 즉 "모여사는 인간 생활을 보고자" 하는 욕망을 만족시켜주어야 한다고 생각했다.91) 리버사이드는 오스만의 파리 대로를 미국의 교외에 구현함으로써 이와 같은 전형적인 도시의 기쁨도 제공하려 했다.

하지만 리버사이드의 환경이 주는 기쁨을 평가할 때, 우리는 옴스테드가 도시공원 계획에 포함시켰던 어메니티와 중요한 대조를 보이는 것이 하나 있음을 잊지 말아야 한다. 센트럴 파크에 관한 글에서 옴스테드는 그것을 향유할 계층들을 섞어 놓는 것, 즉 "수많은 빈자와 부자, 젊은이와 늙은이, 유대인과 기독교도 들을 가까이 모으는 것"에 대해 아주 자랑스러워했다.92) 하지만 리버사이드는 소수를 위한 파라다이스였다. 그리고 비처의 말처럼 미국의 주거 공동체의 창조가 "영광스러운 신전의 건설"이라면, 그 신전은 토지 투기에 기반해 건설되었다.

실제로 리버사이드 계획은 필지들을 파는 투기적 기업의 맥락에서만 살아남았다. 투기적 기업은 최초의 농업용 토지의 구입 및 개발에 들어간 비용을 훨씬 초과하는 가격으로 필지들을 팔아 투자자들은 실질적인 이윤을 챙길 수 있었다. 옴스테드가 파악했던 것처럼 이 필지들이 "교외 주거에 대한 아주 분명하고 영속적인 편익들"을 제시하기만 한다면, 그것은 그와 같은 높은

---

89) Ibid., 304.
90) Ibid., 296-98.
91) Olmsted, "Public Parks and the Enlargement of Towns", 74-75.
92) Ibid., 75.

가격에 팔릴 수 있었다.93) 여기서 영속성은 기본적으로 다른 집단이나 기능을 장기간 배제할 수 있는 능력을 의미했다. 리버사이드 계획이라는 멋진 작품에는 "네덜란드인의 기숙사와 술집"에 의해 엉망이 되고 돼지를 사육하고 목재를 훔치는 아일랜드 불법점유자들에 의해 점유된 맨해튼 빌라에 대한 옴스테드의 기억이 숨어 있었다. 그림 같은 미학과 진실로 품위 있는 공동체를 계획하려는 옴스테드의 시도는 풍요로움의 고유한 혜택을 영원히 향유할 잘 짜여진 배타적 사회를 창조하겠다는 집요한 목표와 분리될 수 없다.

아무튼 이와 같은 최종적인 부르주아 유토피아는 토지 투기뿐만 아니라 아주 지독한 형태의 금융 속임수의 산물이라고 하는 것이 적절하다. 옴스테드는 리버사이드 개발회사(Riverside Improvement Company)가 골드 익스체인지(Gold Exchange)와 이리(Erie)[철도] 원리[당시 악명 높았던 두 가지의 금융 스캔들]에 의해 조종된 "조직적인 반짝 투기"였음을 인정했다.94) 1870년대 초, 필지 판매가 생각했었던 것보다 저조했을 때, 시카고 시 회계원이었던 한 프러모터는 리버사이드의 비용 초과를 충당하기 위해 도시 계좌에서 50만 달러가 넘는 돈을 훔쳤다.95) 이와 같은 불법적인 기금 전용도 1873년의 공황이 미친 여파로부터 이 프로젝트를 구해내지 못했다. 1874년경, 이 회사는 파산했다.96)

이 회사의 파산이 리버사이드를 망치지는 않았다. 맨체스터의 빅토리아 파크와 그 금융적 어려움과 같이 가장 잘 계획된 교외들은 본래부터 파산의 경향을 가지고 있는 듯하며, 또한 파산을 하더라도 살아남는 탁월한 능력을 가지고 있는 듯하다. 그러나 금융적 곤란은 옴스테드의 계획이 가진 많은 탁월한 특징들-특히 화려한 드라이브길-을 삭감해야 함을 의미했다. 이 교외는 그후 30년에 걸쳐 천천히 개발되었으며, 다음 장에서 알 수 있듯이 19세기말에 풍미했던 '철도 교외'의 일반적 특성들을 다수 가지고 있었다. 리버사이드를 훌륭하게 분석한 글에서 크리스(Walter Creese)는 "옴스테드는 자

---

93) Olmsted, Vaux, "Riverside", 292.
94) Olmsted to Hale, *Liberty of Congress*, no. 01916.
95) Creese, *Crowning*, 223.
96) Ibid., 224.

신이 원했던 결과에 완전히 도달하지 못했음"을 인정하지만, 그래도 그는 리버사이드를 "미국 최고의 교외"로 칭한다.97)

하지만 이런 파산이 강조하는 것은 옴스테드가 리버사이드에서 창조하고자 애썼던 공동체, 가족생활, 자연과의 합일을 도모하는 '푸른 세계'는 궁극적으로 극도로 불안정한 경제적 토대에 의해 좌우될 수밖에 없었다는 것이다. 부르주아 유토피아의 생존은 부르주아지조차 통제할 수 없었던 시장의 힘에 달려 있었다.

---

97) Ibid., 228.

제5장
고전적 교외: 필라델피아의 철도 교외

중산층 주거 교외의 역사에서 19세기 말의 철도 교외는 고전적 형태를 대표하며, 교외지역이 부르주아 기념비와 부르주아 유토피아에 가장 근접한 시기였다. 이는 교외지역의 핵심적 의미와 모순을 잘 보여주었다. 즉, 초록의 자연 세계와 가족 생활이 대도시와 완전히 분리되어 있는 듯했지만, 실제로는 대도시에 완전히 의존되어 있었음을 보여주었다.

필연적으로 이 고전적 교외지역은 고전적 산업 대도시 그 자체와 부합하는 것이었다. 19세기 말의 대도시들은 세계 경제에서 가장 지배적인 단계에 도달했다. 웰스(H. G. Wells)의 말에 따르면, 이 도시들은 회오리바람을 일으켜 농장과 소규모 지역들로부터 인구와 산업을 빨아들이는 소용돌이였다. 유럽과 북미의 농업 인구는 시골을 떠나 대도시로 무섭게 유인되었을 뿐만 아니라(때로는 대서양을 건너가기도 했다) 가장 발달된 산업들은 시골이나 소도시를 버리고 대도시 중심부를 에워싼 경기 좋은 도심부에서 성장에 가장 유리한 입지를 찾았다.

결국 대도시들은 대규모 조직, 즉 근대 세계를 지배하게 된 공적 및 사적 관료제들을 위한 필연적인 환경이었다. 그리고 대도시들의 경제는 '서비스' 부문에서 가장 크게 성장했다. 19세기 말의 소비자 문화는 거의 전적으로 도시적 현상이었다. 현란한 불빛들은 대도시에서만 볼 수 있었다. 이 도시들로 인구가 유례없이 밀집한 것은 사람들의 필요를 결코 제한하지 않았고, 더 많은 인구와 산업을 끌어들이면서 그것을 두 배로 증폭시키는 듯했다.

이런 상황에서 중산층 교외는 도시팽창의 외곽 가장자리를 점령하고 있었으며, 그와 같은 팽창에 대한 일종의 저항이었다. 교외지역은 무자비하게 복잡하고 인공적인 대도시 세계로 인구와 자원이 점점 집중하는 것 그리고 인간과 자연의 관계에 대한 대안적 이미지를 유지하는 것을 표현했다. 만약 교외지역이 부르주아 유토피아였다면, 그 번영의 원천은 혼잡한 도시였으므로 교외지역은 결코 완전히 벗어날 수 없었던 부르주아 지옥—우글거리는 도시 슬럼의 세계—과 피할 수 없는 긴장관계에 있었다.

19세기 말의 고전적 교외가 궁극적으로 이런 부르주아 문명의 일반적 모순들 위에서 건설되었다면, 그것의 실질적 형태는 아주 구체적인 하나의 산업기술, 즉 철도에 의존했다. 20세기 말에도 마음 속의 교외지역은 필연적으로 자동차와 연관되어 있다 할지라도, 이런 연상은 오류이다. 자동차의 출현은 고전적 교외화의 기본 조건들을 파괴하는 데 일조했으며, 진정한 의미에서의 교외 교통수단은 통근자를 위한 철도노선이었다.

우리는 교통과 교외화를 접근성의 차원에서 생각하는 경향이 있다. 즉, 교통체계가 중심부로부터 주변부로 가는 편리한 접근수단을 제공함으로써 교외화를 가능하게 한다는 것이다. 하지만 교외지역의 역사에서 보면, 대개 비접근성(접근할 수 없음)은 접근성(접근할 수 있음)만큼이나 중요했다. 토지가 상대적으로 접근하기에 어렵지 않다면, 도시 변두리의 상대적으로 값싼 토지는 필연적으로 가난한 사람들과 해로운 산업들을 유인한다. 이 어려움이 다수의 인구와 공장들을 중심부에 한정하는 한편, 부자들만이 수고를 아끼지 않고 변두리로 갈 수 있는 시간과 자원을 가진다.

그러므로 상대적으로 불편한 교통시설은 19세기 말에 이르기까지 교외의 특징을 나타냈다. 런던과 맨체스터의 교외들은 느리고 값비싼 승합마차노선 (또는 개인마차)을 변통해나갔다. 교외지역을 관통하는 초기의 철도노선들이 런던 근처의 헴스테드(Hampstead)와 같은 현대적인 지역에 그 역사(驛舍)를 두려고 했던 시도들이 그랬던 것처럼 때때로 새로운 도로를 뚫으려는 시도는 저항에 부딪쳤다. 이처럼 접근성이 좋아지면 지역의 품격이 저하되지 않을까 두려워했던 것이다.[1)

19세기 후반에 들어서야 개발업자들과 주민들은 교외화에 대한 철도노선의 잠재력을 이해했다. 왜냐하면 철도체계-특히 증기철도-는 접근성과 비접근성을 훌륭하게 결합했기 때문이었다. 이것은 중심부로 아주 신속하게 접근할 수 있게 해주었으나, 그 요금이 상대적으로 비싸 부르주아가 거주하던 주변부들은 하층민들의 침입으로부터 격리되었다. 19세기 말 대도시의 철도 체계구조-다시 말해 철도체계는 곧 증기철도뿐만 아니라 전차, 시내 전차, 고가철도, 지하철 등을 포함하므로-는 계급구조의 모양을 닮아갔다. 각각의 소득집단은 중심부에서 얼마나 멀리까지 통근할 수 있는지에 따라 그리고 어떤 교통노선을 이용할 수 있는지에 따라 분포되었다.[2)

철도체계는 또 다른 중요한 방식으로 접근성을 제한했다. 발전은 필연적으로 철도노선을 따라 진행되었다. 즉, 어림잡아 통근자들은 철도역에서 도보거리로 15분 이상 떨어진 곳에서는 거의 살 수 없었고, 그리하여 발전은 그런 철도역을 따라 형성된 결절점들로 유인되었다. 이것은 불가피하게 일종의 철도 마을-그 스스로의 정체성을 가지고 있고 공간적으로 제한되어 있으며, 개방된 시골에 의해 둘러싸인 공동체-을 형성시켰으며, 조금씩 발전하고 있었던 철도 교외들에도 디자인의 통일성을 부여했다. 옴스테드의 리버사이드가 그러했듯이 모든 교외가 긴밀히 연결된 하나의 전체로 디자인되지는 않았지만, 철도 교외의 자연적 통일성은 옴스테드의 디자인 혁신이 광범위하게 흡수될 수 있는 필연적 환경을 제공했다. 결국 철도체계는 거의 언제나 방사상의 체계였다. 많은 철도 노선들은 여러 교외 공동체들을 하나의

---

1) 이런 배제의 사례에 대해서는 F. M. L. Thompson, *Hampstead: Building a Borough, 1650-1964*(London: Routledge & Kegan Paul, 1974)을 참조하라.

2) 이 체계를 탁월하게 묘사한 글은 Sam B, Warner, Jr., *Streetcar Suburbs: The Process of Growth in Boston, 1870-1900*(New York: Atheneum, 1974; orig, 1962)이다.

'도심' 센터로 집중시키면서, 마치 바퀴통에서 수레바퀴의 살이 뻗어나가는 것처럼 조직되었다.

1920년대에 레플리어(Agnes Repplier)는 "교외거주자는 도시에 대한 반역자다"라고 썼다.3) 이 말은 철도 교외에 관해서는 잘해야 절반의 진리일 뿐이다. 철도 교외들이 도시에서 탈출하려고 추구하는 과정에서 도시의 많은 것들을 배제시켰으나, 여전히 도시에 완전히 의존되어 있었다는 점에서 그러하다. 시내중심가는 남성들의 일상적인 목적지였고, 여성들도 거의 비슷한 빈도로 이용하는 목적지였다. 그곳에는 교외의 경제를 뒷받침하는 직업들뿐만 아니라 백화점, 연주회장, 클럽, 식당, 극장, 문화 센터들과 같은 도시적 소비의 기념비들이 있었다.

따라서 철도 시대의 교외화는 도시, 특히 시내중심가 지역을 강화시켰다. 모든 교외 주택은 중산층이 단골로 다니는 사무실 공간, 상점, 기타 시설들에 대한 수요가 더욱 높아짐을 의미했다. 실제로 도시 중심부만이 주변지역으로부터 고객을 유인하는 백화점이나 의과대학 부속병원과 같은 주요 시설들이 들어설 수 있는 장소였다. 이와 같은 도시와 교외의 기능적 통일성은 특정한 교외가 중심도시의 경계 안에 위치하는가, 밖에 위치하는가 하는 것보다 더욱 중요했다. 짧은 시간 동안 철도의 선로들은 도시와 교외의 불안정한 평형관계를 유지시켰다.

철도 교외는 영국과 미국에서 존재했지만, 그것은 미국에서만 고전적 형태에 이르렀다. 이 차이점은 두 나라의 문화적 차이가 커져가고 있었기 때문이 아니었다. 실제로 19세기 말은 '앵글로색슨'의 가치들을 보호하기 위해 앵글로 아메리카 부르주아지가 가장 크게 결집하던 시기였다. 오히려 그것은 두 나라 사이의 도시 경제의 차이에서 비롯된 것이었다.

1891년, 로(Sidney J. Low)는 「교외의 성장」(The rise of the suburbs)이라

---

3) Agnes Repplier, "Town and Suburb", quoted in John a. Lukacs, *Philadelphia: Patricaians and Philistines, 1900-1950*(New York: Farrar, Straus, Giroux, 1981), 105.

는 논문에서 1890년 영국 인구 센서스를 정확히 분석해, 시골과 도시 중심부의 인구는 모두 감소되고 있었다는 점, 그리고 1880년에서 1890년 사이 영국의 인구성장은 대부분 교외에서 일어났다는 점을 보여주었다. 그는 이런 경향이 계속된다면, "대다수 영국인들은 교외에서 거주하게 될 것이다"라고 말했다.4)

그러나 그런 경향은 적어도 그렇게 강하게 지속되지 않았다. 영국의 도시들에서는, 특히 런던에서는 교외 건축이 여전히 광범위하게 진행되었으나 1890년대에 들어와 영국의 건설산업은 주춤해지기 시작했다. 이처럼 발전 속도가 낮아진 것은 해외 투자 및 (제1차세계대전을 낳은) 재무장에로의 자본 전환과 같은 구체적인 이유들에서 비롯되었지만, 또한 영국 경제의 일반적 위기에서 비롯된 것이기도 했다. 그 결과 영국의 도시들은 1880년대 이전의 모양을 상대적으로 그대로 유지하고 있었으며, 1930년대에 이르러서야 영국에서의 교외 건축은 다시 늘어나기 시작했다.5)

이와 반대로 1880년대에 강건하게 자리잡은 미국의 도시는 1890년대에 들어 팽창하기 시작했으며, 이후 폭발적인 급성장은 20세기 들어 30여 년 동안 지속되었다. 그러므로 미국의 대도시는 철도 시대의 기본 형태를 지니고 있었다. 이는 1850년에 인구 3만 명의 소도시에서 1890년에는 인구 백만 명이 넘는 대도시로 성장한 시카고처럼 상대적으로 새로이 형성된 도시들뿐만 아니라, 같은 기간 동안에 본질적으로 재구성된 뉴욕과 필라델피아와 같은 동부의 오래된 도시들도 마찬가지였다.

그러므로 미국은 고전적 교외의 가장 완전한 구현체를 만들 수 있는 재원과 필요성을 가지고 있었다. 미니애폴리스의 아일 오브 레이크(Isle of the Lakes)를 비롯해 시카고 외곽의 오크 파크(Oak Park), 볼티모어의 롤란드 파크(Roland Park), 뉴욕 외곽의 스카스데일(Scarsdale), 보스턴 외곽의 브루클

---

4) Sidney J. Low, "The Rise of the Suburbs", *Contemporary Review* 60(October 1891): 548.

5) 이 경향들은 F. M. L. Thompson, ed., *The Rise of suburbia*(Leicester: Leicester University Press, 1982)에 실린 논문들에 가장 잘 예시되어 있다.

린에 이르기까지 하나의 공통적인 양식이 형성되고 있었다.6)

　교외지역의 역사에서 이 시기를 예시하기 위해 나는 필라델피아의 교외들을 선택했다. 필라델피아는 17세기까지 거슬러 올라가는 도시적 유산을 가지고 있을 뿐만 아니라 19세기를 지나면서 주요한 산업 도시가 되었다. 남북전쟁 이후 미국경제가 활력을 찾으면서, 필라델피아는 맨체스터와 경쟁하는 섬유산업의 중심지, 글래스고의 클라이드사이드(Clydeside) 조선소와 경합하는 조선업의 중심지, 셰필드에 맞서는 철강 중심지, 그리고 마지막으로 전자제품 및 식품가공과 같은 새로운 산업들의 중심지가 되었다. 주요 종착역이었던, 즉 펜실베이니아 철도회사(Pennsylvania Railroad)와 볼드윈 철도회사(Baldwin Locomotive Works)의 본부였던 필라델피아는 증기기관차와 전차에 의해 탈바꿈되었다. 중산층 교외화는 도심부 기업들에 의해 창출된 부를 변두리의 부르주아 유토피아로 이전시켰다.7)

필라델피아 철도 교외의 기원

　필라델피아는 일종의 교외의 전망을 가지고 출발했다. 1683년 펜(William

---

6) 스턴의 책에는 간단한 주석을 붙인 계획도와 사진이 풍부하게 실려 있다. Robert A. M. Stern, *The Anglo-American Suburb,* special issue of *Architectural Design* 51 (October-November 1981), 스카스데일에 대해서는 Carol A. O'Connor, *A Sort of Utopia: Scarsdale, 1891-1981*(Albany, N. Y.: State University of New York Press, 1982)을 참조하라. 브루클린에 대해서는 Ronald Dale Karr, "Brookline and the Making of an Elite Suburb", *Chicago History* 13(Summer 1984): 36-47을, 시카고 교외들에 대해서는 Michael Ebner, "'In the Suburbes of Toun', Chicago's North Shore to 1871", *Chicago History* 11(Summer 1982): 66-77과 "The Result of Honest Hard Work: Creating a Suburban Ethos For Evanston", *Chicago History* 13(Summer 1984): 48-65; Warner, *Streetcar Suburbs*; Joel Schwartz, "The Evolution of the Suburbs" in Philip C. Dolce, ed., *Suburbia: The American Dream and Dilemma*(Garden City, New York: Anchor Press/Doubleday, 1976), 1-36을 참조하라.
7) Sam B. Warner, Jr., *The Private City*: *Philadelphia in Three Periods of Its Growth* (Philadelphia: University of Pennsylvania Press, 1968).

Penn)이 델라웨어와 슈킬(Schuylkill) 강 사이에 장기판 모양의 거리들-지금도 필라델피아의 기본형을 이루고 있다-을 설계했을 때, 그는 필라델피아를 "녹색 도시"로 그리고 있었다. 그는 단독주택들이 뜰, 벌판, 과수원 여기저기에 산재하는 도시를 만들 수 있을 만큼 충분한 공간을 남겨두면서, 시민들이 도시 전역에 흩어져 살기를 희망했다8)(분명히 퀘이커 교도의 검소함에 대한 이상과 도시 오락에 대한 혐오는 영국의 복음주의적 태도의 근원이었으며, 이는 한 세기 이후 교외 양식을 창조하는 데 지대한 영향을 끼치게 되었다).

하지만 펜의 생각은 시기상조였다. 신세계의 광활한 공간에서도 구세계의 도시 개념은 널리 퍼져 있었다. 사람들은 델라웨어의 항구 주변에 운집했고, 필라델피아는 주요 도로들 앞면으로 웅장한 주거를 갖춘 연립주택들이 어디에나 있고 뒤편으로 가난한 사람들의 골목집들이 밀집해 있는 도시로 발전되었다. 이처럼 공간을 집약적으로 이용함으로써 당시 뉴욕 시가 맨해튼 아일랜드를 따라 남쪽에서 북쪽으로 나아가고 있었던 것처럼 필라델피아는 동쪽에서 서쪽으로 나아가면서 서서히 델라웨어로부터 슈킬에 이르는 견고한 덩어리로 발전했다. 1840년대에야 필라델피아는 1680년대에 펜이 탈중심화된 도시의 중심점으로 설계했던 '센터 스퀘어'(중앙광장)에 도달했다.9)

일찍이 1820~30년대부터 중산층은 항구 근처의 옛날 구역 가까이에 작업장을 두고 주거를 주변부로 옮김으로써 작업장과 주거를 분리하려는 경향을 보였다. 그럼에도 불구하고 이런 주거이동을 교외적이라 부를 수는 없었다. 부르주아 주거는 여전히 견실한 주택가에 자리잡은 연립주택들이었고, 대부분의 주택건설업자들은 계획의 일부로서 가난한 사람들을 위한 골목길들을 그대로 유지시키기조차 했다. 필라델피아는 시골과의 분리를 유지하면서 위풍당당하게 열을 지어 서쪽으로 나아갔다.10)

---

8) Edward Teitelman and Richard W. Longstreth, *Architecture in Philadelphia: A Guide*(Cambridge, Mass.: M. I. T. Press. 1974), 1-3.

9) Ibid., 4-14.

10) Kenneth T. Jackson, *Crabgrass Frontier: The Suburbanization of the United States* (New York: Oxford University Press, 1985), 313-14; theodore Hershberg, et al., "The

하나의 예외는 시골 빌라였으며, 이는 18세기부터 필라델피아 상인들이 런던 상인들을 모방해 도시 외곽의 그림 같은 장소에 건설해왔던 것이었다. 런던에서와 마찬가지로 이런 주말용 및 여름용 빌라들은 본질적으로 진정한 교외지역의 전조였다. 그러나 런던이나 맨체스터와는 달리 19세기 전반의 필라델피아는 클래펌과 같은 곳으로, 다시 말해 주말용이나 여름용 주거가 연중 상시 거주하는 통근자들의 마을로 전환되는 곳으로 발전되지 않았다.[11]

앞 장에서 나는 미국의 교외화가 상대적으로 늦었던 이유들에 대해 생각해보았다. 그리고 이 이유들은 필라델피아의 경우에 각별한 의미를 가진다. 규모가 큰 도시였음에도 불구하고(1776년의 필라델피아는 맨체스터보다 큰 도시였고, 그 성장률은 최초의 산업도시의 그것에 뒤지지 않았다) 필라델피아는 필연적으로 1840년대에 이르기까지 작업장과 작은 사무실로 이루어진 도시였으며, 런던처럼 인구가 지나치게 밀집되어 있지도 않았고 맨체스터처럼 계급 구분이 선명하게 이루어져 있지도 않았다.

하지만 1840년대는 급속한 산업화와 사회적 갈등-가톨릭에 반대하는 소요들-이 출현하기 시작한 시기였다. 아마도 동시적인 것은 아니겠지만 귀족 엘리트는 이 시기에 도시 정부의 지배적 지위로부터 퇴출되었고, 이는 그들이 구중심부에 대해 가지는 애정을 약화시켰다.[12] 형태에서의 급작스런 변화는 없었다. 웅장한 연립주택들은 계속해서 슐킬을 향해 나아갔다. 그리고 필라델피아는 맨해튼과 같은 부유계급 시대를 발전시켰으며, 부르주아의 도회풍 요새를 리텐하우스 스퀘어(Rittenhouse Square)에 만들기도 했다. 그러나 19세기 중엽에 이르러 이런 균형상태는 진정한 교외의 발전으로 변환되었다. 더 이상 필라델피아의 팽창은 견고한 도시가 시골지역으로 나아가는 것이

Journey-to-Work: An Empirical Investigation of work, Residence, and Transportation, Philadelphia, 1850 and 1880" in Theodore Hershberg, ed., *Philadelphia: Work, Space, Family and Group Experience in the Nineteenth Century*(New York: Oxford University Press, 1981), 129-73.

11) Teitelman and Longstreth, *Architecture in Philadelphia*, 116-27.

12) Warner, *Private City*, 79-157.

아니었다. 계획적으로 자연적 요소들을 주거경관에 영구히 통합하려고 했다는 점에서, 그것은 진정한 의미에서 교외적이었다. 처음에 그 모델들은 모두 영국적인 것들이었거나 적어도 다우닝의 감수성을 통해 여과된 영국적인 것들이었다. 퀘이커 교도 엘리트들이 선호했던 서부 필라델피아의 교외 취락인 포웰턴 빌리지(Powelton Village)는 복음주의자들이 25년 전에 만들었던 런던의 교외와 흡사했다.13)

이 초기 교외들은 과거에 도시의 '관문'이었던 곳에 위치했으며, 말이 끄는 승합마차나 전차를 타고 쉽게 다다를 수 있었다. 그러나 끊임없는 도시 성장은 언제나 이 교외들을 압도할 만큼 위협적이었다. 19세기 경, 필라델피아는 이미 노동계급조차도 개별적으로 연립주택을 가지는 저밀도 도시였다. 퀘이커 교도의 검소 정신은 주택조합의 형성을 촉진시켰고, 이를 통해 정규직에 종사하는 대부분의 노동자들은 수수한 연립주택을 구입할 수 있었다. 이 주택들은 도시 중심부 너머에 있는 공장지역으로부터 빠르게 퍼져나갔다.

부르주아 교외지역과 팽창하는 산업도시 사이에 어느 정도 거리를 두어야 했으므로, 철도 교외는 변화를 겪게 되었다. 1840년경 필라델피아와 동부 펜실베이니아 탄광지대를 철도로 연결하려고 시도하는 가운데, 필라델피아에서 북쪽으로 저먼타운(Germantown)이라는 구릉지역을 관통하는 여러 노선들이 생겨났다. 펜의 시대에 독일에서 종교적 이유로 망명해온 사람들이 정착한 저먼타운은 독립기념관에서 불과 5마일밖에 떨어지지 않은 조용한 농촌 마을이었다. 이 마을의 그림 같은 언덕은 이미 수많은 부르주아 빌라들을 유인해왔으며, 철도의 연결은 이 지역을 진정한 교외로 전환시키는 중요한 요인이 되었다.14)

1850~60년대는 빌라의 수가 늘어나고 그 기능이 변화되었던 과도기적 시기였다. 처음에 빌라들은 여전히 주말용 및 여름용 주거였으며, 열대의 열

---

13) Teitelman and Longstreth, *Architecture in Philadelphia*, 200-201.
14) Ted Xaras, "A Time-Traveller's Trip on the Philadelphia, Germantown & Norristown Railroad", *Germantown Crier* 33(Fall 1981): 82-87.

제5장 고전적 교외: 필라델피아의 철도 교외 183

■ 주: 교외지역의 건설. 필라델피아 저먼타운의 카펜터 사유지의 분할 (1880년대). 여전히 농촌적인 환경 속에 두가구 연립주택이 아주 당당하게 들어서 있다. 필라델피아 도서관 조합의 허가를 받아 수록함.

기와 열대의 질병들이 기성을 부리던 필라델피아의 여름을 피하기 위한 좋은 피서지였다. 그러나 1860년대에 들어 저먼타운은 중심도시에서 일하는 사람들의 상시 거주를 위한 장소가 되었다.15) 저먼타운은 교외지역의 세 가지 특징을 획득했다. 그것은 첫째, 중산층 공동체로서의 정체성, 둘째 다른 계급과 비주거 기능의 배제, 마지막으로 도시와 구별되는 개방적 디자인이다. 물론 저먼타운에는 공장들과 거기서 일하는 노동자들이 여기저기 흩어져 있었으나, 부르주아의 거주지역들은 정체성을 충분히 확보할 수 있었다.16)

---

15) 저먼타운의 역사에 대해서는 S. Hotchkin, *Ancient and Modern Germantown* (Philadelphia: Ziegler, 1889); Herbert Pullinger, *Old Germantown*(Philadelphia: David McKay, 1926); and Edward W. Hocker, *Germantown, 1683-1933*(Germantown: published by the author, 1933)을 참조하라.

16) Mark Frazier Lloyd, "Germantown in the 1850s", *Germantown Crier* 31(Spring 1979): 37. 여름용 빌라로부터 상시거주용 주택으로의 이행은 Nicholas B. Wainwright, ed., *A Philadelphia Perspective: The diary of Sidney George Fisher Covering the Years 1834-1871*(Philadelphia: Historical Society of Pennsylvania, 1967), 특히 316쪽과 327쪽에 분명하게 지적되어 있다.

이런 부르주아 유토피아의 내면적 특성들을 살펴보기에 앞서 우리는 (맨체스터의 경우에서처럼) 교외의 최종적 의미는 그것이 포함하고 있는 것에 의해 규정되는 것만큼 그것이 배제하고 있는 것에 의해 규정된다는 것을 상기해야만 한다. 맨체스터에서 공장주가 사는 지대와 공장 지대는 대조적이었다. 또한 빅토리아 파크와 기타 북부 잉글랜드 산업 교외들의 관문과 담장들은 지배력이 빈약했던 집단이 권위를 주장하는 것들이었다.

1870년대에 이르러 필라델피아는 맨체스터보다 훨씬 더 번영했고 다양했다. 그럼에도 불구하고 도시에 대한 교외의 관계를 궁극적으로 지배했던 동일한 고민이 남아 있었다. 자본가와 피고용자 사이의 긴장과 더불어 아메리카 인디언들의 가치관을 모르는 이민집단의 물결에 의해 인디언들이 압도당하고 있었던 것에 대한 두려움을 읽을 수 있다.

이런 맥락에서 19세기 후반의 철도 교외는 일종의 앵글로색슨 보호구역, 다시 말해 진정한 미국인 가족이 번성하고 재생산될 수 있는, 그리하여 외부의 침입을 막을 수 있는 보호된 장소였다. 미학과 함께 선입관은 녹음이 우거진 거리와 안락한 가정을 형성하는 데 도움을 주었다. 그것은 모두를 위한 유토피아가 아니었으며, 더욱이 민주적 비전을 위한 것도 아니었다. 만약 철도 교외가 부(富), 가족생활, 자연과의 합일이라는 부르주아 이상의 고전적 구현체였다면, 그것은 희망뿐만 아니라 두려움을 지반으로 형성되었다.

체스넛힐 : 철도 교외의 형성

저먼타운의 초기 주민들 가운데 휴스턴(Henry Howard Houston)은 펜실베이니아 철도회사의 유명한 간부였다. 1870년대 말에 그는 저먼타운 정주공간 바로 너머에 있는 약 3,000에이커의 구릉성 농지를 배타적 교외로 전환하려는 생각을 가지고 있었다. 필라델피아 상업 중심지에서 서북쪽으로 11마일 떨어진 이 땅은 체스넛힐 마을의 일부분이었다. 체스넛힐은 1854년에 필라델피아에 병합되었으나, 1870년대까지도 시골처럼 고요하고 고립된 마을이었다. 휴스턴의 땅은 위사이콘(Wissahickon)의 그림 같은 계곡을 굽어보고 있었고, 그래서 그는 그 단지를 "위사이콘 하이츠"(Wissahickon Heights)라 불렀다. 휴스턴의 의향은 체스넛힐의 교외화에 대한 색조를 정했다. 왜냐하면 그는 보통의 개발업자들보다 훨씬 많은 자원들을 가지고 있었기 때문에 그가 감독한 체스넛힐은 당대의 교외 이상에 가까웠다.

휴스턴은 그 당시 미국 부르주아지의 상징적 인물이었다. 그는 대규모 조직의 성장을 대표했다. 즉, 펜실베이니아 철도회사는 아마도 당시로서는 가장 잘 조직된 미국 회사였고, 휴스턴은 전국적인 수송 서비스를 만드는 데 특히 중요한 역할을 했다. 그리하여 그는 전국 시장의 개장으로부터 이윤을 올리고 있었던 미국의 간부를 상징했다. 하지만 그는 또한 서부 펜실베이니아 유전에 성공적인 투기를 했던 독립 사업가이기도 했다. 그리고 마침내 그는 자신이 속한 계급의 이상을 창조하겠다는, 그리고 그로부터 엄청난 이윤을 챙기겠다는 야망을 품고 부동산 투기에 뛰어들었다.17)

철도회사 간부로서 그는 철도 시기뿐만 아니라 그 뒤를 잇는 고속도로 시기에도 적용된 한 가지 기본 요소, 즉 교외 교통노선의 궁극적 목적은 사람들을 이동시키는 것이 아니라 노선이 통과하는 곳의 땅값을 올리는 것이라는 점을 파악하고 있었다. 최고의 교외 토지개발업자는 또한 철도 개발업자여야만 한다. 그래야 그는 자기 소유의 땅을 통과하는 철도노선을 놓을 수 있고, 대부분의 부가가치를 독점할 수 있다.

휴스턴은 펜실베이니아 철도회사의 소유주가 아니었으나, 그는 체스넛힐 마을에서 끝나는 자기 소유의 토지를 따라 특별 지선과 역을 건설하도록 설득할 수 있는 충분한 영향력을 가지고 있었다.18) 갑자기 그의 땅은 필라델피

---

17) 휴스턴에 대해서는 E. Digby Baltzell, *Philadelphia Gentlemen: The Making of a National Upper Class*(Glencoe, Ill.: Free Press, 1958), 118과 206을 참조하라.
18) Ibid., 206-8. 또한 Willard S. Detweiler, Jr., *Chestnut Hill, An Architectural History* (Philadelphia: Chestnut Hill Association, 1969)을 참조하라. 뎃웨일러는 초기 저먼타운의 철도노선이 1854년에 이미 체스넛 힐까지 연장되었음을 지적한다.

■ 주: (위) 펜실베이니아 발라에 소재한 해리스(W. T. Harris)의 집(1886). 건축가 헤윗(G. W. Hewitt). 아주 절충적인 필라델피아 교외 빌라의 모델. 가파르게 경사진 박공지붕, 작은 탑이 있는 지붕창, 굴뚝의 대담한 수직성은 현관의 수평선에 의해 돋보인다. 필라델피아 소재 펜실베이니아 역사협회의 허가를 받아 수록함.
(아래) 펜실베이니아 체스넛힐에 소재한 버틀러(Edger H. Butler)의 집(1914). 건축가 윌링(Charles H. Willing). 18세기 식민지 시대풍의 원형과 지방의 석조 전통에 토대를 둔 20세기 교외를 위한 수평적 스타일. 펜실베이니아 대학교 미술 도서관의 허가를 받아 수록함.

아 중심으로부터 30분 거리 이내에 위치하게 되었다. 또한 그것은 상대적으로 불리한 조건의 토지, 즉 빠르게 발전할 것 같지 않은 토지로 둘러싸여 있었고, 그리하여 이 토지는 마을 주위의 농업적 완충물로 유지되었다.

하지만 철도노선만으로는 충분하지 않았다. 필라델피아 외곽으로 연결되는 많은 노선들이 있었고, 통근거리 내에는 부유한 사람들이 구입할 수 있는 양보다 많은 토지가 있었다. 다음 단계로 그는 체스넛 힐의 토지를 경쟁관계에 있는 토지와 차별화시키기 위해 가로계획을 세웠다. 휴스턴의 체스넛힐 디자인은 그가 선택한 건축가 헤윗(G. W. & W. D. Hewitt)의 회사에서 제작되었다. 이 디자인은 매우 유용한 것이었으나, 옴스테드의 리버사이드 계획이 지녔던 특별한 장점들을 결여하고 있었다. 체스넛힐의 장기판 디자인은 옴스테드가 만든 계획의 우아한 곡선도, 공적 공간에 대한 세심한 준비도 전혀 없었다.[19]

그럼에도 불구하고 휴스턴과 헤윗사는 필수적 요소를 파악하고 있었다. 그것은 1에이커에서 3에이커에 이르는 멋진 필지에 대저택들을 넓게 배치해 공적 토지와 사적 토지의 균형을 확보하는 것이었다. 게다가 그런 디자인보다 더욱 중요한 것은 휴스턴이 체스넛힐을 위해 설립했거나 그곳에 입지하도록 설득했던 시설들이었다. 처음에 거대한 리조트 호텔인 위사이콘 인(Wissahickon Inn)이 들어왔고, 이어서 컨트리 클럽, 필라델피아 크리켓 클럽, 나중에는 세인트마틴인더필즈(St. Martin-in-the-Fields)라 불리는 성공회 교회가 설립되었다.

호텔은 공동체의 사회적 분위기를 즉각적으로 확립했기 때문에 가장 먼저 들어왔다. 호텔의 존재는 이 시기의 리조트와 교외 사이의 관계가 밀접하다는 것을 나타낸다. 1880년대만 하더라도 리조트는 도시 중심부로부터 11마일 이내의 지역에서만 입지할 수 있었다. 이 리조트는 여전히 도시 중심부의 타운하우스에 사는 사람들을 위한 여름 피서지 역할을 했다. 그것은 도시생활과 호텔 주변 교외 주거 사이의 자연스런 전환점이었다.[20]

---

19) Teitelman and Longstreth, *Architecture in Philadelphia*, 238-53.
20) Baltzell, *Philadelphia Gentlemen*, 220.

이 시기의 이상적 상위 중산층의 생활은 놀라운 기동성을 가지고 있었다. 부유한 가족은 짐꾸리는 하인을 두고 매년 봄 리텐하우스 스퀘어의 타운하우스에서 위사이콘 인으로 그리고 여름에는 뉴저지의 해변 리조트로, 가을에는 다시 위사이콘 인으로, 마침내 겨울에 리텐하우스 스퀘어로 이동할 수 있었다. 이런 기동성은 아주 부유한 사람들에게만 가능한 것이었다. 하지만 휴스턴은 그들의 이동 패턴 가운데 적어도 한 부분을 장악하는 것이 얼마나 가치 있는 것인지를 잘 알고 있었다. 공동체 내의 필지를 구입하도록 그들을 설득할 수 있었을 것이다. 그러나 더욱 중요한 것은 그들의 존재가 집을 살 수 있는 타인들의 동기를 유발한다는 것이었다.21)

컨트리 클럽과 성공회 교회는 휴스턴이 설립한 체스넛힐의 단체들과 더불어 트리오를 이루었다. 초기에 그것들의 목적은 각기 달랐을지 모르지만, 사회적으로 그것들은 동일한 것을 대표했다. 물리적으로 헤윗 사가 영국 고딕 양식으로 설계한 교회는 (사실상 곧 테니스와 골프를 위해 사용된) 네오조지언(neo-Georgian) 크리켓 클럽과 인접해 있었다. 이 두 단체의 회원은 분명 휴스턴이 유인하고자 애쓰고 있었던 부르주아 계급이었다.

이 두 단체가 지닌 지나치게 영국적인 분위기는 또한 중요했다. 그것은 구교도, 유대인, 원리주의 신교도가 급증하고 있었던 대도시로부터 벗어나고자 시도하던 미국 신교도 엘리트의 상징이었다. 더욱이 그것은 이런 '전통들'과 실제 역사 사이의 특이한 예외를 드러낸다. 필라델피아는 영국 국교회와 영국 기관의 억압으로부터 벗어나고자 했던 사람들이 처음에 정착하면서 건설되었다. 마치 맨체스터의 공장주들이 자신들의 권력을 정당화하기 위해 증오하던 귀족의 액세서리들을 붙잡고 있었던 것처럼 19세기 후반의 필라델피아 유한계급 사람들은 산업 대도시에서의 지위를 강화하기 위해 자신들의 조상들을 억압했던 자들이 사용하던 양식들을 되살려냈다.

---

21) Ibid.

고전적 교외 경관

하지만 체스넛힐과 기타 고전적 교외들의 특징적인 모습은 교회나 컨트리 클럽과 같은 공동체 시설이 아니라 경관이었다. 나무가 우거진 거리, 탁 트인 넓은 잔디밭, 보도 뒤의 웅장한 주택 패턴은 교외 양식의 절정을 표현하는 부, 가족 생활, 그리고 자연과의 합일의 패턴이었다.

이 양식은 원래 계획자의 창조물도 아니고 개별 주택소유주들의 창조물일 수도 없기 때문에, 그것을 기술하기는 어렵다. 그리고 이것은 순간적으로 창조될 수 있는 것도 아니었다. 즉, 나뭇잎과 관목들이 제 효과를 내기까지는 수십 년을 기다려야 했다. 오히려 이것은 진실로 공동체적 창조물, 즉 부르주아지가 자신들을 위해 창조한 양식이다. 개별 주택이 아닌 교외 풍경은 진정한 기념비이다.

클래펌과 파크 빌리지로 거슬러 올라가서 이 양식의 뿌리를 직접적으로 추적할 수 있다 할지라도 그것이 완성되기까지는 기나긴 진화과정이 요구되었다. 영국에서는 부두에서 보이지 않게 막아놓았던 귀족의 시골저택을 모방해 대규모 필지들에 담장을 치는 경향이 있었다. 앞에서 살펴보았듯이 옴스테드는 그런 거리를 걷는 것을 벽으로 둘러싸인 정신병원 근처를 걷는 것에 비유했다.[22] 소규모 필지에 지어진 주택들은 대개 보도와 아주 가까이 위치해 있었고, 앞뜰에는 보통 초목과 관목들로 가득 찬 작은 정원이 있었다. 이 주택들은 단독주택일 경우에도 도로와 너무 가까이 위치하고 있어서 마치 연립주택처럼 보이기 쉬웠다.

아마도 옴스테드는 리버사이드 계획에서 진정한 미국의 교외 경관을 최초로 그려낸 사람이었을 것이다. '정신병원'과 같은 효과를 제거하기 위해 그는 높은 담장을 금지했고, 보도로부터 최소한 30피트 이상 간격을 두고 각각

---

22) Olmsted, Vaux and Co., "Preliminary Report upon the Proposed Suburban Village at Riverside, near Chicago"(New York, 1868), reprinted in S. B. Sutton, de., *Civilizing American Cities: A Selection of frederick Law Olmsted's Writings on City Landscapes*(Cambridge, Mass.: M. I. T. Press, 1971), 301.

의 주택을 짓도록 했다. 동시에 그는 거리의 양쪽에 정성을 들여 나무를 심도록 규정했다. 그리하여 그는 가장 위대한 미국 교외 경관, 즉 앞마당 잔디밭의 설계 조건을 구체화했다.23)

앞마당 잔디밭은 가족을 위한 공간이 아니며, 가족 구성원들은 잔디밭을 관리하는 것 이외에는 나가지 않는다. 오히려 그것은 공동체에 속한다. 길가의 나무들과 함께 잔디밭은 공원과 같은 환상을 창조한다. 나무와 잔디밭의 초록빛은 도시의 거리를 시골길로 만든다. 잔디밭은 집주인이 교외 경관에 큰 기여를 하는 것, 즉 그 자신이 관리하는 '공원'의 일부이다. 동시에 잔디밭은 길거리를 지나는 어떤 사람도 소유할 수 없는 사적 공간이기도 하다. 잔디밭은 주택을 분리시키는 한편, 녹색 경관의 세계를 창조하는 데 기여한다. 잔디밭을 관리하는 것이 어떤 형태의 도덕성만큼이나 중요한 시민의 의무로 간주된다는 것은 놀라운 일이 아니다. 그러므로 잔디밭은 공과 사의 균형을 유지하며, 이는 성숙한 교외 양식의 정수이다.

또한 잔디밭은 조경역사가 잭슨이 "잔디밭 문화"라고 명명했던 것의 현장이기도 하다. 그는 19세기 후반 교외지역의 잔디밭에서 행해졌던 게임들과 기타 사회활동의 복합체를 잔디밭 문화라고 불렀다. 그곳은 어른들이 의자에서 지켜보는 가운데 젊은 남녀들이 활쏘기, 편자, 배드민턴 및 크로케와 같은 놀이들을 즐길 수 있는 안전한 장소였다. 그러므로 잔디밭은 도시의 타운하우스가 누릴 수 없는 공간을 제공했다.24)

잔디밭 문화의 절정은 잘 다듬어진 골프 코스를 갖춘 컨트리 클럽이었다. 교외에서 보자면 이것은 도시공원에 상응하는 것이며, 철도 교외에서 진정한 공적 공간에 가장 가까운 것이었다. 19세기 후반 이래로 골프와 교외지역은 밀접한 연관관계를 가지고 있었다. 최초의 미국 골프 클럽인 세인트 앤드루스(St. Andrew's)는 1889년 뉴욕 용커스에 설립되었으며, 이 시설은 모든 부

---

23) Ibid., 396-303.
24) J. B. Jackson, 잭슨이 크리스의 강연에서 인용한 것을 재인용함. Walter L. Creese, *The Crowning of the American Landscape*(Princeton: Princeton University Press, 1985), 235.

르주아 교외들로 퍼져나갔다.25) 골프는 완전히 영국적인 것과 연관되어 있었다. 즉, 골프는 승마처럼 비용이 많이 들거나 위험하지 않으면서도 배타적 (독점적)이었다. 또한 이는 바쁜 간부가 야외에서 가볍게 할 수 있는 운동을 대표했다. 페어웨이(티와 퍼팅 그린 사이의 잔디밭)로 인해 교외지역은 궁극적으로 브라운(Capability Brown)과 기타 영국의 시골저택 디자이너들에게서 유래한 대규모 조경을 갖추게 되었으며, 이는 이전에는 아주 부유한 사람들에게만 가능했던 것이었다. 과거의 컨트리 클럽들에서 볼 수 있는 아름답게 꾸며진 정원은 일찍이 미국에서 형성된 그림 같은 것에 대한 문화적 이상을 가장 완벽하게 구현한 것일지도 모른다.

하지만 이 시설들은 물론 교외지역의 사회적 경계를 규정하는 제도화된 수단으로서의 '클럽들'이었다. 그 결과물은 철도 교외에서의 '공적 공간'의 적절한 상징이다. 가장 인상적인 공간들은 가장 엄격하게 사적이다. 그리고 (컨트리 클럽에 의해 통제되는) 자연 그 자체는 사회적 속물 근성과 인종적·종교적 선입관의 도구가 된다.

주택건축과 철도 교외

고전적 교외 경관에 맞춰 미국 건축가들은 고전적 교외주택을 창조했다. 그것은 더딘 과정이었다. 옴스테드가 리버사이드를 디자인했을 때, 그는 주택들이 지형에 어울리지 않을까 봐 염려했으며, 조경이 미학적으로 볼품없는 것들을 가려주기만을 희망했다. 당시 주택건축에 대한 그의 비판은 "거만하다"는 표현으로 요약되었다. 그는 대부분의 주택들이 가지고 있었던 "어색하

---

25) Herbert Warren Wind, "Shinnecock Hills and another Old-Timer", *The New Yorker*(August 4, 1986), 54-55. 기타 초기의 코스들로는 The Country Club, Brookline, Massachusetts(1893); Trxedo Club, Tuxedo, New York(1889) 그리고 the Chicago Golf Club(1894)이 있었다. 필라델피아 클럽들에 대해서는 Baltzell, *Philadelphia Gentlemen*, 354-66을 참조하라.

게 뽐내는 분위기"와 어울리지 않는 수직성을 표현한 것이었다.26)

비록 교외빌라가 소도시 필지의 경계를 벗어났다고 하더라도, 그것은 여전히 좁은 수직성에 끼어 있는 것처럼 보였다. 단독주택들은 여전히 함께 모여 있었고, 늘어선 각각의 주택들은 견고한 도시연립주택의 외관을 하고 있었다. 개발업자들은 직관적으로 거리를 향하는 쪽은 상대적으로 좁으나 길이는 그 세 배인 필지로 대지를 분할했다(75×225피트가 일반적인 크기였다). 주택이 넓은 필지에 자리잡고 있었던 경우에도 그것은 이와 같은 좁은 모양을 계속 유지했다. 수직적 창문과 장식적 탑을 끈질기게 고집하는 이탈리안 양식은 옴스테드가 말한 "거만한" 외관을 가장 잘 구현하고 있었다.27)

이런 집들이 교외 경관에 거북하게 자리잡고 있었다. 제1차세계대전 이전의 미국 주택건축의 위대한 성취는 교외 주택을 위해 수평적인 것을 되찾는 것이었다. 이와 함께 그들은 주택 내부의 좁은 분리를 최소화하고, 빅토리아 양식 주거에서 전형적으로 나타나는 상자 모양의 방들을 제거했다. 그리하여 방과 방을 잇는 상대적으로 개방된 설계도를 만들었으며, 이는 교외 경관의 개방성과도 일맥상통하는 것이었다.

건축사에서 이런 발전들은 필연적으로 프랭크 로이드 라이트(Frank Lloyd Wright)와 특히 그가 1894년에서 1911년 사이에 오크 파크(Oak Park) 및 기타 시카고 교외들에 지은 주택들과 연관되어 있다. 하지만 이 점에서 라이트와 프레리 학파(Prairie School)28)의 다른 구성원들은 교외 건축의 보다 광범위한 움직임의 한 부분이었다. 필라델피아 교외들에서 보다 전통적 형태들을 연구하던 건축가들은 그와 동일한 수평성과 개방성을 성취했다. 이 건축가들의 이름과 회사들―헤이즐허스트 & 허클(Hazelhurst & Huckel), 듀링, 오키 & 지글러(Duhring, Okie & Ziegler), 호레이스 트럼바우어(Horace

---

26) Olmsted, Varx, 301-2.
27) Clifford Edward Clack, Jr., *The American Family Home, 1800-1960*(Chapel Hill: University of North Carolina Press, 1986), chaps. 2-4.
28) [역주] 프레리 학파는 프랭크 로이드 라이트를 중심으로 모여든 일군의 건축가들을 지칭하며, 이들은 미국 중서부 건축에 관심을 가지고 있었다.

Trumbauer)—은 잘 알려지지 않았다. 왜냐하면 그들은 조지안 또는 식민지풍 빌라, 그리고 펜실베이니아 석조 농가라는 두 가지 중요한 지역적 형태들을 되살린다는 맥락에서 자신들의 혁신을 표현했기 때문이었다.29)

왜 이런 형태들이 19세기 후반의 건축가와 고객들의 관심을 새로이 끌 수밖에 없었는가에 대해서는 중요한 형식적인 이유들이 있었다. 식민지풍은 단순성에 대한 새로운 관심을 불러일으키는 전조가 되었던 한편, 농가들은 단순성은 물론 아주 높이 평가되던 수평성을 동시에 지니고 있었다. 양자는 모두 상대적으로 개방된 계획으로 설계되었다. 이런 형식적인 문제들 이외에도 아주 중요한 역사적 관계들이 관련되어 있었다. 식민지풍은 그 소유주들과 이주자의 무리를 이끌었던 식민 정착자들을 동일시했다. 그것은 조상의 뿌리에 대한 증거(사실이든 급조된 것이든 간에)를 보여주는 완벽한 환경이었다.

석조농가주택은 훨씬 더 '토착적인' 것이었다. 19세기 중반, 농가의 거친 석조물은 많은 중산층이 피했고, 회상하고 싶어하는 자가 거의 없는 시골생활의 역경을 상징했다. 반대로 고딕풍 또는 이탈리아풍 빌라는 문화와 풍요를 나타냈었다. 하지만 이제는 많은 유럽인들이 몰려들어 와, 유럽적인 느낌을 주는 것보다는 자작농민의 토착적 미덕에 가까이 가는 것이 더 중요해진 듯했다.

그리하여 교외 필라델피아의 주택은 넓은 중앙 홀이 있는 식민지풍으로 발전했고, 1945년 이후에는 그보다 작은 형태를 취하면서 미국 주택건축에 여전히 영향을 미친다(라이트의 건축양식들은 이만큼의 영향력을 미치지 못했다). 1900년 미국에서 구체화되는 과정에서 조지언 빌라는 상자 모양의 기하학적 구성 및 환경과의 세심한 분리를 잃었다. 거친 돌로 만든 돌담이나 판자와 함께 이것[조지언 빌라]은 농가의 더 길고 낮은 수평선을 취했다.

---

29) Thomas Nolan, "The Suburban Dwelling and Country Villa, Recent Philadelphia Architecture", *Architectural Record* 29(March 1911): 237-64; John Taylor Boyd, Jr., "Philadelphia House Architecture", *Architectural Record* 42(September 1917): 287-88; Alan Gowans, *The Comfortable House: North American Suburban Architecture, 1890-1930*(Cambridge, Mass.: MIT Press, 1986).

내부공간의 경우, 조지언 마루 설계는 빅토리아 양식의 공간 분할에 대한 뛰어난 대안을 제공했다. 18세기 필라델피아 주변의 빌라들처럼 중앙 공간에 개방된 홀과 계단을 만들고 현관문 위에는 부채꼴 채광창을, 각 층계에는 창을, 그리고 때로는 채광창을 두어 빛이 잘 들었다. 1층은 몇 개의 큰 방, 즉 사실(서재) 혹은 도서관, 식당, 홀 한쪽의 부엌 그리고 다른 쪽의 매우 큰 '거실'로 분할되었다.

위에서 말한 빅토리아 시대의 '위층 거실'에 대한 기억은 모두 상실되었다. 이와 같은 새로운 설계에서 방문자에게 언제나 열려 있었던 반(半)공적 공간인 1층과 가족 전용이었던 2층 사이의 구분은 분명했다. 하지만 빅토리아 양식과 마찬가지로 뒷문과 부엌과 하인 아파트로 이어지는 뒷층계를 둠으로써 하인들은 여전히 격리되어 있었다.30)

이런 새로운 개방성 이면에 깔린 동기는 라이트가 살던 시대의 오크 파크의 주택들과 동일했다. 즉, 그것은 가족의 일체감을 높이는 것이었다. 가구 내에서 남자들의 공간, 여자들의 공간, 아이들의 공간은 더 이상 엄격하게 분리되지 않는다. 규모가 큰 주택에서도 남자들의 '흡연실', 여성들의 응접실 그리고 아이들의 방은 과거의 유물이 되었다. 그 대신에 모든 가족 구성원들이 자기 방에 있지 않을 때 모이는 공동 공간이 1층에 있었으며, 이는 (라이트의 설계에서처럼) 가정의 통일을 상징하는 중앙 벽난로에 중점을 두는 개방 공간이었다.31)

이처럼 강화된 가정생활이 20세기의 [가족의] '일체감'을 미리 보여주는 것이라면, 이는 또한 초기 교외거주자들의 개방성을 뒤돌아보는 것이기도 하다. 클래펌의 빌라들도 개방적인 설계, 다시 말해 가족 전용 공간에서 모든 가족 구성원들이 자유롭게 어울리는 것을 옹호했다. 빅토리아 양식의 내부공

---

30) 특히 Nolan, "Suburban Dwelling"에 실린 계획도를 참조하라.
31) 이 시기 주택건축에서의 이데올로기적 갈등 및 디자인의 갈등을 가장 잘 분석한 글에 대해서는 Gwendolyn Wright, *Moralism and The Model Home: Domestic Architecture and Cultural Conflict in Chicago, 1873-1913*(Chicago: University of Chicago Press, 1980)을 참조하라.

간 분리를 극복함으로써 교외 주택은 빅토리아 양식의 진정한 유산인 가정의 개방성을 되찾았다.

변화하는 도시에서의 고전적 교외

교외 주택 내에서의 분리가 극복되었다 하더라도, 철도 교외 자체는 더욱 더 방어적인 주거지역으로 남아 있었다. 도시가 팽창되었음에도 불구하고, 철도 교외는 공간을 넉넉하게 사용하고 있었으므로 노동계급으로부터, 그리고 (더 정확하게 말하자면) 부상하는 하위 중산층 사람들로부터 분리되어 있었다. 놀랍게도 수많은 부유한 교외거주자들이 수입원으로 삼고 있던 방적공장 및 기타 산업들은 저먼타운과 체스넛힐 근처에 있었다. 미세하지만 뿌리 깊게 분리되어 있어서, 공장 노동자들의 연립주택들은 부르주아 유토피아에 지나치게 가까이 들어올 수 없었다. 이런 분리는 정치적 경계에 상응하는 것이 전혀 아니었다. 대신에 소규모 주택용이나 다기구 주택용으로 필지를 분할하는 것을 금지하는 제한적 계약조항들에 반영되어 있듯이 그것은 부의 힘을 반영하는 것이었다. 전형적인 계약조항은 주택의 최저가격을 규정했고 어떠한 경우에도 상업적 용도나 산업적 용도를 금지했으며, 때때로 유태인과 흑인을 금했다.[32]

또 다른 종류의 분리도 하위 중산층의 진입을 막았다. 증기기관차는 부르주아지를 그들의 교외 은거처로 데려다 주었다. 1890년대와 1900년대의 전차 노선은 나머지 중산층을 다른 목적지로 데리고 갔다. 와이드너(Peter A. B. Widener)나 엘킨스(William Elkins)와 같은 '전차왕'들은 교통수단과 부동산 투기에 선도적으로 참여했던 휴스턴의 뒤를 따랐다. 그들의 새로운 철

---

[32] '전형적인' 제한적 계약조항은 옴스테드 형제들이 1906년 애틀랜타 드루이드 힐스단지에 대해 작성한 것이었다. Olmsted Associates papers, *Liberty of Congress*, no.71.

도노선들은 자신들의 부동산 보유지의 지도에 따라 건설되었다. 전차 통행이 가능한 새로운 구역에 그들은 단단한 블록으로 연립주택들, 즉 넓은 뒤뜰이 있는 웅장한 건물들을 모두 본질적으로 동일한 설계에 따라 건설했다. 부르주아 교외지역의 단독주택을 모방하기에는 토지가격이 너무 비쌌다.33)

한 방향에서 하위 중산층이 밀어닥치면, 새로운 상류층은 다른 방향으로 이주했다. 체스넛힐 노선의 성공에 힘을 얻어 펜실베이니아 철도회사는 필라델피아에서 10~15마일 떨어져 있고, 해리스버그와 피츠버그로 향하는 간선(幹線)상에 위치한 조용한 농촌마을들을 개발하기 시작했다. 이 아름다운 시골은 엄청난 부호들을 끌어들였고, 이들은 수백 에이커에 달하는 소유지에 맨션을 지었다. 곧이어 평범한 부자들이 뒤따라 들어와 컨트리 클럽과 성공회 교회를 세웠다.34)

그리하여 산업 대도시에서 모든 사회계층은 지역을 조직했던 주요 철도 노선을 따라 집단을 이루게 되었다. 하지만 주변부가 성장했음에도 불구하고 중심부는 여전히 유지되었다. 모든 철도 노선들이 만나는 역사적인 중심부만이 으뜸가는 상업입지를 제공할 수 있었다. 그래서 워너메이커(Wanamaker) 백화점은 이미 가지고 있던 거대한 본사를 시청사로부터 미켈란젤로가 보았던 어떤 궁전도 작아 보이게 할 정도로 거대한 궁전으로 확장했다. 또한 마천루들은 새로운 극장과 호텔을 갖춘 공간을 두고 우열을 다투었고, 도심지역은 그 나름대로 기념비성을 획득했다.35)

이와 유사하게 중심부에 인접한 공장지구들은 소도시나 시골의 공장지구

---

33) 필라델피아 하위 중산층 교외지역에 대한 탁월한 분석은 Margaret S. Marsh, "The Impact of the Marker Street 'EL' on Northern West Philadelphia: Environmental Change and Social transformation, 1900-1930" in William W. Cutler III and Howard Gillette, Jr., eds., *The Divided Metropolis: Social and Spatial Dimensions of Philadelphia, 1800-1975*(Westport, Conn.: Greenwood Press, 1980), 169-92에서 찾아볼 수 있다.

34) Baltzell, *Philadelphia Gentlemen*, 201-5. J. W. Townsend, *The Old "Main Line"*, 2nd ed.(Philadelphia: privately printed for the author, 1922)도 참조하라.

35) Gunther Barth, *City People: The Rise of Modern City Culture in Nineteenth Century America*(New York: Oxford University Press, 1980)는 도시 중심부 및 중심부의 기관들에 대해 아주 긍정적인 평가를 제시한다.

에 비해 이득이 될 듯한 것을 갖추고 있었다. 이 지구들은 최고의 교통시설과 최대 규모의 숙련노동자 시장뿐만 아니라 유연성과 혁신에 관한 실질적인 독점권을 가지고 있었다. 다수의 기업들이 인접해 있었으므로 각 기업들은 급변하는 시장 속에서 아주 작은 변화로부터 이윤을 얻을 수 있도록 해주는 중대한 대면접촉들을 할 수 있었다. 또한 대도시들이 가장 진보된 기술에 대해 강점을 가지고 있었으므로, 혁신은 도시적 독점권인 듯했다.

대도시는 부서지지 않는 성장기계인 듯했고, 철도 교외는 이런 확신과 번영을 반영했다. 철도 교외의 견고한 주택들은 오래가도록 지어졌고, 실제로 그러했다. 이 교외들을 건설하는 데 돈줄을 댔던 공장들은 문을 닫거나 옮겨갔다. 그리고 도심부 지역은 언제나 재건축과 재개발의 위기를 맞이했으며, 철도회사들은 오랫동안 파산상태에 있었다. 하지만 고전적 철도 교외는 욕구의 대상인 기념비로 남아 있다.

혹자는 기념비가 그것을 만든 계급의 확신의 최고점과 정확하게 일치하지 않는다고 주장했다. 확신과 권력이 확고부동할 때에는 기념비를 세울 필요가 없다. 다만 확신이 쇠퇴해갈 때가 되어야 사람들은 확고한 신념의 구현체가 가져다줄 수 있는 재확신에 대한 필요성을 느낀다. 이 주장에 따르면 대성당들은 명백한 신념의 외적 표현이라기보다는 내면적 신념이 약해지고 있을 때 신념을 부여잡으려는 필사적인 시도였다. 고전적 교외는 이런 양면적 가치를 지니는 하나의 상징이다. 고전적 교외가 가진 굳은 확신의 외관은 그 가치들의 실제를 덮고 있는 깊은 갈등을 감춘다. 이는 부르주아 엘리트의 번영을 상징하지만, 부르주아 엘리트는 고전적 교외를 지탱했던 경제체계의 허약함을 감출 수 없었다.

체스넛힐은 1873년에서 1896년까지의 '장기파동' 경제불황과 동시에 건설되었다. 이 시기는 1873년의 공황, 1883~85의 불황, 1890~91년의 경기후퇴, 그리고 1893~96의 불황에 의해 상쇄된 상대적으로 짧은 혼란기였다. 필라델피아는 후반부에 더욱 어려움에 처했다. 그것은 필라델피아 - 레딩 철도회사가 파산했기 때문이었다. 1897~1914년의 호황기도 1903년,

1907년, 1910~11년 그리고 1913~14년의 재정적 실패로 큰 힘이 되지 못했다. 각각은 '견고한' 중산층에게 손해를 끼쳤다.

이와 유사하게 가족은 긴 위기의 시대를 맞이했고, 이는 고전적 교외 주택에 함축된 일체감과 모순되었다. 비록 이 주택들이 클래펌 빌라들의 개방적인 설계로 되돌아갔을지라도, 주민들이 18세기 복음주의자들의 확신과 같으리라고는 거의 기대할 수 없었다. 복음주의자들은 가족을 신성한 제도로 보았고 남성과 여성의 차이를 신에 의해 정해진 것으로 간주했으며, 사후에 가족 구성원들이 천국에서 재결합하기를 진심으로 바랐다. 이런 확신들은 페미니즘, 이혼, 불신으로 대체되어왔다. 교외를 다루는 묵직한 미국 소설들이 가족의 붕괴를 소재로 삼았던 것은 놀라운 일이 아니다.

표면적으로 드러난 긴장은 교외지역이 도시와 국가의 자연적 지도력을 대표한다는 암묵적 확신과 도시가 '외부적' 요소들의 통제하에 있다는 두려움 사이의 긴장이었다. 이 두려움으로 인해 도시는 유럽의 인간 쓰레기, 즉 미국적 가치들―격리된 교외에서만 살아남았다―을 이해할 수 없는 열등한 사람들을 처리하는 장소로 묘사되었다. "폴란드인이나 독일인이나 러시아계 유대인"에 대항해서 진정한 앵글로색슨의 미덕을 찬양하기 위해 카우보이 이야기『버지니아인』(The Virginian)을 집필한 필라델피아 귀족 위스터(Owen Wister)가 1891년 미국에 대한 글을 썼을 때, 그는 이 두려움을 흥분된 어조로 표현했다. "[미국은] 근대 사회에서 침입해 들어오는 외부의 인간 쓰레기 무리들로 인해 가장 품위가 떨어지고 잡다한 곳이다. 이들은 우리의 도시들을 혼란스러운 장소(바벨)로, 우리의 시민권을 잡종의 광대극으로 만들며, 우리의 연방국가를 전당포나 중개인 사무소와 같은 것으로 격하시킨다."[36]

위스터의 전당포나 중개인 사무소라는 표현이 암시하는 것처럼, 이런 히스테리의 주요 표적은 대개 유대인들이었다. 좋은 가문에서부터 나쁜 가문에 이르기까지 널리 유포되어 있는 이와 같은 반유대주의는 이 교외들 특유의 것이었고, 이는 오늘날에도 굳건하게 유지되고 있다. 하지만 순수한 미국 교

---

36) *Owen Wister out West*, quoted in Lukacs, *Philadelphia*, 251.

외와 '저질과 잡종의' 도시를 구별하는 사고방식은 위스터가 두려워했던 특정한 대상들보다 오래 잔존해 국민적 잠재의식으로 자리잡았다.

그리하여 고전적 교외는 이중적 유산을 남겼다. 첫째, 그것은 가장 번영하고 자신에 찬 부르주아 문명의 기념비, 다시 말해 경관과 주택건축에서 경의를 표할 만한 미학적 성취물이다. 그러나 그것은 또한 부르주아의 근심, 즉 도시에 사는 '타자들'에 대한 경멸과 증오로 변형된, 깊숙이 묻혀 있던 두려움의 증거이다. 이 두 가지 요소는 20세기 미국 문화에 그 흔적을 남겼다.

제6장

로스앤젤레스: 교외 대도시

나는 캘리포니아를 호화로운 분양지-1억 에이커 주택단지-로 본다. 스티븐 본슨(Stephen Bornson), 캘리포니아 부동산국장, 1931[1)]

로스앤젤레스가 거대한 대도시로 부상함에 따라 교외지역의 역사는 절정에 도달했다. 18세기 런던 외곽의 초기 교외로부터 19세기의 정교한 철도 교외에 이르기까지 교외지역은 언제나 도시의 종속적인 요소였다. 그것은 특권 소수층을 위한 도피처였으며, 그 디자인은 근대 도시의 집중된 구조와 상이할 뿐만 아니라 상반되었다.

하지만 로스앤젤레스에서 단독교외주택은 주변부를 벗어나 역설적으로 전체 도시구조의 중심 요소가 되었다. 그 이외의 모든 토지이용은 최대한의 주거용지 공급보다 부차적인 것으로 취급되었다. 폭발적인 도시성장은 과거에는 대도시의 징표였던 도시적 요소들-하나의 집중된 도심과 존속할 수 있는 대중교통체계-의 쇠락을 동반했다. 교외지역은 탈중심화되어 있지만, 그럼에도 불구하고 넓은 지역의 수요를 충족시키는 도시형태들을 창조하면서 근대 도시를 자신의 이미지로 재정의했었다. 로스앤젤레스는 교외 대도시가 되었다.

---

1) Stephen Bornosn, "California: The Deluxe Subdivision", *Los Angeles Realtor*(May 1931): 11.

적어도 외부인들에게 이 새로운 도시가 불가해하게 보였던 것은 놀라운 일이 아니다. 로스앤젤레스의 대건축가 뉴트라(Richard Neutra)는 브뤼셀에서 열린 1931년 근대건축국제회의(International Conference for Modern Building: CIAM)에 대해 설명한다. 거기서 업무지구, 공장지대, 슬럼, 교외 등에 대한 동일한 축척과 표준적 기호들을 사용해, 모든 세계 대도시들에 대한 지도를 마련하려는 시도가 있었다. 로스앤젤레스의 지도는 사실상 이용 가능한 도로 가장자리 공간(wall space)을 독점함으로써 다른 모든 도시들을 위축시켰을 뿐만 아니라 그 기호들은 거의 응용할 수 없을 것 같았다. "놀라움을 금하지 못하는 유럽 학생들에게" 뉴트라는 "예컨대 업무지대가 미개발 지역이나 농업지역을 지나는 끝없는 교통로를 따라 수백 마일 이어지는 듯했음을, 별장 교외와 위성전원도시들이 … 이 흉물스러운 지도상에 3백 평방 마일에 걸쳐 무정형으로 펼쳐지는 듯했음을, 다층 슬럼들이 … 이례적으로 없는 듯했음"[2]을 상기시킨다. 유럽인들은 "이 대도시가 파라다이스인지 또는 전통적인 방식으로는 형용할 수 없는 일종의 황폐한 지역이 여기에 존재하는지"[3]를 의아해했다. 이 문제는 지금도 뜨거운 논쟁의 대상이다. 하지만 내 관심사는 로스앤젤레스를 평가하는 것이 아니라 로스앤젤레스를 이해하는 것이다. 대부분의 관찰자들에게 "거대한" 규모와 "무정형" 구조는 자동차라는 하나의 단어로 설명될 수 있다. 자가승용차의 지배와 그것을 뒷받침해주는 고속도로체계의 창조는 로스앤젤레스 및 이를 모방한 모든 도시들을 설명해주는 만능도구였다.

나는 로스앤젤레스의 형성에서 자동차가 차지하는 중요성을 부인하고 싶지 않으며, 자동차가 본질적으로 자동차 시대보다 앞선 심오한 목표, 즉 교외의 이상을 성취하는 도구였음을 주장하고 싶을 뿐이다. 1941년의 로스앤젤레스 종합계획에 따르면 "이 지역은 단독주택이 지배적인 지역으로 남아

---

[2] Richard J. Neutra, "Homes and Housing" in George W. Robbins and L. Deming Tilton, eds., *Los Angeles: Preface to a Master Plan*(Los Angeles: Pacific Southwest Academy, 1941), 191-201, at 191.

[3] Ibid.

있을 수 있고, 또 남아 있어야만 한다."4) 그러나 이 정서는 50여 년 동안 로스앤젤레스 성장의 중대한 결정요소였다. 19세기 말 전차 시대에도 로스앤젤레스는 이미 자동차 시대의 도시와 관련된 많은 '변칙적인' 특성들을 가지고 있었다. 단독주택은 이전 시기와 이후 시기를 통합하는 큰 상수였다. 이 지역을 교외단지로 개발하기 위해 로스앤젤레스는 세계에서 가장 큰 대중교통체계를 만들었다.5) 1920년대에 이 체계가 단독주택의 존재를 위협하는 듯 했을 때, 그것은 가차 없이 희생되었고 그 대신에 대규모 자동차 체계가 들어섰다.

교외의 이상을 추구하기 위해, 로스앤젤레스는 대중교통체계뿐만 아니라 대중교통에 의존하고 있었던 도심지역을 제물로 삼았다. 주거용 토지에 대한 대규모 수요는 로스앤젤레스 카운티의 끝이 없어 보이는 개방 공간들을 잠식했고, 이는 1940년 이전에 도시의 특징적 모습이었던 농업과 주택의 균형을 깨뜨리는 결과를 낳았다. 구산업도시의 혼잡을 제거하려 했던 로스앤젤레스는 결과적으로 새로운 형태, 즉 탈중심화된 혼잡을 낳았다.

이런 전환과정에서 최근에 집을 구입했거나 집을 구입할 예정인 많은 사람들과 부동산 투기에 깊이 관여하고 있어 단독주택에 대한 도전은 곧 자신들의 파산을 뜻했던 도시 엘리트의 연합에 의해 단독주택에 대한 약속은 유지되었다. 두 집단에게 도시의 탈중심화와 그것을 뒷받침하는 도로체계는 교외지역의 보편화를 의미했다. 모든 사람은 자가소유자가 될 수 있으며, 그러므로 모든 사람은 건물 부지, 주택, 저당대부의 잠재적 고객이었다. 지중해와 유사한 남캘리포니아의 기후조건에서 팔라디오풍의 귀족적인 빌라에 대한 이상은 최고로 발현될 수 있었다. 이제 빌라는 한가로운 귀족들이나 심지어 부르주아 엘리트에게 국한된 것이 아니라 모든 계급들에게 여가, 가족생활,

---

4) Regional Planning Commission, County of Los Angeles, *A comprehensive Report on the Master Plan of Highways*(Los Angeles: Regional Planning Commission, 1941), 22.

5) Kelker, De Leuw and Co., *Report and Recommendations on a Comprehensive Rapid Transit Plan for the City and County of Los Angeles*(Chicago, 1925), 58. 세계에서 가장 크다는 것은 운행되는 선로의 길이(1,114 마일)를 뜻한다.

자연과의 합일에 대한 기회를 제공했다.

결국 교외 이상의 보편화는 불가능한 것으로 밝혀졌다. 분양지가 끝없이 확산되면서 자연은 사실상 파괴되었고, 캘리포니아의 수백만 평방 마일의 토지도 1970년대의 대대적인 지가 상승을 막을 수 없었으며, 이는 교외의 이상을 또다시 엘리트의 전유물로 제한할 듯했다. 1980년대에 들어와 로스앤젤레스는 마침내 교외 대도시에 내재된 모순들에 맞닥뜨릴 수밖에 없었다.

하지만 이 장은 주로 교외의 이상이 절정에 달했던 1910년에서 1950년 사이의 시기를 다룬다. 로스앤젤레스의 성장은 폭발적으로 빨랐을 뿐만 아니라 사실상 이전의 전통과 취락에 의해 방해를 받지 않았다. 이 도시는 끝이 없어 보이는 토지로 둘러싸여 있었고 인구와 자본의 대대적인 유입에 의해 뒷받침되었으며, 교외 팽창을 전담하는 엘리트에 의해 주도되었다. 이런 조건 아래에서 로스앤젤레스는 새로운 종류의 대도시를 창조했다.

교외 대도시의 기원

다른 많은 혁명운동들과 마찬가지로 새로운 도시의 창조는 혁신에 대한 의식적 추구였다기보다는 낡은 가치들을 위협하는 조건들하에서 그것들을 지키기 위한 시도였다. 1920년대의 대로와 1950년대의 고속도로는 경철도 교통에 기반한 인구가 희박한 지역도시로서 로스앤젤레스가 19세기 말에 (겉으로 보기에) 힘들이지 않고 성취했던 공간감과 이동성을 재창조하려 했다.

근대적 로스앤젤레스는 드 네브(Felipe de Neve)가 1781년에 건설한 푸에블로 드 로스 앤젤레스(Pueblo de Los Angeles)에서 비롯되었다. 여기에는 로스앤젤레스 강이 산기슭에서부터 광대한 불모의 평원으로 흐른다. 이 평원에서 초기 정착자들은 소를 사육하려 했고, 강수량이 부족해도 살아남을 수 있는 몇 가지 작물들을 재배하려 했다. 1880년대에 대륙횡단철도가 직통으로 개설되면서 마침내 로스앤젤레스는 고립을 면하게 되었다. 그리고 아마도 더욱 중요한 것은 그와 동시에 자분정(분수우물) 기술을 개발해 농민들이 메마른 지표면 아래에 있는 수원을 끌어올릴 수 있게 되었다는 것이다. 관개가 이루어지자 이 토지는 아주 비옥한 것으로 판명되었으며, 특히 당시 미국의 동부 도시들에서 값비싸게 팔리고 있었던 감귤류를 재배하기에 좋았다.6)

감귤 과수원과 관개가 된 푸른 들판들이 과거 소 방목장의 메마른 갈색을 대체하기 시작함에 따라 이 지역이 대도시로 성장할 수 있는 잠재력이 갑자기 분명해졌다. 농업 기반의 성장에 이어 곧 중요한 유전개발이 뒤따랐다. 로스앤젤레스는 산타바바라와 샌디에이고를 국가철도체계의 서남부 종착역으로 자리잡게 했으며, 롱비치의 인공 항구는 이 지역의 주요 항구가 되었다.

이런 성장으로 1880년대에 1차 로스앤젤레스 토지 붐이 발생했으며, 남캘리포니아 도시는 수많은 정착자들-특히 중서부에서 이주해오는-의 목적지가 되었다. 처음부터 로스앤젤레스로의 대규모 이주는 번영의 이주, 즉 자본과 기술을 가지고 보다 나은 삶을 추구하는 사람들의 이주였다. 19세기 말, 이 도시는 광대한 로스앤젤레스 유역 가운데 형성된 상대적으로 촘촘한 취락이었다. 태평양은 약 15마일 떨어져 있었고, 단지 소수의 부유한 방문객들만이 대양과 평원을 굽어보는 언덕에 빌라를 짓기 시작했다. 특히 이 도시는 (도시의 미래에 투자하기로 작정한) 재력이 풍부한 사업가들을 성공적으로 끌어들였다. 우리의 논의와 관련해 그 가운데 가장 중요한 사람은 헌팅턴(Henry E. Huntington)이었다.

서던퍼시픽 철도회사(Southern Pacific Railroad)의 한 창립자의 아들이자 잠깐 철도회사의 사장을 역임했던 헌팅턴은 철도회사를 장악하려던 시도가 수포로 돌아가자, 방향을 바꾸어 자신이 예견한 거대한 대도시에 걸맞는 대규모 경철도체계를 만드는 데 엄청난 재산과 조직력을 쏟아부었다. 독점판매권을 사들이거나 자기만의 선로를 놓으면서, 그는 남캘리포니아의 텅 빈 기슭과 계곡을 통과하는 '퍼시픽일렉트릭' 체계를 밀고 나아갔다. 1901년 창

---

6) Robert M. Fogelson, *The Fragmented Metropolis: Los Angeles, 1850-1930*(Cambridge, Mass.: Harvard University Press, 1967), chaps. 1-3.

립한 지 20년이 지난 후, 퍼시픽일렉트릭은 1천여 마일의 궤도 위를 경철도 차량 4,000량이 매일 25만 명의 승객을 실어 나르고 있었다.7)

하지만 헌팅턴은 자신이 교통뿐만 아니라 부동산사업에도 참여하고 있다는 것을 결코 잊지 않았다. 그는 노선이 지역의 오렌지 감귤 농장이나 채소 농장을 헤치고 들어가기 전에 철도노선과 인접한 토지를 가능한 한 많이 사들였다. 이 토지 위에(지금은 로스앤젤레스 도심까지 편리하게 접근할 수 있다) 그는 철도노선을 따라 수십 개의 교외 마을들을 건설하기 위해 건축부지를 설계했다. 독립 개발업자들은 오로지 그들의 단지를 성공으로 이끌어줄 수 있는 아주 중요한 철도 서비스를 확보하기 위해 헌팅턴과 퍼시픽일렉트릭사에 보조금을 지불해야만 했다. 많은 개발업자들은 헌팅턴을 돈벌이의 동반자로 삼을 뿐이었다.8)

이 전차 교외의 기본 메커니즘은 동부 및 중서부와 동일했으나, 로스앤젤레스에서 발전된 도시구조는 아주 상이했다. 구도시들에서 전차노선들은 처음에 기존의 도시지역에서부터 출발했으며, 교외에 사는 특권적 소수들만이 망가지지 않은 시골과 접촉하고 있었다. 하지만 로스앤젤레스에서 중심도시는 상대적으로 작았고 전차노선들은 엄청나게 길었다. 철도 차량들은 상대적으로 텅 빈 시골 위를 빠르게 질주했고, 이로써 사람들은 도심 가까이 있으면서도 오렌지 농장 가운데나 조용한 산허리에 거주할 수 있었다.

1904년 개발업자 휘틀리(H. J. Whitley)는 할리우드힐스에 그림같이 자리잡은 그의 집에서 서부행 전차로 태평양 해변까지 20분 걸리며, 동부행 전차로 도심까지 15분밖에 걸리지 않는다고 주장했다.9) 게다가 전차는 30분마다 왔다. 다소 과장된 표현이라 하더라도, 분명 퍼시픽일렉트릭은 20세기 로스

---

7) Kelier, De Leuw, *Report and Recommendations,* 58. 퍼시픽일렉트릭사의 내력에 대해서는 Spencer Crump, *Ride the Big Red Cars*(Los Angeles: Crest Publications, 1962)을 참조하라.

8) 이와 같은 보조금이나 거래의 증거에 대해서는 현재 UCLA도서관 특별장서부에 보관되어 있는 개발업자 휘틀리(H. J. Whitley)의 "스크랩북"을, 특히 로스앤젤레스 센티넬(*Sentinel*, 1900)에서 오려낸 것을 참조하라.

9) Los Angeles *Examiner,* 7 May 1904. Whitley Scrapbook, UCLA.

앤젤레스가 탈중심화되었음을 의미했다. 그럼에도 불구하고 모든 전차노선들이 도심으로 수렴되었다는 사실은 이 지역이 고용, 쇼핑, 문화, 정치를 지배하는 진정한 중심을 가지고 있었음을 의미했다.

따라서 전차 교외는 로스앤젤레스 교외지역을 보편화했고, 부자들뿐만 아니라 많은 사람들로 하여금 자연과 가깝고 도심과 가까운 소도시 생활을 경험할 수 있게 해주었다. 많은 교외주택들이 여전히 동부 및 중서부 도시들 외곽의 주택들을 모방했다 할지라도, 그밖의 주택들은 남캘리포니아의 기후와 전통을 건축에 반영했다. 1906년에 크롤리(Herbert Croly)는 많은 교외주택들은 "[초창기 캘리포니아의] 랜치하우스의 윤곽이나 비례를 상기시킨다 … 그리고 이 점에서 이것들은 가장 유용한 전통을 간직하고 있다. 이 주택들은 대개 1층이나 2층 건물이고 길고 낮은 윤곽선을 가지며, 수직부를 압도하는 쑥 내민 지붕을 하고 있다"고 술회했다.10) 이미 캘리포니아 랜치하우스는 형태를 갖추어가고 있었다.

새로운 단지들에 지어진 주택들 가운데 두드러진 것은 방갈로였고, 크롤리는 이를 "작은 교외주택유형에 그림 같은 변화를 준 것"으로 정의했다. 그는 방갈로의 "단순하고 소박한 예의"를 칭송했고, "참으로 가난하고 일을 많이 하는 사람들이 자신들의 수입으로" 방갈로를 구입할 수 있음을, "그리고 건물을 유치할 대도시들에서 아주 쉽게 접근할 수 있는 해변과 언덕과 산에는 매력적인 장소들이 무진장 많이 있음을"11) 강조했다. 따라서 자동차가 부자들의 노리개였을 때, 로스앤젤레스는 이미 교외화를 보편적인 규범으로 만들었다. 로스앤젤레스는 전차 개념을 논리적 극단, 즉 상대적으로 아담한 도심 허브 주위에 광범위한 네트워크를 가진 전차 교외를 건설하는 것까지 밀고 나갔다. 짧은 순간 동안 도시와 시골이라는 보완적인 양극단은 이후의 모든 계획들이 추구하고자 했던 이점들을 가진 도시형태에서 조화를 이루었다.

---

10) Herbert D. Croly, "The California Country House", *Sunset* 18(November 1906): 55.
11) Ibid., 56.

전차 도시의 위기

전차 대도시는 스스로 성공함으로써 파괴되었다. 로스앤젤레스 유역이 오렌지 과수원과 채소 농장을 위한 장소였을 때에만 전차 대도시는 제 기능을 수행했다. 1920년대에 들어 혼잡이 가중되자, 도시는 옛것의 이점들을 지키기 위해 새로운 전략을 채택하지 않을 수 없었다.

제1차세계대전의 종말은 두드러진 성장 시대의 시작이었다. 이때쯤 영화산업은 언제나 날씨가 맑고 기후가 온화해 사시사철 야외촬영을 할 수 있는 지역에 굳건하게 자리를 잡았다. 석유산업은 자동차로 인해 성장일로에 있었고, 많은 대기업들 - 예컨대 파이어스톤 라버 - 은 서해안 공장을 로스앤젤레스에 입지시켰으며, 그리하여 로스앤젤레스는 농업에 필적하는 산업 기반을 갖추었다.[12]

하지만 가장 큰 산업은 성장 그 자체의 사업, 즉 미래에 대한 기대를 근거로 한 토지투기와 주택건설이었다. 이 지역 전역에서 개발업자들은 도로와 하수도와 가로등을 건설해서 텅 빈 토지에 공동체의 외관을 마련하기 위해 많은 돈을 빌었다. 그후 그들은 그 필지들을 가능한 한 빨리(때로는 투기적 전매(轉賣)를 위해 필지를 구입하는 사람들에게) 팔려고 했다. 붐의 절정이던 1923년에 714개의 분양단지가 등록되었고, 모두 합쳐 17,300에이커에 86,000여 필지에 달했다.[13] 이런 광적인 현상을 본 후 로저스(Will Rogers)는 부동산업자들은 "초기 불입금을 구할 수 있는 한 여러분에게 어떤 것이라도, 또는 이 세상 누구에게나 판매할 것이다. … 여러분이 돈이 없어도 중개인들은 염려하지 않는다. 그들이 몇 달러를, 또는 낡은 외투나 엽총이나 초기 불입금이 될 수 있는 어떤 것을 손에 넣을 수 있다면 문제없다. 중고 포드 자동

---

12) John Parke Young, "Industrial Background" in Robbins and Tilton, eds., *Los Angeles*, 61-73. Fred W. Viehe, "Black Gold Suburbs: The Influence of the Extractive Industry on the Suburbanization of Los Angeles", *Journal of Urban History* 8(November 1981): 3-26.

13) *Los Angeles Realtor*(April 1929): 7.

차는 일급 담보물건으로 간주된다"고 논평했다.14) 하지만 이와 같은 무모한 성장은 곧 사람들을 이 지역으로 끌어들였던 조건들을 위협했다.

이 새로운 단지들은 양호한 교통시설이 없다면 무용지물이었고 당시 교통시설은 여전히 도심지역에의 접근성을 의미했으며, 도심지역에는 대부분의 전문화된 쇼핑시설과 심지어 일자리들이 여전히 입지하고 있었다. 퍼시픽일렉트릭 대중교통체계는 여전히 강력했고, 1924년의 승객수송거리는 미증유의 최고점에 도달했다.15) 그러나 특히 중심부 근처에서 퍼시픽일렉트릭의 "커다란 적색 차량들"은 지역의 자동차들에 의해 속도가 떨어졌다. 1920년대 초에도 로스앤젤레스의 1인당 자동차수는 세계의 모든 도시들 가운데 최고였다.16) 빈 공간이 많이 있었지만, 로스앤젤레스는 여전히 대부분의 이주민들을 참을 수 없을 정도로 혼잡한 업무중심지로 끌어들였다. 1924년경, 한 리포터는 "로스앤젤레스의 교통혼잡문제는 다른 어떤 도시보다도 심하다"17)고 결론지었다. 도심과 자동차와 퍼시픽일렉트릭사의 전차들은 끊임없는 교통 마비에 빠졌다. 전체 지역의 위기는 눈앞에 와 있었다.

퍼시픽일렉트릭사는 이에 대한 해결방안을 최초로 제시했다. 헌팅턴 부동산조합에서 떨어져나온 퍼시픽일렉트릭사는 당시 준공익회사로 기능하고 있었다. 그들은 자신들의 전차들이 혼잡한 거리공간을 두고 자동차와 경쟁하고 있다고 보았고, 그러므로 간선궤도를 따라 고가철로체계를 건설하는 계획을 내놓았다. 도심에서 이 노선들은 지하터널을 통과해 새로운 터미널에서 만나게 될 것이며, 이 새 터미널은 지역의 허브가 될 것이었다.18)

---

14) *Los Angeles Times*, 1 July 1923. Quoted in Sherley Hunter, *Why Los Angeles Will Become the World's Greatest City*(Los Angeles: H. J. Mallen, 1923), 41.

15) Crump, *Ride the Big Red Cars*, 78.

16) Automobile Club of Southern California, *The Los Angeles Traffic Problem*(Los Angeles, 1922), 10. 학문적인 논의에 대해서는 Mark S. Foster, "The Model T. Hard Sell and Los Angeles Urban Growth", *Pacific Histotical Review* 44(1975): 459-84을 참조하라.

17) Frederick Law Olmsted[Jr.], Harland Bartholomew, and Charles Henry Cheney, *A Major Traffic Street Plan for Los Angeles*(Los Angeles: Traffic Commission, 1924), 9.

18) Kelker, De Leuw, *Report and Recommendations*.

동시에 남캘리포니아 자동차 클럽을 중심으로 하는 일군의 도시 지도자들은 아주 상이한 계획을 제안했다. 이들은 새로운 도로-세 가지 교통노선을 각각의 방향으로 처리할 수 있는, 그리고 주요 교차점마다 방향전환로가 설치된 남북대로와 동서대로-건설에 막대한 투자를 해야 한다고 요청했다.[19)]

두 가지 방안은 막대한 비용이 드는 사업이어서 양자를 동시에 건설할 수는 없었다. 이들 사이의 논쟁-주로 소수의 도시 지도자들에 의한-은 아주 흥미롭다. 왜냐하면 선택된 대안이 향후의 도시구조를 결정하리라는 폭넓은 인식이 당시에 있었기 때문이다. 대중교통방안을 찬성하는 가장 강력한 논지는 그것이 도심지역을 구할 것이라는 점이었다. 지하철을 널리 이용하면 혼잡이 대부분 제거될 뿐만 아니라, 지역의 거의 모든 통행객들이 전체 체계의 자연적 중심인 도심부를 향하게 될 것이었다.

그러나 대중교통수단은 회랑에 인접한 단지에 집중하는 경향을 보인다. 당시의 로스앤젤레스에 관한 한 연구에 따르면, 퍼시픽일렉트릭사의 전차를 이용하는 사람들 가운데 80% 이상은 전차노선에서 두 블록 이내에 거주했다.[20)] 만약 대중교통수단이 지역의 주요한 교통체계였더라면, 그리고 도로체계가 상대적으로 발전하지 않았더라면, 인구는 당연히 새로운 고가철도노선을 따라 모여들었을 것이다. 지역의 토지가치가 상승했을 것이고, 그곳의 단독주택은 엄두를 못낼 만큼 비싸졌을 것이다. 그리하여 로스앤젤레스는 전차노선을 따라 아파트와 방갈로 저택들이 밀집된 일련의 회랑도시로 발전했을 것이다. 노선에서 멀리 떨어진 토지는 미미하게 개발되었거나, 아니면 농지로 남아 있었을 것이다.

제안된 고속도로체계는 아주 상이한 영향을 미쳤을 것이다. 사실상 광대한 로스앤젤레스 유역의 모든 장소는 근대적 동서대로나 남북대로 근처였을 것이며, 이로 인해 전 지역은 즉시 개발될 수 있었을 것이다. 도심 허브를 둔

---

19) Automobile Club, *Los Angeles Traffic;* Olmsted, Bartholomew and Cheney, *Major Traffic.*

20) City Planning commission[Los Angeles], *Mass Transit Facilities and the Master Plan of Parkways*(Los Angeles: City Planning commission, 1942), 20.

방사상의 대중교통체계와 마찬가지로 격자형 도로체계에서 모든 장소는 중심부를 통과할 필요 없이 다른 모든 장소로 갈 수 있다. 그리하여 이 도로체계는 도시의 철저한 탈중심화, 즉 대중교통체계에 대한 위협일 뿐만 아니라 로스앤젤레스 도심부의 생명력에 대한 위협을 함의했다.

사실상 어떠한 도시에서도 이런 위협은 도심지역을 구하려는 도시 지도자들의 격렬한 저항에 부딪쳤을 것이다. 로스앤젤레스에서 도시 지도자들이 저항을 하지 않았다면, 그것은 도시 경제가 부동산개발과 아주 밀접하게 연관되어 있어서 중심부와 대중교통체계를 희생시키는 것은 광대한 토지를 분양지로 개발하는 데 드는 비용치고는 작은 대가에 불과했기 때문이었다.

실제로 필지와 주택의 판매는 임대 아파트 개발업자들이 이용할 수 없는 방식으로 진행되었다. 1920년대, 분양지 수익성의 본질은 고객으로 하여금 스스로를 소유주로 생각하게 하는 것이었다. 대부분의 개발업자들은 자본을 거의 가지지 않은 채 일을 했다. 이들은 초기 경비를 빌어 도로와 조명시설과 배수로를 건설했다. 필지를 구입하려는 고객은 일반적으로 개발업자로부터 저당권을 설정해 주었고, 개발업자는 초기 경비를 갚을 현금을 마련하기 위해 즉각 이 저당권을 대폭 할인된 가격으로 되팔았다. 이 체계의 순효과는 필지 소유자가 그의 저당권을 최종적으로 구입하는 사람으로부터 12~15%의 이자율(전국의 돈을 로스앤젤레스로 유인했던 이자율)로 돈을 차용하고 있었다는 것이었다.[21]

그 다음에 필지 소유자가 자신의 필지에 집을 짓고자 할 때 이런 체계가 되풀이되었다. 은행 저당권은 대개 10년까지만 연장되었고, 주택 가치의 50%만을 담보로 잡아주었다. 주택소유자는 이자만 지불했고, 저당권 만기일에 대부금 전액을 갚기로 되어 있었다. 이 금액을 모으기 위해, 그는 보통 새로운 저당권을 (종종 부담스러운 조건으로) 다시 교섭해야만 했다. 더구나

---

21) 이 체계는 Harry G. Hossack, "Helping the Client to Finance His Home", *Los Angeles Realtor*(March 1924): 7-30; Charles E. Lindblade, "Home Financing: After the First Mortgage", *Los Angeles Realtor*(August 1925): 13-33에 잘 기술되어 있다.

이 은행 저당권들은 건축비를 충당하기 위한 2차, 심지어는 3차 저당권으로 보충되어야만 했다. 개발업자들은 이 저당권들을 이용할 수 있었지만, 또 다시 12~15%의 이자를 지불해야 했다.22)

집을 소유한다는 것이 왜 부동산 개발업자들 사이의 신조였는지를 우리는 이제 이해할 수 있다. 농지를 대지로 전환함으로써 실질적인 이득을 챙기는 것은 물론, 거기에다 높은 이자율로 안전한 대부금을 받을 수 있는 기회를 확보했다. 필지를 파는 판매원이나 주택을 판매하는 건설업자는 체계 내의 한 요소에 불과했으며, 그들의 궁극적인 목적은 돈을 판매하는 것, 다시 말해 높은 수익률로 저당권을 파는 것이었다.

오로지 주택소유권에 대한 유혹만이 고객들로 하여금 무거운 부채 부담을 감수하게 할 수 있었다. 그리하여 필지 가격을 높이거나 단독주택단지용 토지 공급을 제한할 우려가 있는 모든 교통체계는 수익성 있는 전체적인 부동산 투기체계를 위협했다. 도시 엘리트는 대중교통수단보다는 도로가 자신들의 이해관계에 기여하리라는 점을 의심치 않았다. 로스앤젤레스 ≪이그재미니≫(*Examiner*) 지가 다음과 같이 표현하고 있는 것처럼

> 로스앤젤레스에는 넓은 도로가 필요해, 그것도 많이.
> 로스앤젤레스에는 평탄한 도로가 필요해, 그것도 많이.
> 로스앤젤레스에는 직통 도로가 필요해, 그것도 많이.
> 로스앤젤레스에는 더 많은 도로가 필요해, 그것도 많이.23)

영향력 있는 로스앤젤레스 시티클럽의 한 보고서에서 다소 미묘한 분석이 제시되었다. 이 보고서의 주장에 따르면, 로스앤젤레스는 기본적으로 "단독

---

22) Hossack, "Helping the Client"; Lindblade, "Home Financing". 자가소유, 금융, 토지이용 문제를 다룬 중요한 두 책은 Constance Perin, *Everything in its Place: Social Order and Land Use in America*(Princeton: Princeton University Press, 1977)와 Matthew Edel, elliott D. Sclar and Daniel Luria, *Shaky Palaces: Homeownership and Social Mobility in Boston's Suburbanization*(New York: Columbia University Press, 1984)이다.

23) Los Angeles *Examiner*, 20 July 1923.

주택"도시이고, 이와 같은 "바람직한 상황"은 "유지되고 촉진되어야"만 한다는 것이다. 인구밀도가 낮아 대중교통체계가 수지를 맞추기란 사실상 불가능했다. 게다가 대중교통수단은 도심지역의 혼잡을 가져왔을 뿐이었고, 그런 집중은 진부한 것이 되어가고 있었으므로 대중교통수단을 장려할 이유가 없었다.

> 은행업, 공업, 상업화된 오락, 심지어 소매업조차도 탈중심화의 시대를 맞이하고 있다. 사업체는 우리 도심지역의 참을 수 없는 혼잡 상태에서 벗어날 길을 모색하고 있다. 은행 지점들은 사람들을 따라 떠나고 있고, 공장들은 외곽의 장소들을 물색하고 있고, 근린 극장들은 도시 전역에서 생겨나고 있고, 몇몇 소매상인들은 외곽 지역에 분점을 이미 세웠거나 세우고 있다.24)

이 보고서는 당시 널리 퍼져 있었던 새로운 도시에 대한 비전을 제시했다. "미래의 도시는 지역중심지와 전원도시가 조화롭게 개발된 공동체일 것이다."25) 즉, 단독주택들이 고속도로로 연계된 환경일 것이다. 주민은 어떤 한 지역에 거주하면서 다른 지역에서 일하거나 쇼핑을 할 수 있을 것이다. 어떤 단일한 장소가 모든 시민들이 의지해야 하는 중심부로서 특권적 지위를 누리지 않을 것이다. 이것은 본래 로스앤젤레스의 비전, 즉 유역 전체를 중심지나 경계가 없는 하나의 거대한 탈중심화된 도시로 만들려는 비전을 새롭게 구성한 것이었다.

1926년, 시민단체가 조직적인 캠페인을 한 이후에 로스앤젤레스는 표결에 부쳐 이와 같은 도로체계를 실현하기 위한 대규모 채권 발행을 압도적으로 승인했다.26) 동시에, 중심부에 새로운 철도 및 전차역을 건설하자는 제안은 분명하게 백지화되었다.27) 그 결과는 곧 분명해졌다. 퍼시픽일렉트릭 체계는

---

24) Los Angeles City Club, *Report on Rapid Transit*, Supplement to *City Club Bulletin* 8(30 January 1926), 4.
25) Ibid.
26) 이 논쟁과 그 결과에 대한 탁월한 논의에 대해서는 Davide Brodsly, *L. A. Freeway: An Appreciative Essay*(Berkeley, Calif.: University of California Press, 1981)의 부록을 참조하라.

급격하게 퇴보되기 시작했고, 1930년대 말경에는 최후에 선택하게 되는 교통수단이 되었다. 건설추진본부(Works Progress Administration)가 펴낸 1941년 도시 편람은 이 체계를 "대단히 느리고 낡은" 그리고 "장시간 기다림과 혼잡"에 시달리고 있는 것으로 기술했다. 한때 자동차와 속도 경쟁을 벌이기도 했으나 이제는 세 배 이상의 시간이 소요되었다.[28]

소매업과 상업단지들이 새로운 중심지들로 이전함에 따라 도심지역은 곧 선례를 따라 훨씬 더 초라해졌다. 이내 주민들은 로스앤젤레스가 한때 사람들로 붐비고 생기 넘치는, 그리고 지역의 진정한 중심이었던 도심을 가지고 있었다는 사실을 실감하지도 못했다. 1922년, 남캘리포니아 자동차 클럽은 만일 새로운 도로가 건설되면 "로스앤젤레스 시는 거대한 세계적 대도시로서의 운명을 실현할 수 있을 것이다"[29]라고 예언했었다. 이 탈중심화된 운명은 이제 눈앞에 와 있었다.

탈중심화된 도시의 창조

1920년대 시카고 대학교의 일군의 사회학자들은 중심부의 중심업무지구, 중간지대의 공업 및 노동자주택, 최외곽지대의 교외지역이라는 동심원 모델에 기초해 근대 산업도시의 일반적 형태를 대담하게 지도화했다.[30] 바로 그 당시에 로스앤젤레스는 그들의 가정과 완전히 모순되는 탈중심화된 도시를 창조하고 있었다. 기능들은 중심부로부터의 거리에 따라 분류되지 않았으며, 여하튼 도시와 점점 무관해지고 있었다. 그 대신에 격자 도로망 체계로 인해

---

27) Crump, *Ride the Big Red Cars*, 165-70.

28) Writers' Program, works Progress Administration, *Los Angeles: A Guide to the City and Its Environs*(New York: 1941), 7.

29) Automobile Club, *Los Angeles Traffic*, 32.

30) Robert E. Park, Ernest W. Burgess, and Roderick McKenzie, *The City*(Chicago: University of Chicago Press, 1967; orig. ed. 1925).

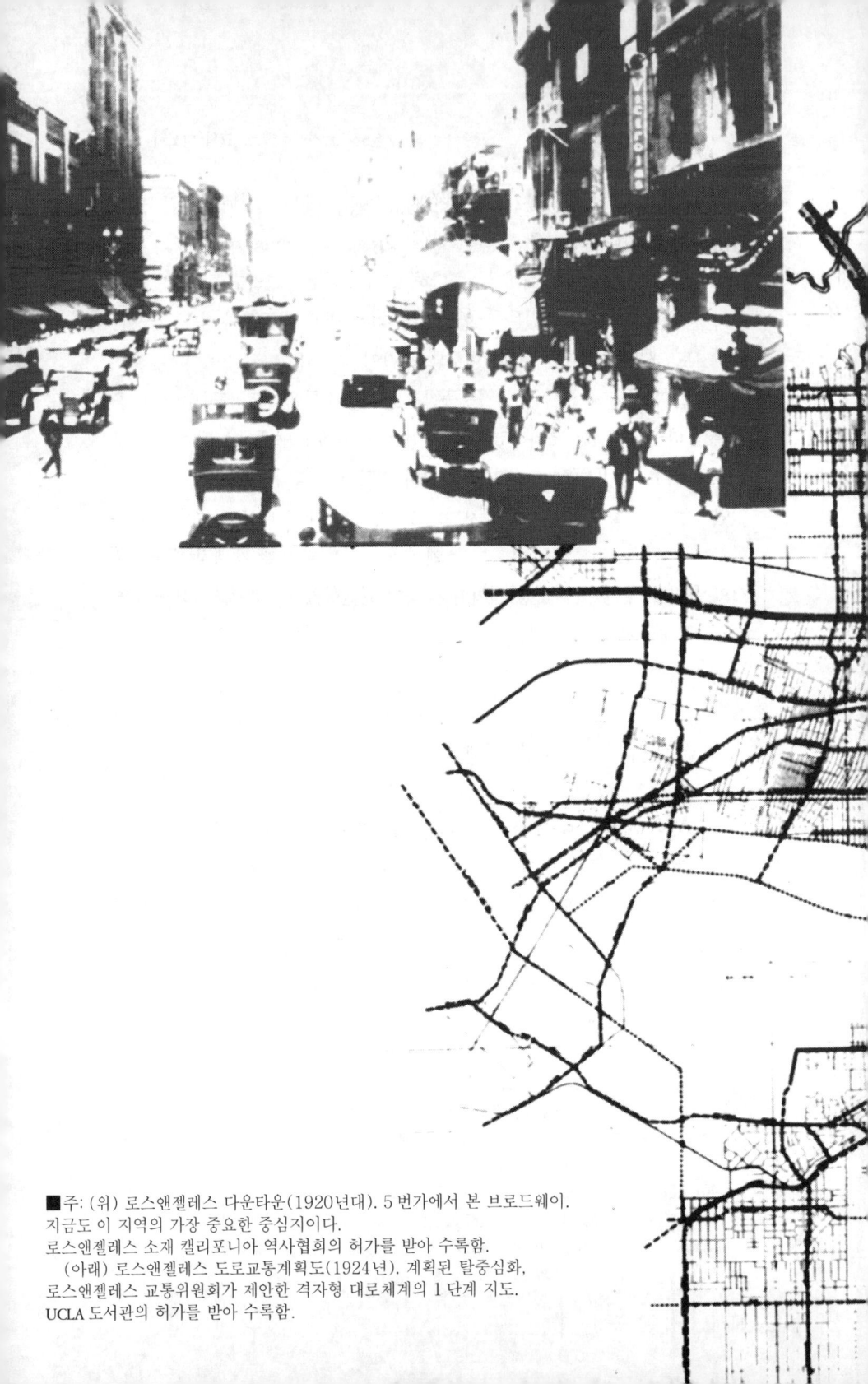

■주: (위) 로스앤젤레스 다운타운(1920년대). 5번가에서 본 브로드웨이.
지금도 이 지역의 가장 중요한 중심지이다.
로스앤젤레스 소재 캘리포니아 역사협회의 허가를 받아 수록함.
　　(아래) 로스앤젤레스 도로교통계획도(1924년). 계획된 탈중심화.
로스앤젤레스 교통위원회가 제안한 격자형 대로체계의 1단계 지도.
UCLA 도서관의 허가를 받아 수록함.

■ 주: 내려다본 로스앤젤레스 전경(1930년대). 탈중심화의 경관. 피게로어 가의 맨체스터 애버뉴에서 북쪽으로 바라본 것으로, 1920년대에 건설된 격자형 도로들을 따라 성장이 일어나고 있다. 맨체스터 애버뉴와 센트럴 애버뉴의 길모퉁이를 가까이 들여다보면, 우연적인 필지분할과 개발의 결과들을 볼 수 있다. UCLA 지리학과의 허가를 받아 수록함.

■주: 로스앤젤레스 교통 개관(1937). 2단계, 계획된 탈중심화.
1937년 남캘리포니아 자동차클럽이 제안한 최초의 고속도로계획.
이들의 계획안은 이후 모든 로스앤젤레스 고속도로들의 기초가 되었다.
UCLA 도서관의 허가를 받아 수록함. (내부 사진) 로스앤젤레스 웨스트체스터의 트랙개발(1940년).
단순화된 랜치하우스 디자인, 대량생산 건축기법들, 연방정부가 보증하는 저당권, 탈중심화된
자동차 교통체계가 결합되어 대량의 교외지역이 형성되었다.
캘리포니아 산마리노 소재 헌팅턴(Henry E. Huntington) 도서관과 아트 갤러리의 허가를
받아 수록함.

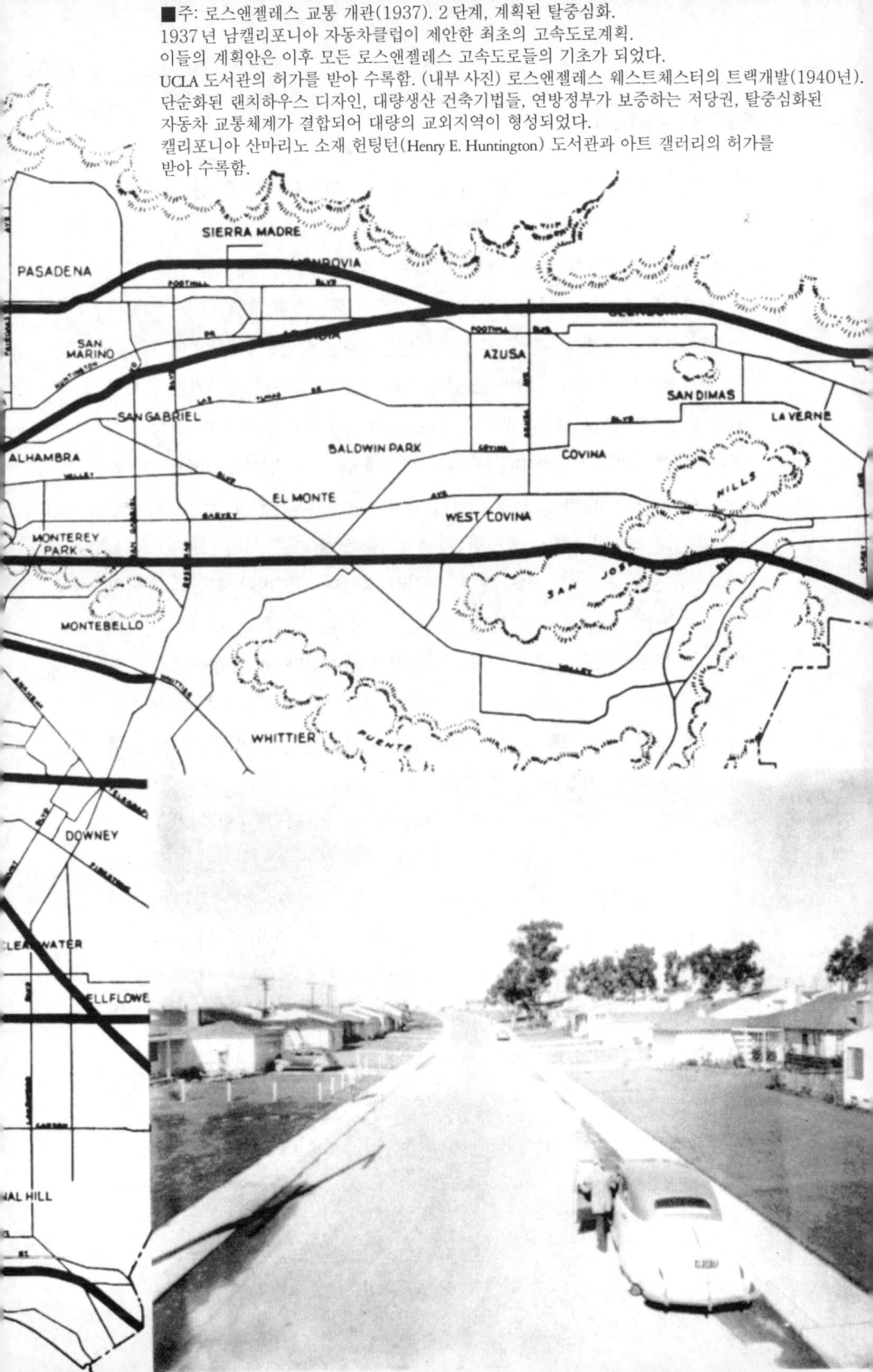

이전에는 중심적 요소였던 것들이 대도시 어디에나 분포할 수 있게 되었다. 그러면 '교외지역'은 어디에 있었는가?

앞에서 주장했다시피, 그 답은 '어디에나'이다. 새로운 대로들 가운데 하나가 새로운 주민들로 하여금 도시내 어디든지 통근과 쇼핑을 할 수 있게 해준다는 사실을 개발업자들이 알게 된다면, 그들은 사실상 모든 곳의 토지를 필지분할할 수 있었다. 그럼에도 불구하고, 다양한 종류의 분양지들은 도시 전역에 균등하게 분포하지 않았다. 주요한 계급 구분의 준거는 더 이상 중심부로부터의 거리-가난한 자는 도심 가까이에 살고, 부자는 도심에서 떨어진 곳에 산다-가 아니라 고도(높이)였다. 부자들은 부와 지위의 상징으로서 언덕 위를 선택했던 반면, 수수한 주택단지들은 끝없는 평지-바넘(Reyner Banham)은 이를 "이드(Id)의 평원"31)이라 불렀다-를 따라 확산될 뿐이었다. 부자들에게, 높은 곳은 화려한 전망과 신선한 공기뿐만 아니라 거리가 멀다는 이유로 철도 교외가 누렸던 배제성을 제공했다. 한 부동산업자가 말했듯이, "언덕은 … 남아 있는 지역 가운데 상업주의와 사업체로부터 자유로울 수 있고, 또 자유로운 유일한 지역이다. 언덕은 가정을 아름답게 하는 핵심적인 것들이 사라질 수 없게 한다."32)

물론 전형적인 언덕 교외는 베벌리힐스였다. 아마도 (현재의 지가를 감안할 때) 당시까지 분양한 주택단지 가운데 가장 성공적인 단지였을 것이다. 분명, 그것은 석유 투기에서 출발했다. 발이 넓은 헌팅턴을 비롯한 일단의 투자가들은 석유 탐사를 위해 3,300에이커의 하멜과 덴커 랜치(Hamel and Denker Ranch)를 구입했다. 아무것도 발견되지 않았을 때, '합동석유회사'는 로디오 랜드 & 워터 컴퍼니(Rodeo Land and Water Company)로 전환해서 1907년에 뉴욕 조경가 쿡(Wilber Cook)을 데려와 그 부지를 배타적 주거 교외로 계획하도록 했다. 쿡의 디자인은 거대한 균형미와 소박함을 가지고

---

31) Reyner Banham, *Los Angeles: The Architecture of the Four Ecologies*(Harmondsworth: Penguin, 1971), 161-77.

32) *Los Angeles Realtor*(March 1925): 28.

있었다. 완만하게 구부러진 넓은 도로들-도로변에 곧 나무를 심었다-은 전차역에서 언덕으로 오르는 토지의 경사를 따라 나아갔으며, 이 언덕들은 유역 전체를 굽어보고 있었다. 이 회사가 사실상 비어 있던 구역을 1913년 개별 도시로 통합하고, 보스턴 북부의 배타적 교외이자 여름 휴양지인 매사추세츠의 베벌리팜스(Beverly Farms)-회사가 모방하고자 했던 성공적 사례-를 본떠 '베벌리힐스'라는 이름을 채택했을 때, 이 계획은 유지되었다.33)

그러나 이 광대한 부지들은 제1차세계대전 이후에도 사실상 비어 있었다. 이 때 할리우드 스타들은 할리우드의 바로 서쪽에 있는 이 배타적 주거지역에 집을 구입하기 시작했다. 1921년 픽포드(Mary Pickford)와 페어뱅크스(Diuglas Fairbanks)가 어울리게 이름을 붙인 서밋 드라이브(Summit Drive)의 소유지 픽페어(Pickfair)에 집을 지었을 때, 베벌리힐스의 성공은 확실해졌다.34) 그리고 베벌리힐스에 주택들이 가득 들어서면서, 개발업자들은 산타모니카 산맥을 따라 바다로 나아가기 시작했다. 예컨대 개발업자의 출생지 이름을 얌전하게 따붙인 홈비힐스(Holmby Hills),35) 캘리포니아 대학교의 신규 분과 ‘성’을 받은 웨스트우드, 영화인들이 육중한 대문을 걸어 잠그고 지나치게 배타적이어서 개발업자 벨(Alphonzo Bell)이 그들에게 팔기를 거부했던 벨에어(Bell Air),36) 프랑스의 리비에라보다도 낫다고 주장했던 브렌우드리비에라(Brenwood Riviera), 마지막으로 퍼시픽팰리세이드(Pacific Palisade)-본래 헌팅턴팰리세이드였으나, 결국 태평양이 부호(富豪)를 압도했다-와 말리부(Malibu) 해변 등이 그것이다.

이와 유사한 부의 행진이 샌가브리엘 산맥 기슭을 따라 패서디나, 샌마리노, 아카디아로 나아갔다. 그러나 언덕 교외 가운데 가장 두드러진 것은 팰러스버

---

33) Pierce E. Benedict, ed., *History of Beverly Hills*(Beverly Hills, Calif.: Cawston-Meier, 1934)을 보라.
34) Ralph Hancock, *Fabulous Boulevard*(New York: Funk & Wagnalls, 1949), 171.
35) Ibid., 180. 개발업자는 레츠(Arthur Letts)였다.
36) Charles Blauvelt hopper, *Memoirs of a Full Life*(privately printed, Los Angeles, 1963), 111, UCLA도서관 특별장서부의 사본. 이 정책은 대공황기에 폐기되었다.

디스(Palos Verdes)일 것이다. 1913년 뉴욕 금융가 반더립(Frank Vanderlip)은 로스앤젤레스 도심부에서 남쪽으로 약 20마일 떨어진 16,000에이커의 팰러스 버디스 반도를 구입했다. 이 반도는 태평양 위로 높이 돌출해 있으며, 대양을 바라보는 전망이 빼어나다. 반더립은 이 부지의 일부를 고급주택지구로 개발하기로 결정하고, 옴스테드 주니어(Frederick Law Olmsted, Jr.)에게 설계를 의뢰했다. 제1차세계대전이 발발해서 옴스테드는 1922년까지 일을 재개하지 못해, 반더립은 3,200에이커를 투기꾼 루이스(E. G. Lewis)에게 할당했다. 루이스는 변덕스럽기도 하고 공상적이기도 한 사람이었으며, 그는 로스앤젤레스의 부동산에 완전히 매료된 듯하다. 곧 그는 파산했지만, 그의 판매수완은 팰러스버디스 반도에 인구 20만의 도시를 건설하려는 계획에 힘을 실어주었다.

옴스테드의 계획은 단지 부분적으로만 시행되었지만, 그의 아버지가 설계한 일리노이의 리버사이드를 훌륭하게 계승한 것이었다. 팰러스버디스 디자인은 리버사이드의 공동체 이념과 루엘린 파크의 그림 같은 것의 개념을 종합한 것이었다. 옴스테드 시니어는 평탄한 일리노이 프레리에다 설계했지만, 옴스테드 주니어는 뉴저지의 오렌지 산맥보다 훨씬 높은, 태평양을 굽어보는 부지에 설계했다. 그는 이 부지를 "언덕이 가진 기후, 해변, 우뚝 솟은 복잡함의 이점을 모두 가진 25평방 마일의 처녀지"[37]라고 기술했다. 그는 루엘린 파크의 자연경관을 대규모로 다루는 기술적 수단을 가지고 있었다. 그는 대양으로 내려가는 가파른 경사를 따라 구불구불한 자동차 도로를 내려고 했으며, 주택과 부지의 합일을 디자인의 미학적 기초로 사용했다. 전체 단지는 태평양 위에 자리잡고 있으며, 산뜻하고 잘 조직된 공동체는 산과 대양이 이루는 최고의 경치와 병치되어 있다.

하지만 옴스테드 주니어와 그의 아버지를 가장 잘 구별짓는 것은 옴스테드 주니어가 사회 계획을 철저하게(분명 지나치게 철저했다) 했다는 것이다. 그의 목적은 "거대한 협동적 기업으로서 처음부터 가능한 한 살기에 가장

---

37) Frederick Law Olmsted[Jr.], "Notes on the Palos Verdes Project, 1922", Olmsted Brothers Papers, *Library of Congress*, no. 5950.

쾌적한 곳으로 건설하고 관리하겠다는 단 하나의 배타적 목표를 가지고 계획, 유도, 통제된"38) 공동체를 만드는 것이었다. 최고의 계획이론이 규정했듯이, 팰러스버디스는 개별 근린 단위로 조직되었으며, 각각의 근린은 초등학교와 지역쇼핑공간을 중심으로 형성되었다. 각 근린 내에는 엄격히 제한된 수의 다가구주택뿐만 아니라 크고 작은 주택들이 계획적으로 혼합되어 있었다. 알맞은 주거환경과 사회환경을 만들기 위해 그리고 '악화'나 '잠식'을 막기 위해 온갖 세부항목들을 일일이 명기했다. 옴스테드가 이 프로젝트의 판매관리자에게 다음과 같이 썼던 것처럼.

주위를 에워싼 불리한 것을 가진 모든 단지들이 잠식해 들어오는 것으로부터 안전한, 대양 바로 옆 언덕 위의 섬, 이 지역의 자족적인 위치는 … 근대적 단지들의 급속한 흐름과 변화와 불확실성이 자리잡은 이래로, 대도시 근처의 어떤 주거지역도 지니지 못했던 확실한 안정성과 영속성을 공동체의 성격에 부여한다.39)

옴스테드는 멋없는 것들을 모두 배제하기 위해 모든 주택 디자인과 개수공사를 심사하는 '기술심사위원회'를 명문화하기도 했다40)(승인된 디자인들을 검토해보면, 위원회가 진부한 것을 냉대하지 않았음—그것이 치장 벽토와 붉은 타일 지붕으로 뒤덮이게 되었을 때 특히 그랬다—을 알 수 있지만, 기술심사위원회는 지금도 활동하고 있다). 그럼에도 불구하고, 옴스테드의 목표들은 교외지역(특히 로스앤젤레스에서)의 아이러니를 분명히 나타낸다. 이 도시는 급격한 변화의 가능성 위에, 다시 말해 하룻밤 사이에 빈터(나대지)에 공동체를 건설하는 가능성 위에 건설되었다. 하지만 일단 건설되고 나면, 새로운 공동체는 안정성과 영속성을 획득해야 하며, 이는 교외지역을 창조한 경제체제가 결코 보장할 수 없는 유일한 것이다. 리버사이드처럼 팰러스버디

---

38) Ibid.

39) Olmsted to Henry Clarke, sales director, Palos Verdes Project, 19 February 1924; reprinted in *Palos Verdes, the New City*(Palos Verdes: 1926), 4.

40) Palos Verdes Homes Association, *Protective Restrictions*, 1923. 멋없는 것들과 더불어 흑인과 아시아인들도 배제되었다.

스는 대공황의 희생물이 되었고, 옴스테드의 계획은 애초에 생각했던 것에 비해 작은 부분에 제한되었다.41)

주택이 도시 전역으로 확산됨에 따라, 배타적 교외에서 그리고 이드의 평원의 무한히 반복되는 필지와 방갈로에서 산업과 쇼핑기능도 탈중심화되었다. 동부 및 중서부 도시들과 마찬가지로 로스앤젤레스에는 공업지대가 전혀 없었고, 새로운 도로체계가 형성되어 이동이 자유로워짐에 따라 공업지대를 건설하려는 움직임도 무산되었다. 노동자들을 유인하기 위해 공장들이 대중교통노선 근처에 입지할 필요는 없었다. 1920년대에도 공장 노동자들은 단일한 공장지대가 아니라 대도시 전역에서 직장으로 출근하는 자동차 통근자였다.42)

중심업무지구의 특권을 누리기 위해 안간힘을 썼던 전문화된 쇼핑기능도 주변부에서 새로운 입지를 찾았다. 이런 경향은 아마도 윌셔 대로(Wilshire Boulevard)의 소위 미러클마일(Miracle Mile)43)에서 가장 두드러지게 드러날 것이다. 1920년대에 부동산업자 로스(A. W. Ross)는 부자들이 도시 중심부로부터 언덕을 따라 서쪽으로 점차 이동하는 것을 주시했다. 그의 생각은 단순했다. 즉, 고객들이 떠난 곳으로 거대한 백화점을 옮기는 것이었다. 그러나 이런 생각 이면에는 물론 도시의 원심력이 있었다. 그러므로 어차피 쇠퇴할 도심지역을 애써 유지시키는 것은 무의미한 일이었다. 로스는 도심지역에서 서쪽으로 8마일 거리에 있으며 윌셔 대로 남쪽에 있는 18에이커의 땅을 구입해 이를 윌셔 대로 센터라 불렀다. 애당초 그는 주로 승용차로 통행하는 쇼핑객들이 이 '센터'를 이용할 것이라 생각했다. 가게들은 대로변에 접했으나, 로스는 그 뒤에다 대규모 주차공간과 정교한 입구를 마련했다.44)

많은 상인들은 개방지를 눈앞에 둔 소규모 교외주택 근린인 곳에 대형 백

---

41) Augusta Fink, *Time and the Terraced Land*(Berkeley: Howell-North, 1966).
42) Kelker, De Leuw, *Report and Recommendations*, 74.
43) [역주] 베벌리힐스에서 서쪽으로 센트리시티, 웨스트우드, 브렌우드, 산타모니카에 이르는 가로.
44) Hancock, *Fabulous Boulevard*, 149-64.

화점을 둔다는 사고를 회피했다. 그러나 로스는 현재 대부분의 도시 구매력은 윌셔 대로 센터에서 반경 4마일 이내에 존재한다는 것을, 그리고 거기에 위치한 가게들은 이 구매력이 도심에 도달하기 전에 가로챌 것임을 보여줄 수 있었다. 그가 옳았다는 것이 입증되었다. 미러클 마일의 보도는 텅 비어 있었지만, 주차장은 가득 찼다. 도심의 백화점들은 서둘러 윌셔 대로에 지점을 내는 한편, 도심의 가게들은 쇠퇴하게 내버려두었다. 탈중심화된 교외 쇼핑의 시대가 도래한 것이었다.45)

1920년대 말경, 새로운 도시구조가 로스앤젤레스에서 자리를 잡았다. 중요한 대도시 기능들은 도시경관 여기저기로 퍼져나갔고, 다차원 통행을 가능하게 한 광역도로망이 구축됨으로써 이런 분산은 지속되었다. 남캘리포니아 자동차 클럽의 수석 엔지니어인 이스트(E. E. East)의 논설은 무제한적 도시 공간에 대한 이와 같은 새로운 느낌을 잘 설명해주었다. 클럽의 조사에 의거해 그는 베벌리힐스에 사는 부유한 4인 가족이 하루에 얼마만큼 차를 타고 다니는지를 예시했다.

 자동차에 관한 한, X씨 가족의 하루는 벨버디어에서 멕시코인 정원사가 도착하는 아침 7시에 시작된다. 오전 7시 30분, 컬버시티에서 우유장수가 온다. 아침식사가 끝나면, 오전 8시에 아들은 USC로, 딸은 패서디나(캘리포니아 주의 도시)의 일류 학교로 등교한다. 8시 30분, 남편은 벤트노어(Ventnor) 중심제조업지구의 사무실로 출근한다. 11시, 아내는 [윌셔 대로의 미러클마일로] 쇼핑을 하러 간다. … 6시경, 남편과 아들과 딸이 귀가한다. 7시경, X씨 부부는 다시 외출해 캘리포니아 클럽에서 식사를 하고 할리우드 원형극장에서 저녁을 보낸다. 저녁식사를 마치고, 아들은 차를 타고 할리우드에 사는 학우를 만나러 가고, 딸은 롱비치로 춤추러 간다.46)

대체로 이 가족은 네 대의 자동차로 500여 마일을 달렸다. 이스트가 말하듯이 이 통행 가운데 어떤 것도 전통적인 통근의 항목에 해당하지 않는다. 어떤 통행의 출발점이나 도착점도 도심이 아니다. 그 대신에, 이 가족은 "어

---

45) Ibid., 163.
46) E. E. East, "Menace to Metropolitan Los Angeles", *Westways*(September 1937).

지러운 패턴"을 "가로지른 길들"로 "기술했고" 그들은 "유사한 목적을 가진 무수히 많은 타인들의 통행을 가로질렀다." 교통은 광범위할 뿐만 아니라 여러 방향을 가지는 것이 되었다. 각 가족은 탈중심화된 도시에서 스스로의 '중심부'였다.

고속도로와 트랙하우스 : 성숙된 교외 대도시

로스앤젤레스는 대공황을 피하지 못했다. 대공황으로 인해 로스앤젤레스는 특히 성장의 중심 기관인 토지투기와 주택건설 부문에서 큰 타격을 받았다. 하지만 농업, 석유, 영화를 기간 산업으로 하고, 항공기산업을 새로운 주력 산업으로 하는 기반 경제는 굳건하게 살아남았다. 그리하여 1930년대는 계획의 시대였다. 실질적인 성장은 느렸으나 미래에 대한 확신은 강했고, 그래서 1940~50년대를 지배하게 되었던 새로운 형태들이 성숙할 수 있었다. 특히, 전후 로스앤젤레스의 두 가지 거대한 상징 — 무한히 반복된 교외주택단지와 고속도로 — 은 1930년대에 개발되었다.

트랙하우스(tract house)와 고속도로는 그 속성상 보수적이었다. 변화하는 조건하에서 이것들은 19세기 말 이래로 로스앤젤레스를 특징지어온 단독주택과 탈중심화된 환경을 유지하고자 했다. 이것들은 승용차로 도시 내의 다른 모든 지역으로 빠르게 접근할 수 있는 단독주택들이 전체 대도시지역에 들어설 수 있어야 한다는 전제하에 그 논리적, 기술적 결론을 이끌어냈다.

아마도 로스앤젤레스 고속도로체계의 초기 역사를 보면 이런 추진력을 극명하게 볼 수 있을 것이다. 1920년대에 로스앤젤레스는 규모로 볼 때 세계에서 가장 넓은 도로들을 건설했다. 이 도로들은 효과가 있었으나, 채 10년도 지나지 않아 심각한 혼잡의 위협에 희생되고 있었다. 자동차 클럽에 따르면, 목적지까지 가는 데 소요되는 시간은 매년 증가하고 있었다. 이스트가 "오래 전부터 주요 교통수단을 자동차에 의존하게 된 거대하고 광범위한 공동체"47)라 명명했던 곳에서 그런 지체는 재집중을 이끌 수 있었고, 재집중이 일어나면 중심부 지가는 높아지고 미개발지는 지나치게 멀어져 주거용으로 판매할 수 없게 될 것이었다.

자동차 클럽은 이런 위협을 최초로 기록했을 뿐만 아니라, 또한 그에 대한 해결책을 최초로 제시했다. 자동차 클럽은 도시의 진정한 계획기관으로서 그 지위를 견지했으며, 클럽의 엔지니어들은 새로운 형태의 도로, 즉 고속도로에 기반해 상당히 정교한 교통계획을 고안했다. 로스앤젤레스가 이런 고속도로를 발명한 것은 아니었다. 그러나 1930년대에 그와 같은 도로들은 간선도로 엔지니어들의 이론과 실천에 견주어 볼 때 새로운 것이었다. 이와 같은 고속도로는 중심도시로의 통근을 빠르게 하기 위해 계획되었던 고속도로뿐만 아니라 1920년대 모지스(Robert Moses)가 롱아일랜드에 계획했던 것과 같은 순수 여가용 공원도로로부터 발전되었다. 자동차 클럽의 고속도로는 세부적으로 이런 전례들과 닮았지만, 고속도로체계의 전체적인 목적과 개념은 독특했다.48)

로스앤젤레스의 고속도로들은 중심지로 통행하기 위해 계획된 것이 아니었다. 그것은 1920년대의 조밀한 도로망 위에 중첩된 거대한 망으로 형성될 수 있었다. 이 고속도로들은 지도상에서 어느 방향으로든 모든 두 지점 사이를 신속하게 통행할 수 있도록 해줌으로써 실로 전 지역을 하나의 탈중심화된 도시로 통합할 수 있었다. 이처럼 고속 회랑이 형성되면, 로스앤젤레스 유역의 광대한 거리도 단 몇 분 만에 주파할 수 있었다. 그 다음에 통행객은 자신의 목적지로 가는 과거의 도로망으로 진입했을 것이다.

1937년에 처음으로 제시된 자동차 클럽의 계획은 불완전하다는 이유로 주목의 대상이 되었다. 그것은 정교한 인터체인지(교차점)와 함께 500여 마일의 고속도로를 그려놓았으며, 이는 1920년대의 도로 계획을 위축시키는

---

47) Ibid.
48) Automobile Club of Southern California, *Traffic Survey: Los Angeles Metropolitan Area*(Los Angeles, 1939). E. E. East, chief engineer. 이 간행물은 클럽이 제안한 고속도로체계를 모두 담고 있다.

체계였다. 그럼에도 불구하고 자동차 업계의 로비의 힘과 혼잡에 대한 두려움은 매우 커서 자동차 클럽이 그것을 제안하고 불과 2년이 지난 후에 도시계획국은 이 거대한 계획을 정식으로 채택했다. 이 단 하나의 현저한 변화는 중심부에 집합점-변형된 중심-을 만들려는 도심 이해관계자들의 필사적인 노력을 수반했다.49)

불행하게도 도심 후원자들은 오프램프(offramp)를 한 곳에 모아 집 앞까지 바로 연결되게 할 경우 대규모로 자동차가 밀어닥치는 것을 처리할 방법을 제시할 수 없었다. 한 극단적인 계획은 특수하게 건설된 도심 마천루-몇 개의 층을 주차장으로 사용하는-로 바로 이어지는 고가도로를 제시했다. 최종계획은 이 기묘한 비전들을 삭제했다. 최종 계획이 중심부에 몇몇 집합점을 제시했다 할지라도, 이 방편은 곤두박질로 치닫는 중심부의 쇠퇴를 막지 못했다.50) 말할 필요도 없이 대중교통은 사실상 무시되었다. 한 계획은 고속도로를 따라 운행하는 고속버스를 계획했지만, 승객을 태우기 위해 이 버스를 어디에서, 어떻게 정차시킬 것인가 하는 문제는 고려되지 않았다.51)

제안된 고속도로들은 상당한 인구 유입에 대비한 가장 호화로운 계획의 징후였다. 건설 및 부동산 산업의 변화는 더욱 미묘했으나, 아마도 단독주택의 우월성을 견지하는 데 훨씬 더 결정적이었을 것이다. 대공황은 값비싼 신용대부의 아슬아슬한 매매차익으로 연명하던 투기업자와 건설업자들로 구성된 구체제에 치명적인 일격을 가했다.

---

49) 자동차 클럽의 제안들은 Regional Planning commission의 *Report of a Highway Traffic Survey in the County of Los Angeles*(Los Angeles: Regional Planning commission, 1937)에 최초로 실렸다. 이것들은 나중에 Regional Planning Commission, County of Los Angeles, *Comprehensive Report on the Master Plan of Highways*와 *Freeways for the Region*(Los Angeles: Regional Planning commission, 1943)에 수정되어 실렸다.

50) Los Angeles Metropolitan Parkway Engineering Committee, *Interregional, Regional, Metropolitan Parkways*(Los Angeles: Metropolitan Parkway Engineering Committee, 1946). 고속도로체계의 발전을 가장 잘 설명하고 있는 글로는 Brodsly, *L. A. Freeway*를 참조하라.

51) Los Angeles Metropolitan Traffic Association, *Express Motor Coach Service*(Los Angeles: Metropolitan Traffic Association, 1951).

포어클로저(foreclosure: 담보물을 찾을 권리 상실)의 위험에 처한 가옥주를 구제하기 위해 1933년 루스벨트 행정부는 가옥주 대부조합(Home Owners' Loan Corporation)을 설립했으며, 이 조합은 백만 개의 단기 저당들에 대해 자금을 지원했고 이것들을 새로운 형태의 주택 대부, 즉 이자와 (할부) 원금을 20~30년에 걸쳐 균등상환하는 장기 저당으로 대체해주었다. 이와 같은 결정적인 혁신은 1934년의 주택법(National Housing Act)의 핵심이었고, 이 법에 따라 연방주택국(Federal Housing Administration: FHA)이 설립되었다. 이 법의 2장은 FHA에 저당을 보증하는 권한을 부여했고, 이 정책을 시행함으로써 전국적으로 25~30년 할부 상환 저당이 규범화되었다. 1920년대의 은행들은 저당권을 주택 가치의 50~60%만으로 제한했지만, FHA는 주택 가치의 90%까지 저당권을 보장해주었다. 주택구매자들은 이제 더 이상 부족한 일차 저당권을 높은 이자의 이차 저당권으로 보충할 필요가 없게 되었다.[52]

이런 혁신은 1920년대부터 이어져오던 저당대부금융의 누더기 구조를 합리화했다. 게다가 주택법은 또한 안정적이고 안전한 저축대부기관의 네트워크를 구축했으며, 여기에 예치된 소저축자들의 예금은 곧바로 주택건설 및 저당금융으로 흘러 들어갈 수 있었다. 그리고 건설업자들은 잊혀지지 않았다. 그들은 FHA 저당권 보증에 의거해 자신들의 프로젝트를 완료할 운영자본을 확보할 수 있었다. 개발업자들은 매번 단기 대부를 얻기 위해 고군분투하는 것 대신에, 이제 주택 구매자들이 주택에 지불하기 위한 저당 대부를 충분히 받을 수 있다는 보증을 받았을 뿐만 아니라 초기의 가로 건설 작업을 수행하기 위한 자본을 확실히 공급받을 수 있었다. 죽어가는 산업을 회생시키기 위해 계획된 이 프로그램은 경제가 호전되었을 때 사실상 교외가 폭발적으로 성장하는 조건을 만들어주었다.

특히 이 프로그램으로 인해 분양업자는 부지를 신속하게 개발할 필요가

---

52) George Sternlieb and David Listokin, "Housing: A Review of Past Policies and Future Directions" in George Sernileb, ed., *Patterns of Development*(New Brunswick, N. J.: Center for Urban Policy Reserch, Rutgers University, 1986), 27-67; Jackson, *Crabgrass Frontier*, chap. 11.

없어졌고, 토지 분양 및 주택 건설에 대한 장기적인 구상을 할 수 있었다. 컬버 시(市)의 컬버(Harry Culver)와 같은 1920년대의 몇몇 개발업자들은 이런 길을 택했으나, 일을 끝까지 추진해나갈 자본과 지구력을 가진 개발업자는 거의 없었다. 그 대신에 그들은 집 한채 한채에 위험을 무릅쓸 준비가 되어 있는 다른 기업가에게 주택 건설을 넘김으로써 위험을 줄였다.53)

연방주택국의 대부보증은 하나의 업체가 빈터를 가로와 주택을 갖춘 근린으로 만드는 전 과정을 수행할 수 있도록 해주었다. 이런 변화로 교외화 과정은 규모의 경제와 속도의 경제를 획득했다. 이제 부지들은 그 위에 지어질 주택에 맞게 계획될 수 있었다. 일단의 노동자들은 동일하거나 아주 비슷한 설계도를 가지고 어디서든 사용할 수 있는 규격에 꼭 맞게 만들어진 재료를 이용해 현장에서의 노동비를 최소화하면서, 일련의 주택들을 신속하게 지을 수 있었다. 1930년대 말 벨 시(City of Bell)의 한 개발업자는 이 방법을 사용해 20개월 만에 236채의 집을 지어서 팔 수 있었다.54)

이와 같은 빠른 건설 속도에 맞추기 위해 개발업자들은 구매자들에게 매력적이면서도 짓기에 간편한, 단순화된 주택 디자인을 필요로 했다. 그 결과 나타난 것이 캘리포니아 랜치하우스(ranch house: 미국 교외에 많은, 칸막이가 없고 지붕 물매가 뜬 단층집)였으며, 이는 1930년대의 많은 다양한 모델로부터 발전된 양식이었다. 이것은 기본적으로 19세기말에 크롤리가 찬양했던 하급 캘리포니아 방갈로로의 후퇴였다. 그러나 이 방갈로는 이제 도로에 평행한 것으로 바뀌었고, 차고를 이어붙임으로써 외관상의 규모는 과장되었다(자동차 시대에 도로와 집 사이의 터를 아낄 필요가 없었다). 랜치하우스의 가장 두드러진 특징은 돌출된 지붕(내물림 지붕)이었다. 이는 19세기 말 랜치하우스와 방갈로의 지배적인 모티브였으며, 이번에는 1920년대의 유사별장 지붕(pseudocottage roofs)을 모방해 되살린 것이었다. 건물 정면의 몇몇 세부

---

53) Guy M. Rush, "Subdivision Financing", *Los Angeles Realtor*(February 1926): 17-40.
54) Young, "Industrial Background" in Robbins and Tilton, *Los Angeles*, 70.

들은 콜로니얼 양식, 스페인 양식, 또는 미국의 서부 양식에 영향을 받았을지 모르지만, 지배적인 인상은 근대적 단순성이었다. 물론 주택 내부는 개방적인 설계가 지배했다. 거의 미분화된 단일 공간이 거실, 식당, 부엌, 오락공간을 포함했던 한편, 침실은 주요 공간과 직각을 이루었다. 작은 페티오(patio: 스페인식 가옥의 안뜰)는 현관 근처에 있었고, 훨씬 큰 페티오는 뒷문에 있었다.55)

단순화를 통해 이 "작은 캘리포니아 주택"-건설업자들은 처음에 그렇게 불렀다-은 20세기 모더니즘의 주요 교훈들, 즉 형태들과 구조는 하나다, 내부와 외부를 융합한다, 내부공간은 개방한다는 교훈들을 흡수했다(당시 고립된 인물이었던 라이트는 놀랄 만큼 유사한 '유소니언 하우스'를 짓고 있었다). 짧은 시간 동안 근대 건축과 대중적 열정과 시장의 요구조건이 일치되었다. 왜냐하면 이 주택들은 확실히 값이 쌌기 때문이다. 1930년대 말, 개발업자들은 이 주택들을 각각 3,000~4,500달러에 팔았다. 연방주택국의 저당대부를 받으면 이 가격은 계약금 50달러에 매달 30~50달러를 불입하면 되는 가격이었다.56)

멈포드와 바우어(Catherine Bauer Wurster) 같은 1920년대의 주택 개혁가들은 근대적 건설 및 생활의 필요조건과 투기적 주택건설 절차 사이의 고유한 모순을 간파했었다. 바우어는 "난립한 소규모 건설업자들과 집 앞의 땅과 초라하게 흩어져 있는 교외들과 자가소유 이데올로기는 사라져야 한다. 그리고 그 자리에 기능적 단위에 따라 디자인되고 운영되며, 대규모로 건축되는 완전한 공동체를 건설하기 위한 기법들이 들어서야 한다."57)고 천명했다. 바우어가 요구한 대규모 방식을 성공적으로 채택해야만 했던 사람들은 공산주

---

55) 좋은 사례로는 "작은 캘리포니아 주택"이라는 제목으로 *California Arts And Architecture*(June-July 1939)에 특집으로 실린 주택들을 참조하라.

56) Priestley A. Horton, "Small Homes and Snall Budgets", *California Arts and Architecture*(June-July 1939): 16.

57) Catherine Bauer: "Slums Aren't Necessary", *American Mercury*(1934), quoted in Warren Susman, ed., *Culture and Commitment, 1929-1945*(New York: George Braziller, 1973), 288.

의자가 아니라 투기업자 자신들이었다. 그리고 그들은 바우어와 멈포드가 옹호했던 근대적 집합주거를 짓기 위해서가 아니라 자가소유의 기념비, 즉 교외단독주택을 더욱 효율적으로 짓기 위해 이 방식을 이용했다. 뉴딜 정책의 '그린벨트 타운'의 집합적 건축과 계획은 골동품으로 남아 있었으나, 교외주택은 가장 근대적인 기능적 대량생산방식으로부터 새로운 활력을 얻었다.

그리하여 로스앤젤레스는 본래의 목표들을 여전히 유지하면서 1930년대를 빠져나왔다. 1941년의 로스앤젤레스 종합계획에 따르면, 도시 토지의 31%가 단독주택에 할당되었고, 단 2%만이 다가구주택에 할당되었다.[58] 자동차 소유가 널리 보급되고-1940년에 116만 대, 즉 자동차 한 대당 2.4명 꼴이었다[59]-고속도로체계(도로와 고속도로가 이미 도시의 25%를 차지했다)가 계획됨에 따라, 탈중심화된 환경 속에 이 주택들을 배치하는 것이 여전히 가능한 듯했다. 도시계획은 대대적인 성장을 예견했고, 또한 그것은 로스앤젤레스로 오는 새로운 주민들이 새로운 교외주택들에서 지속적으로 자리를 잡을 것임을 예견했다.

교외 대도시의 절정과 몰락

로스앤젤레스는 명성을 잃어본 적이 없었으나, 2차대전 이후 이 도시는 전후 미국 문화의 상징으로서 새로운 시대를 맞이했다. 이 도시는, 브릭스(Asa Briggs)의 표현에 따르면, "충격의 도시", 즉 너무나 새로워서 방문객들에게 충격을 주고, 그들로 하여금 도시의 의미를 다시 생각하게 하는 1840년대의 맨체스터와 같은 도시가 되었다.

1945년 이후 로스앤젤레스는 과거로부터 결별했다기보다는 오히려 단독주택에 기반한 대도시라는 애당초의 목표를 보호하기 위해 새로운 방법을

---

58) Regional Planning commision, County of Los Angeles, *Comprehensive Report*, 23.
59) Ibid.

이용해서 과거의 기본 구조를 실현했다. 1940년 이후 지금까지 로스앤젤레스의 발전은 1930년대에 건설된 뼈대에 살을 붙이는 것을 의미했다. 즉, 900여 평방 마일의 농업용 토지를 교외주택단지로 개발했고, 새로운 주택들에 의한 정체를 해소하기 위해 약 500마일의 고속도로를 건설했다.[60] 그리하여 성장과 정체는 대대적인 경쟁을 벌였다. 다시 말해 각각의 새로운 고속도로는 교통 마비를 일시적으로 해소시켰으나, 결국 고속도로체계를 또다시 압도하는 새로운 성장지역을 창출했다.

최초의 고속도로가 완성되기 이전에 그리고 트랙하우스들이 대규모로 건설되기 이전-1940년-에 아마도 교외 대도시의 이상이 가장 그럴듯하게 구현되었다는 것이 아이러니이다. 그 당시 로스앤젤레스는 도시 환경과 농촌 환경이 놀랄 정도로 균형을 이루고 있었다. 즉, 로스앤젤레스는 국가의 선도적인 농업 카운티였으며, 산업생산부문에서 8위를 차지하고 있었다.[61] 그리고 대부분의 주택들이 보이는 곳에, 감귤 과수원과 관개가 된 밭들이 있었다. 석유산업과 더불어 로스앤젤레스는 핵심 산업인 영화 스튜디오뿐만 아니라 항공기산업을 상당수 첨가할 수 있었다. 유럽에서 전쟁이 발발함에 따라 많은 문화계 거물들이 로스앤젤레스로 왔다. 아무튼 일시적으로 로스앤젤레스는 서양문명의 중심지라 자부할 수 있었다.

하지만 이 도시는 도시의 설립자들이 원했던 모양으로, 즉 과거의 슬럼과 혼잡이 없는, 자기 땅에 지은 교외주택을 거의 모든 이들에게 공급하는 마을들이 모여 있는 곳으로 남아 있었다. 밭과 과수원 사이로 펼쳐진 주택들은 여전히 혼잡하지 않은 도로체계를 통해 지역 내의 모든 기능들(수 마일의 해변과 광대한 언덕뿐만 아니라 일자리, 오락, 교육)에 접근할 수 있었다.

전후의 성장은 개방공간을 잠식하고 고속도로를 혼잡하게 하고 심지어 대기 오염을 일으킴으로써(스모그 현상은 1943년에 최초로 발생했다)[62] 이와

---

60) Brodsly, *L. A. Freeway*, 115-37.
61) Writers' Program, Works Progress Administration, *Los Angeles*, 11.
62) Marvin Briennes, "Smog Comes to Los Angeles", *Southern California Quarterly* 58 (Winter 1976): 515-79. 최초의 스모그 현상은 1943년 7월 자동차 배기가스뿐만

같은 연약한 균형상태를 불가피하게 파괴했다. 하지만 이 과정은 번영을 구가하던 시기에 가속된 자체 추진력을 가지고 있었다. 1940년대에 대부분 시골이었던 샌페르난도밸리는 광적인 성장을 이룬 가장 두드러진 현장이었다. 동부의 레비타운보다 큰 단지들이 광대한 평야에 쉽게 들어섰다. 예컨대 1950년에 보이어(Louis H. Boyar)는 3,375에이커의 농지를 구입해 레이크우드 파크(Lakewood Park)라는 새로운 공동체를 건설했다. 그는 70,000여 명을 입주시키기 위해 17,000채의 주택을 지었다.[63]

성장은 통제할 수 없는 거대한 기계가 되었고, 이는 주거단지를 끝없이 확산시키면서, 녹색 환경을 배경으로 한 주거공동체라는 처음의 이상을 영원히 무너뜨렸다. 하지만 약 30년 동안 남캘리포니아의 풍부한 공간들이 이런 증가를 흡수했다. 샌페르난도밸리가 다 채워지자, 개발의 중심은 감귤 산업의 고향인 오렌지 카운티나 기슭을 따라 동쪽으로 샌베르나디노와 사막을 향해 옮아갔다. 고속도로가 새로이 건설되어 더 멀리 떨어진 곳에서 건설용지를 확보할 수 있었으므로, 토지는 상대적으로 저렴했다. 또한 전국적인 연방주택국 금융체계가 전국의 저축예금을 로스앤젤레스 주택건설산업에 쏟아부었으므로, 자본은 풍부했다. 1960년대에 와서야 교외 대도시는 제 기능을 하는 듯했다.

1960년대 중반의 와츠 폭동은 최초의 심각한 폐단의 징후였으며, 로스앤젤레스가 실제로 새로운 형태의 슬럼(옛날 도시들의 어두운 빈민지역이 아니라, 원래 살던 주민들이 버리고 떠났을 뿐만 아니라 대중교통이 들어가지 않는 전차 시대의 저밀도 방갈로 지역)을 만들어냈음을 입증했다. 1960년대 후반 고속도로 건설은 비용 상승과 '통과지점에 사는' 자가소유자들의 반대로 중단되었다.[64] 1970년대의 에너지 위기는 자가승용차에 전적으로 의존하는 대도시 교통체계의 존속 가능성을 훼손시켰다.

아니라 화학공장 및 군수업체에 의해 촉발되었다.

63) Remi A. Nadeau, *Los Angeles: From Mission to Modern City*(New York: Longman's, 1960), 275.

64) Brodsly, *L. A. Frddway*, chap. 4.

가솔린의 부족은 극복될 수 있었지만, 토지의 부족은 극복될 수 없었다. 1970년대에 들어와 외부로의 확장이 한계에 도달해 중심부와 접근성이 양호한 지역들의 지가(地價)는 급등했는데, 이따금 10년 동안에 8~10배가 오른 경우도 있었다. 물론 이와 같은 인플레이션은 1910년대와 1920년대에 이 부지들을 팔았던 판매원들을 기쁘게 했겠으나, 그 효과는 로스앤젤레스에 사는 모든 가구에 단독주택을 공급할 수 있는 가능성을 제거하는 것이었다. 저밀도 팽창을 가능하게 하는 두 개의 거대한 안전밸브-변두리의 새로운 토지와 도로 확장-는 한계에 도달했다. 정체를 피할 길이 없었다.

그러므로 최근의 로스앤젤레스의 역사는 재집중의 역사였다. 트랙하우스는 아파트와 콘도미니엄에 자리를 내어주었다. 고층건물들이 대로변에 늘어선다. 아마도 불가피하게 도심지역은 고층건물들이 집중하기에 가장 좋은 장소로 재탄생했을 것이다. 자동차클럽의 엔지니어인 이스트는 1941년에 "마천루 도심의 비전"은 영원히 사멸했다고 결론지었다.65) 1970년대와 1980년대 후반에 사업가와 정부 지도자들이 혼잡한 도로로 장시간 이동하지 않아도 되는 커뮤니케이션 중심지의 필요성을 인식함에 따라 이런 비전은 회복되었다. 마천루 도시와 더불어, 대중교통의 개념도 되살아났다. 1986년 9월, 로스앤젤레스는 구중심부에서 할리우드와 서부 로스앤젤레스를 지나 샌페르난도밸리에 이르는 150마일의 지하철 건설계획 가운데 1단계 4마일 구간을 착공했다. 이 '메트로 레일' 체계가 완공되면(길이가 짧은 제1구간에 대한 자금조달도 미심쩍은 상태다), 그것은 1920년대에 찬반양론이 있었던 계획의 작은 일부분에 불과할 것이다.66) 로스앤젤레스는 막대한 비용을 들여 바퀴를 재창조하고 있었다. 정확히 말해 도심의 허브(바퀴통)와 대중교통수단의 스포크(바큇살)에 지반을 두는 중심화된 도시를 재창조하고 있었다.

다른 대도시들이 로스앤젤레스를 모방하려 했다면, 로스앤젤레스는 도리

---

65) E. E. East, "Streets, the Circulating System" in Robbins and Tilton, eds., *Los Angeles*, 91-100, at 92.
66) *New York Times*, 30 sept. 1986, 16.

어 그 도시들을 모방하기 시작했다. 로스앤젤레스에서 단독주택 중심의 도시를 추구하는 것은 거대한 대도시, 즉 세계적인 금융, 산업, 문화의 중심지로 발돋움하려는 계획과 상충되었다. 로스앤젤레스 유역의 광대한 공간도 저밀도 주거단지와 대도시 성장의 집중·밀집 경향을 조화시킬 수 없었다. 교외 대도시는 용어상 모순임이 입증되었다.

하지만 로스앤젤레스가 세상에 내놓은 탈중심화된 도시의 비전은 결코 사라지지 않았다. 그것은 대도시 너머에, 즉 구도시들의 밀집 지역 너머에는 물론 구교외 지대 너머에 살아남아 있다. 동부와 중서부 도시들 주변부의 신규 건설지역뿐만 아니라 새로이 발전하고 있는 선벨트(sunbelt) 지역에 새로운 종류의 도시가 형성되고 있다.

이 새로운 도시-전통적인 의미에서 도시도 아니고 시골도 아니고 교외도 아니다-는 1920~30년대 로스앤젤레스에 도입된 혁신들의 진정한 상속자이다. 이는 결론에 해당하는 다음 장의 주제가 될 것이다.

제7장

교외지역을 넘어: 테크노버브의 출현

19세기를 거대한 도시들의 시대라 부를 수 있다면, 1945년 이후의 미국은 거대한 교외들의 시대라 할 수 있을 것이다. 인구와 산업의 측면에서 중심도시들이 정체되거나 쇠퇴함에 따라 성장은 거의 주변부에서만 일어났다. 1950년에서 1970년 사이에 미국 중심도시들의 인구는 1,000만 명 증가한 반면, 교외들의 인구는 8,500만 명이나 증가했다. 게다가 같은 시기에 창출된 새로운 제조업 및 소매업 일자리 가운데 적어도 3/4이 교외에 입지했다. 1970년에 교외에 사는 미국인의 비율은 1940년의 두 배에 달했고, 중심도시(31.4%)나 농촌지역(31%)에 비해 교외지역(37.6%)에 사는 미국인이 더 많아졌다. 1970년대에 중심도시들에서는 1,300만 명의 순 인구이출이 발생했으며, 이와 더불어 전례 없는 탈산업화, 빈곤의 심화, 주택의 퇴락이 나타났다.[1]

---

1) Louis H. Masotti and Jeffrey K. Hadden, eds., *Suburbia in Transition*(New York: New Viewpoints, 1974), editors' introduction, 5 and 99-100. 1970년에서 1980년까지 순인구이출과 기타 통계들에 대해서는 George Sternlieb and James Hughes, "The Uncertain Future of the Central City" in George Sternlieb, ed., *Patterns of Development*(New Brunswick, N. J.: Center for Urban Policy Research, Rutgers University, 1986), 109-121을 참조하라. 인구이동 경향에 대한 흥미로운 해석과 최근의 인구통계에 대해서는 John Herbers, *The New Heartland: America's Fight Byond the Suburbs*(New York: Times Books, 1986)을 참조하라.

중심도시들이 쇠퇴함에 따라 교외는 국가적 관심사로 떠올랐다. 모든 사회들 가운데에서 최초로 대다수 가구들이 경제적 범위 내에서 일가구 단독주택을 구입할 수 있게 되었다. 대다수의 사람들에게 이런 주택단지는 축복의 근거였다. 카프라(Frank Capra)의 민중주의적 고전영화 <즐거운 인생>(It's Wonderful Life, 1946)에서 주인공 베일리(George Bailey: 제임스 스튜어트 분)는 건설·금융회사의 매니저이다. 그는 건축가나 엔지니어가 되어 거대한 신도시들을 건설하겠다는 꿈을 포기하고 고향에 머물면서 이웃들이 주택을 구입할 수 있도록 돕는다. 그가 가장 자랑스러워하는 업적은 교외의 트랙하우스 분양지이며, 이를 베일리 파크라 명명한다. 악한 포터(라이오넬 배리모어 분)는 인색한 은행가이며, 그가 이기적으로 대부를 함으로써 각 가구들은 그가 소유한 주택에 대한 집세를 계속 지불해야 한다. 이 영화는 이후 수십 년 간의 미국 주택정책에 대해 많은 것을 설명해준다.

카프라에 비해 다른 사람들은 교외지역에 대해 덜 낙관적이었다. 1950년대의 전례 없는 건설 붐의 와중에서 교외지역에 대한 학문적 논쟁은 새로운 생활패턴이 미국인의 생활을 점차 획일화시키고 있다고 비난했다. 1960~70년대에 들어 도심의 [인종 및 소득계층에 따른: 역주] 분리와 빈곤이 "백인의 탈출" 때문이라는 분석이 나옴에 따라 이런 비난은 힘을 얻었다. 하지만 혹평가든 지지자든 전후의 환경에서 가장 중요한 측면은 (잭슨의 말을 빌리면) "미국의 교외화"[2]였다는 점에 모두 동의했다. 실제로 이 현상은 아주 강력해서 이전의 모든 것을 휩쓸어버리는 물결과 같았다. 교외화는 마치 1945년 이후에 시작된 것 같았다.

이 장에서 나는 전후의 미국을 아주 색다르게 해석하고자 한다. 1945년 이후에 시작된 대규모 재건은 200년의 역사를 가진 교외지역의 절정이 아니라 종말을 의미한다. 실제로 이와 같은 대대적인 변동은 교외화가 아니라 진정한 교외와 완전히 대립되는 원리에 따른 새로운 도시의 창조이다.

---

2) Kenneth T. Jackson, *Crabgrass Frontier: The Suburbanization of America*(New York: Oxford University Press, 1985).

18세기 런던에서 교외지역이 출현한 이래로 교외지역은 팽창하는 대도시에서 전문적인 부분을 담당해왔다. 중심도시의 정치적 경계 안에 있든 바깥에 있든, 그것은 언제나 기능적으로 도시 중심부에 의존했다. 역으로 교외지역의 성장은 언제나 도시 중심부의 전문 서비스 강화를 의미했다.

내가 보기에 전후 미국의 발전과정에서 가장 중요한 특징은 주택, 산업, 전문 서비스, 오피스 기능이 거의 동시에 탈중심화되었다는 것, 이에 따라 더 이상 소용없게 된 중심도시로부터 도시 주변부가 분리되었다는 것, 그럼에도 불구하고 중심도시와 관련되는 경제적, 기술적 활력을 모두 보유하고 있는 탈중심화된 환경이 창조되었다는 것이다. 진기하고도 놀라운 이런 현상은 교외화가 아니라 새로운 도시이다.

불행하게도 모든 주요 도시들의 변두리에서 형성되어온 이 새로운 도시를 지칭할 마땅한 용어가 우리에겐 없다. 어떤이는 '준교외지역'(exurbia) 또는 '외부도시'(outer city)라는 용어를 사용했다. 나는 두 가지 신조어, 즉 '테크노버브'(technoburb)와 '테크노시티'(techno-city)를 제안하고자 한다. 테크노버브는 존속할 수 있는 사회경제적 단위로 판명된 카운티 만한 크기의 주변지역을 뜻한다. 쇼핑몰, 산업단지, 캠퍼스 같은 오피스 단지, 병원, 학교, 모든 종류의 주택형태들이 고속도로 성장회랑을 따라 확산된다. 주민들은 도시로 가지 않고도 주변에서 일자리와 그외 필요한 것들을 구하며, 각 기업들은 필요한 피고용인뿐만 아니라 전문 서비스를 받는다.

단지 북캘리포니아의 실리콘밸리나 매사추세츠의 루트128과 같은 전형적인 테크노버브에서 첨단산업들이 최적의 환경을 찾았기 때문에, 이 새로운 도시가 테크노버브인 것은 아니다. 대부분의 테크노버브에서 그런 산업들은 일자리의 작은 부분만을 차지할 뿐이지만, 탈중심화된 도시라는 것은 전통적인 도시의 대면접촉을 완전히 대체해온 첨단 통신기술을 통해서만 존재할 수 있다. 테크노버브는 과거와 같은 도시집중을 형성하지 않으면서도 도시적 다양성을 낳았다.

테크노시티는 테크노버브의 출현으로 변형되어온 전체 대도시지역을 의미한다. 이런 테크노시티는 대개 뉴욕 대도시지역처럼 아직도 그 안에 있는 주요 도시의 이름을 따르고 스포츠 팀도 그 도시의 이름을 따르며(중심도시의 경계 내에서 경기를 하지 않더라도), TV 방송국들도 중심도시에서 방송하는 듯하다. 그러나 이 지역의 사회경제적 생활은 점차 기존의 중심부를 우회한다. 로스앤젤레스가 최초로 창조했던 패턴을 좇아 테크노시티는 진실로 다중심을 가진다. 중심부에서 사방으로 70마일 이상 뻗어나가는 테크노버브들은 종종 중심부보다도 테크노시티들 상호간에 (또는 농촌지역 너머에 있는 다른 테크노시티들과) 더욱 직접적인 커뮤니케이션을 한다. 테크노시티의 실제 구조는 환상의 고속도로나 순환도로에 의해 적절히 표현되며, 이는 새로운 도시의 경계를 정의하는 데 큰 도움을 준다. 순환도로는 중심도시를 거치지 않으면서 도시 주변부의 모든 지역을 다른 모든 지역과 연결한다.

대부분의 미국인들에게 생활의 실질적인 중심은 전통적으로 여겨져온 것처럼 도시나 농촌이나 심지어 교외지역이 아니라 테크노버브이며, 테크노버브의 경계는 자동차로 손쉽게 갈 수 있는 장소에 의해 한정된다. 이 새로운 도시의 실질적인 중심은 몇몇 도심의 업무지구가 아니라 각각의 주거단위에 있다. 그 중앙 기점으로부터 가구의 구성원들은 자동차로 갈 수 있는 다양한 목적지에서 그들 자신의 도시를 창조한다. 부부 중 한 사람은 주간(州間)고속도로를 타고 남쪽으로 두번째 출구에 있는 공업단지에서 일하고 다른 사람은 다른 방향으로 다섯번째 출구에 있는 오피스 단지에서 일할 수도 있으며, 아이들은 버스를 타고 구역 내에 있는 학교로 통학을 하거나 주립대학 부설학교로 차를 타고 간다. 가족은 여러 개의 상이한 고속도로를 이용해 여러 곳의 상이한 몰에 가서 쇼핑을 한다. 주말에 그들은 자동차로 50마일을 달려 세컨드 하우스가 있는 농촌(그러나 급속하게 개발되고 있는) 지역으로 간다. 그들은 아주 복잡한 의료 서비스에서부터 신선한 과일 및 야채에 이르기까지 필요로 하고 소비하는 모든 것을 고속도로변에서 구할 수 있다. 1년에 한 번 크리스마스 같은 날에 그들은 '시내'에 가지만 오래 머무르지 않는다.

과거의 중심도시들은 점점 주변화되어온 반면, 테크노버브는 미국 생활의

제7장 교외지역을 넘어: 테크노버브의 출현 241

■주: 미국의 테크노버브. 뉴저지의 체리힐 및 기타 주변의 공동체들. 옛날에는 필라델피아의 주거교외였으나, 지금은 오피스, 쇼핑몰, 공업단지, 일가구 드랙하우스, 밀집주택(cluster housing), 심지어는 고층 아파트가 복잡하게 섞여 있다. 고속도로망을 따라 조직된 이 지역은 새로운 종류의 탈중심화된 도시가 되었다. 스티븐슨 항공사진의 호의와 셀처 개발회사의 허가를 받아 수록함.

중심으로 부상했다. 전통적인 교외거주자―집에서 훨씬 가까운 곳에서 구하기 어려운 물건들이 즐비한 도심으로 점차 많은 비용을 들여 통근하는―는 찾아보기가 점점 어려워진다. 이처럼 변형된 도시환경을 감안할 때, 교외지역의 역사는 끝났다.

테크노시티의 예언자들

모든 새로운 도시형태들과 마찬가지로 테크노시티와 테크노버브는 예견하지도 주목받지도 않은 가운데 출현했다. 아직도 우리는 해묵은 대도시라는 지적인 범주를 통해 이 새로운 도시를 보고 있다. 내가 보기에 오직 두 예언가만이 테크노시티를 낳게 될 근원적인 힘들을 처음부터 감지했다. 그러므로 그들의 사상은 새로운 도시를 이해하는 데 매우 귀중하다.

19세기 말, 대도시의 권력과 매력이 절정이었을 때, 웰스는 산업 대도시를 만든 기술적 힘들이 바야흐로 그것을 파괴하는 방향으로 움직이고 있다고 주장했다. 그가 1900년에 쓴 에세이 『대도시의 확산 가능성』(The Probable Diffusion of Great Cities)에서 웰스는 인구와 자원이 대도시들로 거침없이 집중하는 것은 곧 역전될 것이라고 주장했다. 20세기에 들어 그는 대도시는 탈중심화된 '도시지역'으로 자원들이 막대하게 빠져나가는 것을 보게 될 것이며, 그리하여 '도시'라는 개념 자체가, 그의 말을 빌리면, "우편마차처럼 진부한" 것이 될 것이라 예언했다.3)

웰스는 당시의 교통 및 통신 네트워크에 대한 날카로운 분석을 통해 이런 예언을 했다. 19세기 내내 철도교통은 큰 중심지로 곧바로 이어지는 상대적으로 단순한 체계였다. 하지만 지선과 전차 선로가 확산되면서, 탈중심화된 지역을 위한 토대로 작용할 수 있는 복잡한 철도체계가 형성되었다(웰스가 말했듯이 헌팅턴은 자신이 제안한 로스앤젤레스 지역계획안의 진실성을 입증하고 있었다).

그러나 또 다른 네트워크가 형성되고 있었는데, 그 가운데 가장 두드러진 것은 전기와 전화이다. 전기 체계는 지역 내의 모든 장소가 다른 장소와 마찬가지로 동력에 접근할 수 있게 해주었고, 따라서 중심부 입지의 이점은 감소되었다. 이와 유사하게 전화는 지역 내의 한 장소에서 다른 모든 장소로 즉각 통신을 할 수 있게 해주었고, 그리하여 중심부 입지와 대면접촉의 필요성을 제거했다.

웰스가 생각한 바로는 산업이나 사업은 더 이상 대도시를 필요로 하지 않았고, 양자는 필연적으로 저렴하고 외딴 입지로 떠나갈 것이었다. 산업은 중

---

3) H. G. Wells, "The Probable Diffusion of Great Cities" in *The Works of H. G. Wells*, vol. 4(New York: Scribner's, 1924), 32.

심부를 벗어난 지역에서 더 저렴하게, 더 효율적으로 재화를 생산할 뿐만 아니라 사업가는 조용한 시골 읍에서 살기로 결정하고 전화로 업무를 볼 수 있었다. "실제로 2000년의 런던 시민은 잉글랜드와 노팅엄의 남부 및 엑세터의 동부 웨일즈 전체를 교외로 선택할 수 있을 것이고, 워싱턴에서 올버니에 이르는 광대한 농촌 지역은 그 이전에 뉴욕과 필라델피아의 활동적인 시민이 '이용할 수 있게' 될 것이라고 해도 지나치지 않다."4)

웰스는 2000년의 '도시지역'을 개방지에 작은 주택과 공장들이 있으며 지역 내의 모든 장소들과 고속철도교통으로 연결된 마을들로 묘사했다(이는 바로 그와 같은 네트워크를 가진 마을들이 개발되고 있던 로스앤젤레스를 본 사람들과 크게 다르지 않은 미래상이었다). 구도시들은 완전히 사라지지 않았지만 금융 및 산업 기능을 상실했으며, 단순히 대중들의 고유한 인간적 사랑 때문에 살아남아 있을 뿐이다. 웰스는 "탈도시적" 도시는 "본질적으로 시장, 거대한 상점가, 집합과 회합의 장소, 보행자를 위한 장소, 승강기와 움직이는 플랫폼으로 보강된 그리고 사나운 날씨를 막아주는 길들, 전체적으로 아주 넓고 멋지고 유쾌한 덩어리일 것이다"5)라고 예견했다. 요컨대 거대한 대도시는 우리가 오늘날 대규모 쇼핑몰이라 부르는 것으로 점차 작아질 것이며, 한편 사회의 생산적 활동은 탈중심화된 도시지역에서 일어날 것이다.

1920년대 말에서 1930년대 초에 프랭크 로이드 라이트는 웰스의 예견을 이어받았다. 그는 유사한 가정에서 출발해 훨씬 더 급진적인 관점으로 나아갔다. 라이트는 자동차와 트럭 시대의 시작을 실제로 목도했다. 그리고 아마도 이와 일치하는 것은 아닌 듯하지만, 그는 1910년대 후반과 1920년대 초반에 주로 로스앤젤레스에 살고 있었다. 웰스와 마찬가지로 라이트는 "대도시는 더 이상 근대적이지 않으며" 그것은 탈중심화된 사회로 대체될 것이라고 주장했다.

그는 이 새로운 사회를 브로드에이커시티(Broadacre City)라 불렀다. 이것

---

4) Ibid., 41.
5) Ibid., 49.

은 때때로 일종의 보편적인 교외화와 혼동되기도 했으나, 라이트가 말하는 브로드에이커는 그가 경멸했던 교외지역과 정반대되는 것이었다. 그는 교외지역은 본질적으로 도시가 시골지역으로 확장됨을 나타내는 반면, 브로드에이커는 이전에 존재하던 모든 도시들이 사라짐을 의미한다는 사실을 정확하게 파악했다.

라이트가 상상했던 것처럼 브로드에이커는 다차선 고속도로 네트워크와 함께 자동차 소유의 보편화에 기반했으며, 이는 인구가 특정한 한 장소에 모일 필요성을 제거했다. 사실상 그처럼 밀집한 곳은 비효율적일 수밖에 없었고, 커뮤니케이션보다는 혼잡을 야기하는 장소였다. 따라서 도시는 각 가족이 자기 자신의 가옥을 가질 수 있고, 나아가 파트타임으로 농업에 종사할 수 있을 만큼 밀도가 낮은 시골로 확산될 것이다. 하지만 이런 가옥들은 고립되지 않을 것이다. 이들은 다차선 고속도로 네트워크에 접근할 수 있으므로 19세기 도시거주자만큼이나 많은 일자리와 전문 서비스를 손쉽게 구할 수 있다. 시속 60마일 이상으로 이동하는 각 시민들은 자동차로 한 시간 거리 이내에 있는 수백 평방 마일 안에서 자기 자신의 도시를 창조할 것이다.[6]

웰스와 마찬가지로 라이트는 산업적 생산 기능은 필연적으로 농촌 지역의 공간과 편리함을 찾아 도시를 떠나리라고 보았다. 그러나 라이트는 한 걸음 더 나아가 어떻게 하면 완전히 탈중심화된 환경이 오로지 도시만이 가지고 있었던 다양성과 흥분을 만들어낼 수 있을 것인가를 보여주려 했다.

그는 아주 분산된 환경에서도 주요 고속도로의 교차점은 어떤 특별한 지위를 확보하게 된다는 것을 알고 있었다. 이 교차점들은 그가 노변시장이라 명명한 것의 자연적 입지점, 즉 쇼핑 센터가 대거 들어서리라 기대되는 곳이다. "몇몇 유연한 형태의 대형천막처럼 높고 당당하게 솟아 있는 (상품뿐만 아니라 문화적 이기(利器)를 상호 교환하는 장소로 계획된) 이 시장에는 거대하고

---

6) Ebenzer Howard, Frank Lloyd Wright and Le Corbusier, *Urban Utopias in the Twentieth Century*(New York: Basic Books, 1977)에서 나는 브로드에이커에 대해 훨씬 상세하게 다루었다.

넓은 노변 오락이 자리잡는다."7) 이 노변시장에다 그는 고도로 문명화된 소규모 기관들, 즉 학교, 근대적 성당, 축제를 열기 위한 장소 등을 부가했다. 그런 환경에서는 도시의 오락 기능조차도 사라질 것이다. 곧이어 라이트가 간절하게 바랐던 것처럼 집중된 도시 자체가 사라질 것이다.

요컨대 웰스와 라이트의 예언은 근대 기술과 근대 사회의 탈중심화 경향에 대한 훌륭한 통찰력을 제시한다. 양자는 유토피아적 형태로 제시되었으며, 실현 방안에 대해서는 일관된 관심을 전혀 기울이지 않고 제시된 미래상이었다. 그럼에도 불구하고 웰스와 라이트가 예견한 것과 같은 변화는 미국에서 일어났으며, 이 변화는 부지불식간에 일어났다는 점에서 더욱더 놀랄 만한 것이었다. 다양한 집단들은 그들이 보기에 미국의 '교외화'라는 것에 참여하고 있었지만, 사실상 그들은 새로운 도시를 창조하고 있었다.

브로델(Fernand Braudel)과 그가 이끄는 역사학파8)는 역사에서 '구조'가 가지는, 즉 개인의 계획이나 정부의 주도와 거의 상관없이 작용하는 사회경제적 필요의 심층적 패턴이 가지는 특별한 힘에 관심을 기울였다. 전체적으로 역사에 대해 그것이 얼마나 유효한가 하는 문제는 차치하더라도, 이런 관점은 테크노시티의 출현을 설명하는 데 유효하다. 웰스와 라이트는 자신들이 예견한 새로운 도시를 만들어낼 힘을 가지고 있지 않았다. 그럼에도 불구하고 20세기의 기술과 사회가 가진 고유한 힘들은 도시생활의 새로운 패턴을 만들어내는 데 일조했다.

테크노버브와 테크노시티 : 새로운 대도시의 구조

새로운 미국 도시에 어떤 패턴이나 구조가 있다고 주장하는 것은 압도적

---

7) Frank Lloyd Wright, *The Living City*(New York: Horizon Press, 1958), 11.
8) [역주] 1929년 블로흐(Marc Bloch)와 페브르(Lucien Febre)에 의해 시작된 아날 학파(Annales School)를 말한다. 1944년 블로흐가 처형당하고 1956년 페브르가 유명을 달리한 후 브로델이 그 뒤를 계승했다.

인 징표로 보이는 것과 모순된다. 어떤이는 테크노버브가 계획의 모든 규칙을 거스른다고 말함으로써 테크노버브의 구조를 요약할지도 모른다. 테크노버브는 언제나 계획가들의 분노를 야기시켰던 두 가지 낭비, 즉 앞마당을 갖춘 단독주택을 짓는 데서 비롯되는 토지의 낭비, 그리고 자가 승용차를 이용하는 데서 비롯되는 에너지의 낭비에 기초한다. 이 새로운 도시는 도로 체계에 절대적으로 의존하고 있지만, 도로 체계는 거의 항상 무질서와 정체 상태에 있다. 테크노버브의 경관은 주택, 공업, 상업, 심지어 농업 용도의 대책 없는 뒤범벅이다. 마지막으로 테크노버브는 나름대로의 경계를 가지고 있지 않다. 아무리 경계를 정의해도 그것은 떨어져 있으면서도 중첩된 누더기 같은 정치적 관할권으로 나누어지며, 이는 모든 종류의 공동 계획을 사실상 불가능하게 만든다.

하지만 테크노버브는 우리 사회에서 성장과 혁신의 실질적인 중심이 되어 왔다. 그리고 낭비적인 스프롤(무질서한 도시의 확산)인 듯한 것 속에 실질적인 구조가 있으며, 이는 테크노버브가 최소한 몇 가지 약속들을 이행할 수 있는 충분한 논리와 효율성을 제공한다.

테크노버브의 구조에 하나의 기본 원리가 있다면, 그것은 작업장과 주거를 새로이 연계하는 것이다. 교외는 이 양자를 별개의 환경으로 분리시켰다. 그 논리는 대량 통근의 논리였다. 노동자들은 매일 아침 주변부에서 단 하나의 중심부로 출근했고, 저녁이 되면 흩어졌다. 하지만 테크노버브는 작업장과 주거를 단일한 탈중심화된 환경 안에 포함한다.

종종 한 지붕 아래에 살면서 일했던 전산업 도시나 심지어 공장이 노동계급근린의 필수적인 부분이었던 19세기 말 공업지대의 기준으로 따지자면, 테크노버브에서의 작업장과 주거의 연계는 그리 밀접하지 않다. 뉴저지에 대한 최근 연구를 보면, 주(州)의 성장회랑 근처에서 근무하는 대부분의 노동자들은 현재 그들이 일하는 카운티에서 살고 있음을 알 수 있다.[9] 그러나 이

---

[9] George Sternlieb and Alex Schwartz, *New Jersey Growth Corridors*(New Brunswick, N. J.: Center for Urban Policy Research, Ruthers University, 1986), chap. 6.

처럼 상대적으로 분산되어 있는 것은 뉴어크(Newark: 뉴저지 주의 도시)나 뉴욕과 같은 도시 중심부로 통근했던 과거의 패턴과 확실히 대조적이다. 통근 거리가 여전히 멀다 하더라도, 대개 통근에 소요되는 시간은 감소한다. 1980년 센서스를 보면, 평균 통근 통행은 물리적 거리뿐만 아니라 나아가 시간 거리도 감소하는 듯함을 알 수 있다.[10]

왜냐하면 테크노버브 안에서의 통근은 라이트가 생각했던 것처럼 공동체를 정의하는 훌륭한 고속도로 및 보조도로 망을 따라 여러 방향으로 이루어지기 때문이다. 이와 같은 행선지의 다중성은 대중교통을 비효율적인 것으로 만들지만, 일자리가 지역 내의 단일 중심지에 집중되어 있을 때 필연적으로 발생하는 극심한 병목 현상을 제거한다. 마치 고속도로변의 각 작업장이 '도시의' 노동자 풀에 의존할 수 있듯이 테크노버브 내의 각 주택은 합리적인 주행시간거리 안에서 진실로 도시의 일자리와 서비스를 구득할 수 있다.

1970년대의 에너지 위기가 테크노버브를 궁지에 몰아넣을 것이라 생각했던 사람들은 이 새로운 도시가 고유의 교통 패턴을 발전시켜왔다는 것을, 즉 자동차를 타고 수많은 방향으로 상대적으로 짧은 수많은 통행을 하는 것이 단일한 도시 중심부로 한꺼번에 밀려들어왔다가 밀려나가는 과거의 통근을 대체했다는 것을 깨닫지 못했다. 주택과 일자리와 서비스를 모두 주변부에 입지시키면서도 이런 스프롤은 나름대로 상대적으로 효율적인 형태를 형성한다. 정말로 비효율적인 형태는 과거처럼 많은 사람들이 하나의 중심 지역으로 장거리 통근하는 패턴을 부활시키려는 시도일 것이다.

테크노버브에서 나타나는 이와 같은 작업장과 주거의 새로운 연계를 설명하기 위해 우리는 우선 다음과 같은 역설 – "새로운 도시는 주변부로 주택, 산업을 비롯한 '중심' 기능들을 대규모로 종합적으로 이전시켜야 했다. 하지만 이 과정을 감독할 조정자는 아무도 없었다" – 을 검토해야 한다. 실제로

---

10) George Sternlieb and James R. Hughes, "A Note on Information Technology, Demographics, and the Retail Revolution" in George Sternlieb, ed., *Patterns of Development*, 246-47.

테크노버브는 주요 행위자들에게 동기를 부여하려는 의식적인 의도 때문이 아니라 의식적인 의도에도 불구하고 출현했다. 전후의 주택 붐은 도시적 조건들로부터 탈출하려는 시도였다. 새로운 고속도로들은 도시로의 통행을 유도하려고 노력했고 계획가들은 주변부의 성장을 제한하려고 시도했으며, 구산업 대도시의 헤게모니를 완전히 파괴하려 했던 정부 프로그램들은 오히려 그것을 구하기 위해 계획된 것들이었다.

이런 역설은 교통정책 분야에서 분명하게 확인될 수 있다. 라이트는 브로드에이커시티 계획에서 기본 논점, 즉 잘 발달된 고속도로망은 중심업무지구의 우위성을 제거한다는 것을 이해하고 있었다. 그것은 일련의 고속도로 교차점들을 가지게 되고, 이 교차점들은 업무 중심지로 기능하는 한편 여러 방향으로의 통행을 촉진할 수 있으며, 이로 인해 어떤 한 중심지가 최고의 중요도를 가질 수 없게 된다. 하지만 모지스의 시대부터 지금에 이르기까지 계획가들은 과거의 철도교통과 마찬가지로 새로운 도로들이 자동차와 트럭들을 도심지역과 도심 주변 산업지대로 집중시킴으로써 구중심지의 중요도를 높일 것이라 생각했다. 기껏해야 고속도로는 전통적인 교외화, 다시 말해 아침의 러시아워에는 주변부에서 중심부로의 이동을 그리고 오후에는 역방향의 이동을 가져올 것이었다. 테크노버브의 핵심적인 중심도로인 순환도로는 단지 주간(州間) 통행이 중심도시를 통과하지 않도록 하기 위해 계획되었다.[11]

그러므로 테크노버브의 역사는 의식적인 의도보다 앞서 웰스와 라이트가 최초로 언급한 근대사회의 심층적인 구조적 특성들의 역사이다. 분명하게 하

---

11) Mark H. Rose, *Interstate: Express Highway Poitics, 1941-1956*(Lawrence: University Press of Kansas, 1979). 외부도시의 구조를 더 자세히 검토하기 위해서는, 특히 Peter O. Muller, *Contemporary Suburban America*(Englewood Cliffs, NJ: Prentice-Hall, 1981); Mark Gottdiener, *Planned Sprawl: Private and Public Interests in Suburbia*(Beverly Hills, Calif.: Sage Publications, 1977); Carl Abbott, *The New Urban America: Growth and Politics in Sunbelt Cities*(Chapel Hill: University of North Carolina Press, 1981); Mark Baldassare, *Trouble in Paradise: The Suburban Transformation in America*(New York: Columbia University Press, 1986); Christopher B. Leinberger and Charles Lockwood, "How Business Is Reshaping America", *The Atlantic* 258(October 1986): 43-63을 참조하라.

기 위해, 이제 나는 테크노시티의 형성에 대한 이와 같은 논의를 상호관련된 두 가지 주제-주택과 일자리 입지-로 구분할 것이다.

주택

전후 미국의 대대적인 주택 붐은 아마도 교외의 꿈이 가장 순수하게 실현된 사례였을 것이다. 하지만 그 궁극적인 결과는 교외지역을 황폐하게 만드는 것이었다. 1950년에서 1970년 사이에 평균 120만 호의 주택이 매년 지어졌으며, 그 대부분은 교외의 단독주택이었다. 국가의 총주택수는 2,100만 호 정도, 즉 50% 이상 증가했다.[12] 1970년대에 들어와 이런 붐은 훨씬 더 강하게 지속되었다. 2,000만 호가 더 지어졌으며, 이는 이전 시기의 20년 동안 지어진 것과 맞먹는 것이었다.[13] 바로 이처럼 새로운 주택이 엄청나게 건축됨으로써 미국에서의 무게중심은 도시 중심부에서 주변부로 옮겨졌고, 그리하여 이 활기차고 팽창일로에 있는 지역은 단순히 침상 공동체로 유지될 수 없음이 분명했다.

1945년 이후의 상황에 아주 특징적인 듯한 이와 같은 대대적인 건설 붐은 사실상 20세기 초 교외지역을 미국 전역으로 보편화하려는 시도에 기원을 두는 것이었다. 이것은 본질적으로 1920년대 건설 붐의 연속으로 이해될 수 있으며, 대공황과 세계대전으로 20년 간 차단되었다. 스턴립이 환기시키고 있듯이 1929년의 미국 자동차 산업은 1인당 자동차 대수로 볼 때 1980년대보다 더 많은 자동차를 생산하고 있었고, 부동산 개발업자들은 1960~70년대에 가서야 건설될 주변지역에 이미 분양지들을 구획해놓았다.[14]

그러나 재정적, 조직적, 기술적으로 볼 때, 이런 붐의 근원은 1930년대에

---

12) George Sternlieb and David Listokin, "Housing: A Review of Past Policies and Future Dirdctions" in Sternlieb, ed., *Patterns of Development*, 46-48. 주택통계의 문화적 의미는 Thomas Hine, *Populuxe*(New York: Knopf, 1986), chap. 3, "A New Place"에 예리하게 기술되어 있다.

13) George Sternlieb and James W. Hughes, "Structuring the Future" in Sternlieb, ed., *Patterns of Development*, 11.

14) Sternlieb and Listokin, "Housing", 30-32.

있었다. 왜냐하면 건설산업 합리화가 이루어진 시기가 바로 그때였기 때문이다. 로스앤젤레스 개발과정에서 살펴보았듯이 연방주택국의 저당대부와 대량생산된 트랙하우스는 그때부터 등장한다. 이 양자는 주택산업이 철저하게 축소된 시장 환경에서 살아남기 위해 비용을 낮추어야 할 필요가 있었음을 의미했다. 결과적으로 주택산업은 주택 수요가 폭발할 때 적합한, 상대적으로 효율적인 형태를 이미 갖추고 있었다.

개발업자와 건설업자들은 1920년대처럼 각기 적은 자기자본을 가지고 생산 및 신용대부로 인한 높은 비용을 구매자에게 전가하면서 상호 독립적으로 일하는 대신에, 전후의 개발업자 - 건설업자는 저축대부기관으로부터 많은 돈을 빌려 산업적 스타일의 규모의 경제를 이룰 수 있었다. 레빗타운과 더불어 레빗(William Levitt)은 이런 산업적 스타일의 계획가 - 개발업자 - 건설업자의 가장 유명한 상징이었지만, 그 실질적인 영향력은 중소 건설업자들이 주변부 어디에서나 이런 혁신들을 구체화할 수 있을 즈음에 나타났다.

구매자는 차례로 연방주택국이 1930년대에 만들었고 곧이어 사채업자들이 뛰어든 30년 상환 저당대부를 쉽게 받을 수 있었다. 또한 연방정부는 주택산업은 투자가의 저축을 두고 (다른) 산업과 다툴 필요가 없을 것이라고 보증했다. 연방정부가 보증한 '루프'는 소투자가들의 저축이 저축대부기관으로 흘러 들어가게 유도했고, 이 자금들은 곧장 건설업자를 위한 단기대부금이나 구매자를 위한 저당대부금으로 사용되었다. 혹자는 이런 방식을 오스만이 1860년대 프랑스 건설산업을 위해 크레디 퐁시에를 통해 자본을 '동원했던' 것에 비유하기도 한다. 결정적인 차이점은 19세기 프랑스에서는 대규모 '집합적' 건물, 즉 프랑스 대로변에 대규모 아파트를 짓기 위해 막대한 자금을 동원했다는 것이었다. 1945년 이후 미국에서 풍부한 자금과 정교한 조직을 가진 산업은 단독주택을 짓기 위해 존재했다.

따라서 1930년대의 능률적인 금융 및 기술 체계는 새로운 교외주택에 대한 전후의 폭발적인 수요가 높은 이자율, 비효율적인 건설관행, 또는 부풀려진 지가의 수렁에 빠지지 않을 것임을 보증했다. 대신에 1950년에서 1970년 사이에 중간층 가족의 실질소득이 두 배가 되었다는 것은 곧바로 새로운 주택의 소비로 해석될 수 있었다. 이와 같은 주택의 황금기에는 종종 중심도시의 집세보다도 낮은 월세로 신축 트랙하우스를 구할 수 있었다.15) 조지 베일리는 마침내 포터를 격파했다.

이자율, 유가, 지가가 높고 실질소득이 제자리 걸음을 걷던 1970년대 후반에도 새로운 단독주택에 대한 욕구는 감소하지 않았다. 1981년에 미국의 중간층 가족은 중간 수준의 주택을 구입하는 데 필요한 액수의 70%밖에 벌지 못했다. 그러나 1986년, 중간층 가족은 또다시 중간 수준의 주택을 구입할 수 있게 되었다.16) 단독주택은 지금도 전체 주택 가운데 67%를 차지하고 있으며, 비용이 증가했음에도 불구하고 1970년 이래로 단 2% 감소했을 뿐이다.17) 게다가 1986년의 잠재 주택구매자에 대한 조사 결과 85%는 단독교외주택을 구입할 예정이었고, 15%만이 분양 아파트나 도시주택을 생각하고 있었다.18) 건설업자들이 말하는 '싱글'(단독주택)은 여전히 도시 주변부를 장악하고 있다.

하지만 이처럼 지속적으로 싱글을 선호하는 것이 주택의 의미와 맥락을 변형시켜온 결정적인 변화들을 무색하게 하지는 않는다. 1950년대의 새로운 교외주택들은 백여 년 전의 그것과 같이 여성과 가족을 도시의 경제생활로부터 격리시키는 곳에 정확히 입지했으며, 도시와 시골 사이의 배타적 주거지대를 규정지었다. 이제 새로운 주택은 도심의 건물보다 더 많은 새로운 오피스 공간을 갖춘 경치 좋은 오피스 단지에 인접하거나, 도심의 백화점보다 판매량이 많은, 에워싸인 쇼핑몰로 이어지는 고속도로 바로 아래에 위치하거나, 전세계로 수출되는 물건을 만드는 첨단 연구소를 내려다보고 있을지도 모른다. 이제 주변부의 단독주택은 도피처가 아니라 두 배우자가 신속하게

---

15) Clifford Edward Clark, Jr., The *American Family Home, 1800-1960*(Chapel Hill: University of North Carolina Press, 1986), 222.
16) Philadelphia *Inquirer*(13 April 1986), 1-I.
17) Philadelphia *Inquirer*(6 April 1986), 2-J.
18) Philadelphia *Inquirer*(26 April 1986), 1-J.

직장으로 갈 수 있는 편리한 근거지로서 선호되다.

주택과 함께 일자리가 동시에 이동하지 않았더라면, 과중한 고속도로와 대중교통시설을 이용해 혼잡한 도심부의 작업장으로 가는 통근거리가 훨씬 길어져 이 거대한 '교외' 붐은 분명 사그라들었을 것이다. 그리고 새로운 주변부 공동체는 중산층 여성을 능력에 따라 노동력으로 재통합하는 환경이 되지 못하고, 비평가들이 칭했듯 실제로 여성들의 '고립구역'이 되었을 것이다. 교외주택 및 교외 침상공동체에 대한 변하지 않는 이미지는 다음 절의 주제인 일자리 입지의 변화가 가지는 결정적인 중요성을 모호하게 했다.

일자리 입지

이 과정을 계획하려 했던 사람들이 고생해서 터득했듯이 일자리 입지는 나름대로 자율적인 법칙들을 가진다. 1945년 이후 도시 중심부를 벗어난 지역으로의 공장 이전은 주택 붐과는 별개로 발생했으며, 아마도 주택 붐을 동반하지 않은 채 일어났을 것이다. 그럼에도 불구하고 1950~60년대의 주택과 일자리의 동시적인 이전은 주변부에 생각지 않은 '충분한 정도'의 기업가 정신과 전문기술을 창출했으며, 이로 인해 테크노버브는 200년 동안의 중심도시의 경제적 지배에 성공적으로 도전할 수 있게 되었다.

19세기 미국의 작업장들이 더 넓고 값싼 토지를 구하기 위해 당시의 도심에서 변두리의 새로운 공장지대로 떠났듯이 20세기의 공장들은 그 공장지대를 버리고 테크노버브의 산업단지로 떠났다. 이 과정은 생산방식들의 변화로 가속화되었으며, 이는 단일한 평면에서의 직선적인 생산의 흐름을 강조했다. 이 새로운 방식들이 도입됨으로써 20세기 초 공장지대의 기념물이었던 4~5층 철근 콘크리트 공장은 시대에 뒤떨어진 것이 되었다. 예컨대 뉴욕시에서 1922년에 지어진 공장들은 노동자 1인당 1,040평방 피트를 차지했고, 1922년에서 1945년 사이에 지어진 공장들은 2,000평방 피트를 사용했고, 1945년 이후에 지어진 공장들은 4,550평방 피트를 점유했다.[19] 이와 같은 극적

---

19) Edgar M. Hoover and Raymond Vernon, *The Anatomy of a Metropolis*(Garden City,

인 규모의 증대는 사실상 공장들을 도심부의 제한된 도시 블록을 벗어나 테크노버브의 열린 공간으로 억지로 밀어냈다.

이와 동시에 교역 중요성의 증대는 공장들이 더 이상 구공장지대에만 존재했던 철도노선의 교차점에 의존하지 않는다는 것을 의미했다. 노동자들은 자가 승용차를 가지고 있었고, 그래서 공장들은 대중교통이 없어도 걱정 없이 주변부로 확산될 수 있었다(1930년대 로스앤젤레스의 항공기 공장 및 기타 공장들의 확산은 이런 경향을 미리 보여주었다). 이 과정은 경영자들이 도심부 공장들을 폐쇄하고 변두리에 신규 투자를 할 수 있도록 해주었던 수천 가지의 다양한 의사결정들의 결과로 힘을 얻었다. 예컨대 보스턴 지역에서 1954년에서 1967년 사이에 신축된 산업용 건물의 80%는 교외 주변부에 건설되었다.[20] 1958년에서 1967년 사이에 전국적으로 중심도시들은 제조업, 상업, 서비스업 부문에서 338,000여 개의 일자리를 상실했던 반면, 이 중심도시들을 둘러싼 교외지역은 433,000여 개의 일자리를 획득했다.[21] 이런 경향은 1960년대에도 계속되어 교외거주자들이 농촌 및 도시 인구보다 많은 것으로 나타났던 1970년 센서스는 교외에 위치한 일자리가 중심도시에 위치한 일자리보다 많다는 결과와 일치했다.[22]

하지만 1950년대와 1960년대의 이와 같은 일자리 입지의 변화는 테크노버브의 실질적인 승리를 위한, 즉 사무관리직 고용과 첨단기술연구소와 생산시설을 중심부에서 주변부로 끌어내기 위한 서곡에 불과했다. 이 과정은 세 부분으로 나뉘어질 수 있다. 첫째, 캘리포니아 실리콘밸리, 댈러스와 포스워스 사이의 실리콘프레리, 애틀랜타벨트웨이, 뉴저지의 프린스턴과 뉴브룬스

N. Y.: Doubleday, 1959), 27.

20) Brain J. L. Berry and Yehoshua S. Cohen, "Decentralizing Commerce and Industry: The Restructuring of Metropolitan America" in Louis H. Masotti and Jeffrey K. Hadden, eds., *The Urbanization of the Suburbs*(Beverly Hills, Calif.: Sage Publications, 1973), 442.

21) Ibid., 439.

22) Jack Rosenthal, "The Rapid Growth of Suburban Employment" in Masotti and Hadden, eds., *Suburbia*, 95-100.

웍 사이의 루트1, 뉴욕의 웨스터체스터카운티, 펜실베이니아의 밸리포즈 근처의 루트202, 보스턴 외곽의 루트128과 같은 여러 곳에 '첨단산업' 성장회랑을 건설한 것이었다. 두번째 단계는 오피스 기능, 특히 소위 말하는 백오피스(back office)[23]가 중심도시 고층건물에서 테크노버브의 오피스 단지로 이전한 것이었다. 그리고 최종 단계는 생산자 서비스-은행, 회계사, 변호사, 광고회사, 숙련기술자 등-가 테크노버브 내의 입지로 이전해서 대기업을 위한 지원군의 핵심기지를 형성했다는 것이었다.

실제로 테크노버브로 향하는 이와 같은 거대한 물결은 매우 전면적이어서 이제 우리는 구도시 중심부가 소멸할 것이라는 라이트의 궁극적인 예언이 맞아떨어질 것인지를 자문해보아야 한다. 오늘날 도심부 오피스 건설 및 도심 젠트리피케이션(gentrification) 붐은 심층적인 탈중심화 경향이 도심의 궁극적인 쇠락을 가져오기 전에 구도시가 내지르는 최후의 환호성에 불과한 것인가?

내가 보기에 웰스와 라이트가 예언한 궁극적인 확산이 이루어질 것 같지는 않다. 왜냐하면 두 사람은 20세기 말에도 지속되고 있는 경제적, 정치적 집중의 힘을 과소평가했기 때문이다. 물리적 탈중심화가 사실상 경제적 탈중심화를 의미했다면, 도시 중심부는 지금쯤 유령도시가 되었을 것이다. 그러나 유력한 대규모 조직들은 여전히 자신들의 중요성을 유효하게 해주는 중심부 입지를 추구하고 있고, 대도시의 유서 깊은 중심부는 여전히 주변부의 오피스 단지에 비해 이런 욕구를 보다 잘 충족시킨다. 게다가 중심부의 기업

---

23) [역주] 기술발전에 따라 오피스 공간이 재조직되면서 전통적인 본사(headquarter)와 지사(branch office) 패러다임으로는 전체적인 오피스 입지를 설명할 수 없게 되자, 오피스 입지를 설명하는 새로운 패러다임으로 나타난 것이 프런트오피스(front office)와 백오피스(back office) 개념이다. 프런트오피스는 주로 대면접촉에 의해 업무가 수행되는 전문화된 정보기능을 담당하며, 백오피스는 의사결정 없이 일상적으로 프로그램된 행정적 일을 처리하는 것이다(이정훈, 1999, 「동경대도시권에서 도심 고차업무기능의 교외이전에 관한 연구」, 서울대학교 지리학과 박사학위논문; 한대권, 1995, 「서울시 사무기능의 공간분화에 관한 연구」, 서울대학교 지리학과 석사학위논문; Meany, J. A., 1989, *Back-Office location in the washington, D.C. Metropolitan Area*, Dissertation of the University of Maryland를 참조하라).

본사와 정부 부처들은 여전히 중심도시들을 살아 있게 해주는 아주 다양한 전문적 지원 서비스―법률회사, 광고, 출판, 미디어, 레스토랑, 위락시설, 박물관 등―를 끌어들인다.

도심 주변의 구공장지대도 남아 있지만, 너무 가난해서 주변부의 부유한 신도시로 진입할 수 없는 자들이 사는, 뼈아프게 이례적인 느낌을 주는 곳일 뿐이다. 그러므로 대도시는 예견할 수 있는 미래에는 사라지지 않을 것이며, 앞으로도 테크노버브의 주민들은 도시 중심부의 경제적 권력과 엘리트 문화 그리고 빈곤을 거북하게 대면해야 할 것이다. 그럼에도 불구하고 테크노버브는 미국 사회의 진정한 중심지가 되어왔다.

새로운 도시의 의미

테크노시티와 테크노버브의 구조를 넘어 더 큰 문제가 있다. 그것은 이와 같은 탈중심회된 환경이 우리 문화에 어떤 영향을 미치는가 하는 것이다. 옴스테드가 100년 전 교외에 대해 말했듯이 누군가 테크노버브는 "가장 매력적이고 가장 세련되고 가장 건전한 가정생활의 양식이며, 인류가 지금까지 이룩한 문명 기술들을 가장 잘 응용한 것"24)이라고 말할 수 있을까? 대부분의 계획가들은 실상 그 정반대라고 말한다. 그 혐의는 크게 두 가지로 나뉘어질 수 있다. 첫째, 탈중심화는 구도시와 빈자들에게 사회경제적 재앙이었으며, 이들은 점차 혼잡하고 쇠락한 지대에 소속되어왔다. 이는 미국 사회를 부유한 외부도시(outer city)와 궁핍한 내부도시(도심: inner city)로 다시 쪼개어놓았고, 또한 빈자들로 하여금 테크노버브의 일자리와 주택을 공유하지 못하게 하는 훨씬 더 높은 장벽을 세웠다. 둘째, 탈중심화는 문화적 재앙으

---

24) Olmsted, Vaux and Co., "Preliminary Report upon the Proposed Suburban Village at Riverside, near Chicaho"(New York, 1868), reprinted in S. B, Sutton, ed., *Civilizing American Cities: A Selection of Frederick Law Olmsted's Writings on City Landscapes*(Cambridge, Mass.: M. I. T. Press, 1971), 295.

로 간주되었다. 도시의 풍부하고 다양한 건축 유산이 쇠락하는 헌편, 테크노버브는 시간과 공간을 소비하고 자연경관을 파괴하는 표준화되고 단순화된 스프롤에 따라 확립되었다. 후기산업사회의 미국이 창출한 부는 지나치게 확산되어 효율적이지 못하고 너무 피상적이어서 진정한 문화를 창조할 수 없는 추하고 소모적인 사이비도시를 만드는 데 사용되었다.

이 두 가지 혐의는 부인할 수 없는 사실이다. 하지만 이것은 이 주제들을 다루는 사람들을 괴롭힐 것 같은 논쟁적인 과장으로부터 구출되어야만 한다. 첫번째 혐의가 더욱 근본적이다. 왜냐하면 그것은 1945년 이후의 탈중심화가 가진 진정한 구조적 불연속성을 지적하고 있기 때문이다. 물리적, 사회적, 경제적으로 스스로를 도시로부터 떼어냄으로써 테크노버브는 극히 반도시적이다. 교외지역은 결코 반도시적이었던 적이 없었지만 말이다. 교외화는 팽창된 지역의 문화적, 경제적 핵심으로서 중심부를 강화했다. 그리고 산업을 배제함으로써 교외지역은 손상되지 않은 채 남아 있었으며, 오히려 도시의 공장지구를 증가시켰다.

하지만 테크노버브단지는 도시의 공장지구를 완전히 파괴하며, 심지어 상업 중심부도 위협할 수 있다. 주변부의 새로운 장소를 둘러싼 경쟁은 1890년에서 1930년 사이에 건설되었던 주택 및 공장 단지들을 모두 황폐하게 하고, 이는 고도로 전문화된 쇼핑 및 행정 서비스에 대해서도 도시 중심부에 대한 대안을 제공한다.

게다가 이런 경쟁은 남부의 흑인들이 북부의 도시들로 대거 이주하는 가운데 일어났다. 흑인, 스페인계, 기타 최근의 이주자들은 고용주와 백인 노동계층이 버리고 떠난 구공장지구에서만 주택을 구할 수 있었다. 그 결과는 20세기 판 디즈레일리(Disraeli)의 "두 나라"였다. 하지만 이제 인구의 다수를 차지하는 부유한 외부지역은 중산층과 부유한 노동계층을 포함하는 한편, 대부분의 흑인과 스페인계 소수민족들은 좋은 주택과 일자리가 없는 쇠락한 근린으로 내몰린다.

이 황량한 그림은 전통적인 도시 중심부가 화이트칼라 및 전문 직종으로 구성된 주요 지역들을 지속적으로 유지함으로써 그리고 일부 높은 임금을 받는 중심부 노동자들이 중심부 근처 고층건물이나 최근에 보수한 주택에 살기로 결정함으로써 다소 수정되어왔다. 쇠락한 공장지대 및 주변부의 넓은 지역과 비교할 때, 이와 같은 젠트리피케이션 현상은 가시적으로 아주 잘 드러나지만 통계적으로는 대수롭지 않다. 이는 저임금 도시 거주자들에게 이득이 되기도 했고, 그들을 쫓아내는 역할을 하기도 했다. 그리하여 20세기 말 미국의 환경은 두 나라 증후군의 조짐을 모두 보여준다. 즉, 하나는 가난하고 주류문화에서 배제되어 있으며 자기 고유의 언어와 방언을 구사하는 환경이고, 다른 하나는 부유하고 위험해보이는 도시환경에서 아주 멀리 떨어져 있으며 점차 동질화되어가는 문화이다.

쇠락한 환경에서 생활하는 빈자들의 운명이 테크노시티의 가장 큰 사회적 비용이었다면, 새로운 도시의 동질화는 그와 마찬가지로 관심의 대상이 되었다. 특히 1950년대에는 소위 '교외 문제'에 대한 논쟁이 엄청나게 쏟아져나왔다. 어느 정도 이 논쟁들은 미국 문화 일반에 대한 비판들이었으나, 교외지역을 상대적으로 안전한 표적으로 삼았다. 그러나 특히 리스만(David Riesman)과 화이트(William H. Whyte)의 논쟁은 적절한 사례이다.

「교외의 슬픔」이라는 논문에서 리스만은 기본적인 문제, 즉 새로운 도시의 저밀도가 모든 문화적 다양성에 해로운가 하는 문제를 제기한다. 그는 소수의 고급문화를 위한 임계량(critical mass)은 외부도시의 세계에서 절대로 살아남을 수 없다는 점을 염려한다. 시종일관 그의 판단기준은 고전적 산업도시이며, 고전적 산업도시는 확실히 전체 대도시지역을 한정된 도심지역에 집중시켰다.[25]

이 도시 중심부는 도시를 만든 다양한 계층과 인종 집단들을 불러모았을 뿐만 아니라 대중교통수단을 통해 모든 사람들이 이용할 수 있는 연주회장, 박물관, 개봉 영화관, 극장과 같은 전문화된 문화들을 만들었다. 리스만이 염

---

25) David Riesman, "The Suburban Sadness" in William M. Dobriner, ed., *The Suburban Community*(New York: Putnam, 1958), 375-408.

려하는 것은 새로운 도시가 이와 같은 다양성을 창출할 수 없다는 것이다. 문화는 필연적으로 최소의 공분모로 환원되며, 이 형편없는 획일성은 개인주의와 자유에 대한 장벽으로 작용하게 된다.

획일성은 일리노이의 파크 포리스트-시카고의 한 교외-에 대한 화이트의 분석 주제이며, 파크 포리스트에 대한 분석은 화이트의 영향력 있는 사회학 저서 『조직 인간』(The Organization Man)의 일부분을 구성한다.26) 파크 포리스트에서 화이트가 발견한 광적인 사회화의 대부분은 일반적인 교외지역에서 전형적으로 나타나는 것이 아닌 것으로 판명되었으나, 분석의 본질적인 요소는 쉽게 거부되지 않는다. 화이트는 공간을 지배할 수 있는, 다시 말해 좁은 범위의 생산물들을 넓은 지역에 배분할 수 있는 거대한 조직에서 새로운 사회의 토대를 확인한다. 교외는 물질적·사회적으로 이런 세계의 산물이다.

물질적으로 교외는 가차없이 균일하게 그리고 진정한 변화나 교체 없이 부단히 반복되는 한정된 범위의 디자인들을 사용해 대규모 조직과 대량 생산을 구현한다. 사회적으로 교외는 '조직 인간'에 의해 지배된다. 여기서 남성의 인성은 대규모 조직에서 원활하게 일해야 한다는 필요조건에 의해 형성되어왔고, 여성은 이런 남성들이 존재하는 데 필요한 가정 환경을 제공하기 위해 주로 존재한다. 그 결과-그리고 여기서 리스만과 화이트는 본질적으로 의견의 일치를 보인다-는 근대사회에서의 짜임새의 심각한 상실, 즉 우리 문화의 핵심을 차지해온 개인주의와 같은 것의 종말이다. 라이트와 비교할 때, 흥미롭게도 이들은 탈중심화로부터 정확히 반대되는 결론을 이끌어낸다. 라이트는 도시를 균일성의 심장부로, 탈중심화를 새로운 개인주의로

---

26) William H. Whyte, *The Organization Man*(New York: Simon and Schuster, 1956). 화이트의 책은 지금도 영향력과 적실성을 가지고 있으나, 갠스의 책과 함께 읽어야 한다. Herbert J. Gans, *The Levittowners: Ways of Life and Politics in a New Suburban Community,* 2d ed.(New York: Columbia University Press, 1982). 갠스는 뉴저지 레비타운(현재의 윌링보로)에 살면서 상세한 관찰을 통해 수립한 모델을 가지고 화이트의 과장을 효과적으로 제거했다. 펜실베니아 레비타운과 스웨덴의 뉴타운을 상세하게 관찰해서 쓴 David Popenoe, *The Suburban Environment: Sweden and the United States*(Chicago: University of Chicago Press, 1977)도 또한 중요하다.

가는 길로 보았으나, 리스만과 화이트는 탈중심화를 고급문화가 형성될 수 있는 밀도를 궁극적으로 파괴하는 것으로 본다.

또 하나의 요소는 텔레비전인데, 1950년대에는 리스만도, 화이트도 이것을 강조하지 않았다. 텔레비전은 테크노버브를 위한 완벽한 매체임이 입증되었다. 새로운 도시 그 자체와 마찬가지로 텔레비전은 본래부터 탈중심적이고 가정중심적이다. 중심부에 있는 사람들이 중심부의 위락시설을 이용하는 것과 마찬가지로 텔레비전은 탈중심화된 지역의 가장자리에 있는 사람들에게 그것을 제공한다. 텔레비전은 공동체의 구중심지-특히 도심의 극장-를 우회해서 직접 가정으로 간다.

1950년대 이래로 텔레비전과 테크노버브는 제휴되어 있었고, 각각은 서로의 이해를 증진시켜왔다. 텔레비전의 경우, 탈중심화된 관객은 이상적인 관객, 즉 광고가 제공하는 표준화된 제품들의 완벽한 소비자이다. 반대로 텔레비전은 단독주택을 표준적인 미국 가정으로 찬양했고 저밀도 근린을 소중하게 생각했으며, (동시적인 것은 아니지만 아마도) 도시를 범죄와 일탈행위의 온상으로 가차없이 부정적으로 묘사했다.

테크노시티를 표준화와 균일성에 빠진 개성을 창출할 수 없는 문화적 황무지로 묘사해버리는 것은 어려운 일이 아니다. 그러므로 새로운 도시로의 대량 이주는 문화적 재앙으로, 미국 문화의 평범화(trivialization)로, 문화가 번성할 수 있는 환경에 대한 파괴적인 위협으로 간주될 수 있다.

이런 관심사를 다룰 때, 우리는 새로운 도시가 결코 구중심부들과 문화적으로 경쟁할 수 없을 것이라는 본질적인 진실을 인정해야 한다. 많은 비용을 들여서라도 중심부에서만 발견될 수 있는 문화적 자극을 추구하는 사람들과 외부도시의 가족중심적 생활을 선택하는 사람들 사이의 선택의 차이는 머지 않은 미래에 나타날 것이다. 하지만 진실로 탈중심화된 문화, 즉 가족중심적 생활이 상당한 선택의 범위와 양립할 수 있는 문화를 창조할 수 있는가 하는 문제는 여전히 미정인 채로 남아 있다. 이 탈중심화된 지역에 극도로 난해한 공학전공분야의 전문가들이 충분하고도 남을 만치 많은 미국 사회가 실내악

연주회를 개최할 만큼의 관객을 동원할 수 없다는 것이 아이러니이다.

아마도 이런 관심사를 다루는 유일한 방법은 그것들을 거대한 진화의 일부로 보는 것이다. 앞에서 살펴보았듯이 탈중심화된 환경에서 가장 먼저 번성하는 조직들은 실제로 표준화에 의존하는 것들이다. 그러나 첨단기술의 세계에서 적어도 이런 표준화는 결국 표준화와 다양성을 보다 잘 조화시키는 방향으로 나아간다. 이런 진화가 테크노시티에서도 문화적으로 일어나고 있다는 증거가 있다. 캠퍼스 같은 연구소에서 디자인된 컴퓨터들이 도시 중심부로 가는 길을 찾아 새로운 도시의 생산물들을 도시로 보냄으로써 새로운 도시가 예술의 우수한 원천이 될 것이라고 생각하는 것은 물론 라이트에게 어울리는 공상적 유토피아주의이다. 그럼에도 불구하고 테크노버브가 탈중심화된 국가를 위한 고유한 문화적 사명을 가지고 있다면, 그것은 전통문화 영역보다는 환경 영역에 있다고 생각한다. 여기서 급속하고도 무제한적인 탈중심화의 재료를 가지고 진실로 미국적인 경관을 창조하려고 결심했던 라이트는 진실로 가장 예언자다운 풍모를 지니고 있었다고 생각한다. 그가 말하길, "브로드에이커는 대자연과 조화를 이루도록 건설될 것이므로, 지형의 아름다움을 가슴 깊이 느끼는 것은 새로운 도시 건설업자들의 근본적인 자질이 될 것이다."27)

주변부 도시들의 현실에 적용할 때, 이 말은 불쾌하게 빈정대는 투로 들린다. 혹자는 건설업자와 계획가의 실질적인 자질은 자연에 대한 절대적인 무시와 이윤 동기에 대한 절대적인 공감이라고 결론을 내릴지도 모른다. 실제로 가장 큰 비판('스프롤'이라는 단어로 가장 잘 요약될 수 있는 비판)을 받아온 것은 바로 테크노시티가 환경에 미치는 영향이다. 건축비평가 헉스터블(Ada Louise Huxtable)은 이 새로운 취락을 "교외 빈민촌"(slurbs)이라 했고, 그곳에서의 생활은 "발견의 항해나 세계의 불가사의—자연적이든 인공적이든—에 대한 개인적인 탐험이 아니며, 그것은 시야가 미치는 한 환경의 질을

---

27) Frank Lloyd Wright, *When Democracy Builds*(Chicago: University of Chicago Press, 1945), 58.

통해 정신을 북돋우는 것이 전혀 없는 진부한 균일성이다"[28]라고 썼다.

테크노버브 반대론은 쉽게 요약될 수 있다. 전통적인 교외와 비교하더라도 우선 그것은 이해할 수 없는 것처럼 보인다. 그것은 어떤 분명한 경계를 가지고 있지 않다. 그리고 그것은 서로 어울리지 않는 농촌, 도시, 교외의 요소들을 포함한다. 또한 그것은 도시 구역보다는 군부(카운티)에서 가장 잘 측정될 수 있다. 결과적으로 새로운 도시는 전체에 의미를 주는 그럴듯한 중심지를 갖추고 있지 못하다. 주요 시정기관들은 획일적인 경관상에 닥치는 대로 흩어져 있는 듯하다.

계획 단지조차도 (내부에서 볼 때에는 조화롭게 보일지라도) 파편화된 환경을 구성하는 파편들에 다름아니다. 주택 하나, 가로 하나, 심지어 가로와 주택 전체가 잘 계획되어 있을 수 있고, 또 때로는 그러하다. 그러나 진정한 공적 공간은 결여되어 있거나 완전히 상업화되어 있다. 개발되지 않은 채 남아 있는 농업지구들만이 진정한 개방성을 유지하고 있고, 이 지구들은 필연적으로 개발되어 또 다른 탈출과 스프롤을 촉진한다.

테크노시티 옹호론은 머뭇거리며 잠정적으로 언급될 수 있을 뿐이다. 그럼에도 불구하고 우리는 그 결점이 대부분 새로운 도시 유형에 대한 초기의 어색함일 것이라 기대할 수 있다. 모든 새로운 도시 형태들은 초기 단계에서는 무질서하게 보인다. "어울리지 않게, 뒤죽박죽으로 조잡하게 뒤섞인, 땅 속에 잠복하고 있는, 땅에서 솟아오르는, 물 속에서 썩고 있는, 그리고 꿈처럼 난해한, 10만 개의 불완전한 형식과 내용이 있었다." 이것은 찰스 디킨스가 소설 『돔베이와 아들』(Dombey and Son)의 6장에서 1848년의 런던을 묘사한 글이었다. 앞에서 지적했듯이 스프롤은 전통적인 도시에 익숙한 사람들에게 잘 드러나지 않는 기능적 논리를 가진다. 웰스나 라이트처럼 풍부한 상상력을 가지고 이해하면, 아마도 어울리는 미학을 고안해낼 수 있을 것이다.

우리는 과거의 가장 '유기적인' 도시경관조차도 많은 혼돈과 시행착오를

---

28) Ada Louise Huxtable, "An Alternative to 'Slurbs'" in Masotti and Hadden, eds., *Suburbia*, 187.

거친 후에야 점진적으로 발전했다는 사실을 기억해야 한다. 19세기 말의 고전적 철도 교외-비평가들은 이것을 기준으로 삼아 오늘날의 스프롤 현상을 평가한다-는 19세기 대도시권 성장의 무질서 속에서 발전했다. 우선 내시나 옴스테드와 같은 천재적인 계획가들은 이 과정을 이해하고 그것을 다스리기 위한 미학적 공식들을 고안했다. 그리고 이 공식들은 투기적 건설업자들에게-천천히 그리고 불완전하게-전해졌고, 그럼에도 불구하고 이들은 그럭저럭 기본 사상을 이해했다. 마침내 각각의 토지소유자들은 어울리지 않는 요소들을 제거해서 공동체를 이상형에 더욱 가깝게 만들기 위해 보유지를 끊임없이 향상시켰다.

우리는 유사한 과정이 탈교외적 외부도시에서 지금 일어나기를 기대할지도 모른다. 테크노버브 미학을 위한 출발점으로서 라이트의 브로드에이커시티 계획이 있으며, 근대적이지만 유기적인 미국 경관의 비전을 추구하는 모든 사람들은 아직도 이것을 연구한다. 탈중심화와 과거의 공동체 개념들을 조화시키려는 의도에서 신중하게 계획된 뉴저지 래드번(Radburn)을 비롯한 미국의 뉴타운(New Town) 전통은 더욱 유용하다.29) 라우즈(James Rouse)의 메릴랜드 주 콜롬비아와 같이 널리 알려진 프로젝트뿐만 아니라 수백 개의 작은 계획 공동체에서도 이미 뉴타운 계획들은 투기적 건설업자들에 의해 채택되어왔으며, 경관에 그 흔적을 남기고 있다.

도시 건축으로는 라이트의 마린 카운티 시빅 센터(Marin County Civic Center)가 있으며, 이는 탈중심화된 환경에서 공공 기념물의 모델로 기능하고 있다. 다단계의 에워싸인 쇼핑몰은 과거의 도시 내 거대한 쇼핑지구들에 어울리는 광활함을 갖추었고, 한편 신축된 대학 캠퍼스와 캠퍼스를 닮은 오피스 단지와 연구소들은 이런 환경에 상당한 기여를 한다. 몇몇 상업적 간선도로들은 불협화음으로부터 구원받았으며, 천박하지 않은 생기를 그럭저럭

---

29) 미국의 뉴타운 계획이론에 대한 철저한 리뷰에 대해서는, 특히 Daniel Schaffer, *Garden Cities for America: The Radburn Experience*(Philadelphia: Temple University Press, 1982)를 참조하라.

획득했다(이런 발전은 19세기 도시 중심부의 발전과 유사하다. 이곳은 처음에 작은 건물들과 큰 간판들이 몹시 추하게 모여 있던 곳이었으나, 19세기 말에는 꽤 기품 있는 상업 중심지로 변형되었다).

가장 중요한 것은 지역토지이용계획, 공원용지를 위한 토지 취득, 경작 농지에 대한 세금 감면을 통해 개방지를 경관의 필수적인 부분으로 유지해야만 한다는 인식이 높아지고 있다는 것이다. 이런 정부 시책들은 개개인의 수많은 작은 노력들과 결합되어 새로운 도시에 적합한 환경을 창조할 수 있었다. 게다가 이 노력들은 외부도시의 성격을 더욱 다양화하는 출발점을 제공할 수 있었다. 각 지역의 경관에 대한 이해와 관심의 증대는 모든 구별들을 지워버리는 대중문화를 점차 거부하게 할 수 있었다.

그러므로 테크노시티는 물리적·문화적으로 아직도 건설중이다. 테크노시티를 건설하는 데 많은 비용이 소요되었다는 것을 부인할 수 없듯이 테크노시티의 경제적, 사회적 성공을 부인할 수 없다. 가장 중요한 것은 기능과 의미의 차원에서 교외지역이 의존했던 도시 형태를 탈중심화의 새로운 패턴이 근본적으로 바꾸어왔다는 것이다. 이 새로운 도시의 운명이 어떠하든 전통적 의미에서의 교외지역은 이제 과거의 유물이 되었다.

교외지역의 유산

테크노시티에는 구교외지역의 잔재들이 남아 있다. 철도노선이나 버려진 전차노선 주변에서 궁극적으로 18세기 런던으로 그리고 클래펌 공유지에서 형성된 이상―도시와 시골의 결합, 자연 세계와 인공 세계의 조화―으로 거슬러 올라가는 구교외지역의 특징적인 형태들을 여전히 볼 수 있다.

물론 이제 '자연'은 멀리 사라지고, 새로이 조성된 환경이 과거에 벌판이 펼쳐져 있던 곳으로 뻗어나가는 듯하다. 때때로 구교외들은 쇼핑몰과 고속도로의 세계에서 당당하고 보호된 거주지역으로 남아 있었다. 사라져가는 종교의 종자처럼 몇몇 교외 거주자들은 운행횟수가 점차 줄어드는 도시행 열차를 타고 낡은 통근 의례를 계속한다. 더욱 빈번하게 구교외들은 한때 그들이 다가오지 못하게 방어막을 쳤던 도시에 의해 잠식당해왔으며, 그리하여 황폐한 아파트와 폐쇄된 공장들로 구성된 쇠락한 세계에서 표류하는 19세기의 그림 같은 마을이 되었다.

역사적 관점에서 볼 때, 현재 교외지역은 두 탈중심화의 시대, 즉 전산업적 농촌 시대와 탈산업적 정보사회 사이의 이행기인 듯하다. 교외지역은 도시에 아주 부유한 자들과 아주 가난한 자들이 이상하게 병치되어 있었고, 인구의 대부분이 농촌마을의 탈중심화된 세계에서 살며 일하던 시대에 생겨났다. 이제 인구와 생산시설은 전통적인 도시사람들―극빈자들―과 중심도시를 공유하는 근대적 엘리트만을 남겨두고 다시 도시를 버리고 있다.

그리하여 주거 교외는 거대한 도시들의 시대에 속하며, 이제 이것은 종말을 고했다. 교외지역은 폭발적인 도시 팽창의 가장 특징적인 생산물이자, 그것에 대한 필사적인 저항이었다. 교외지역은 부르주아 엘리트로 하여금 거대한 도시경제의 모든 편익들을 향유할 수 있도록 해주는 한편, 그 위험들을 피할 수 있도록 해주었다. 도시 주변부가 더 이상 특권 계층의 배타적 성역(聖域)이 아니기 때문에, 우리는 두 세기 동안의 산업화와 도시화를 겪으면서 중산층 주거 교외에 의해 구현된 오랜 가치들을 더욱 잘 평가할 수 있다. 인간과 자연 사이의 균형이라는 이상을 파괴하려고 혈안이 된 듯했던 사회에서 교외지역은 그 이상을 유지시켰다. 이것이 교외지역의 유산이다.

찾아보기

ㄱ

가련한 리처드의 달력 110
가스켈(Gaskell, E) 112
가옥주 대부조합 229
가정경제론 159
가정예배 81, 86
개인마차 49, 58, 118
건축 리뷰 137
건축 에세이 98
계급 분리 112, 139, 155
고대 영국식 별장 98
고딕 양식 126
고딕풍 96
고속도로 226
곡물법 반대연맹 126
공산당선언 100
공원 속의 주택 79
공장지대 26
공적 공간 191
관념연합설 97, 99
교외 빈민촌 260
교외빌라 65
교외의 슬픔 257
교외의 죄인 21
교외 정원사 133
교통혁명 23
그랜트(Grant, J) 73
그레셤(Gresham, T) 59
그린벨트 타운 232

그림 같은 것에 대한 에세이 164
그림 같은 여행 164
그윈(Gwynn, J) 41
근대건축국제회의 201
근대 교외 35
근대 주부 131
기아의 40년대 122
길핀(Gilpin, W) 164

ㄴ

내시(Nash, J) 70, 88, 91, 96
네오조지언 크리켓 클럽 188
노예제반대운동가 74
노예제 폐지운동 53
뉴어크 247
뉴타운 262
뉴트라 201

ㄷ

다락방 37
다우닝(Downing, A.J) 158
달리(Daly, César) 137
대도시의 확산 가능성 242
대박람회 138
대상개발 88
대중교통체계 202
데일리 애드버타이저 59
도시공원 166

도시의 문화 12
도제 21, 37, 44, 46, 47
돔베이와 아들 261
동업조합 45
동인도회사 45, 73
듀링, 오키 & 지글러(Duhring, Okie & Ziegler) 192
드 네브 203
드루어리 레인 48
디즈레일리 256
디킨스(Dickens, C) 100
디포(Defoe, D) 35, 46

ㄹ

라넬라 48
라우던(Loudon, J.C) 116, 120, 127
라이트(Wright, F.L) 192, 243
라이트 뱅크 142
라틴 아메리카 도시 141
래드번 70
랜치하우스 230
러스킨(Ruskin, J) 127, 133, 134, 135
런던과 웨스터민스터 정비안 41
레비스트로스(Lévi-Strauss, C) 58
레빗(Levitt, W) 250
레빗타운 250
레이놀즈(Reynolds, J) 97
레이크우드 파크 234
레인 124
레플리어 177
렙턴(Repton, H) 69, 95
로(Low, S.J) 177
로디오 랜드 & 워터 컴퍼니 220
로랭(Lorrain, C) 69, 97
로스(Ross, A.W) 224

로스앤젤레스 시티클럽 211
로스앤젤레스 이그재미너 211
로열 파빌리온 91
로우어 이스트 사이드 142
로이드 해상보험 조합 47
로저스(Rogers, N) 61, 207
로톤다 빌라 66
롤란드 파크 178
루엘린 파크 162
루이 나폴레옹의 브뤼메르 18일 100
루이스(Lewis, E.G) 222
루쿨루스 64
루트1 254
루트128 254
루트202 254
리버사이드 70, 168
리버사이드 개발회사 172
리볼리 가 148
리스만(Riesman, D) 257
리전트 파크 91
리텐하우스 154
리텐하우스 스퀘어 181
리틀아일랜드 124, 125

ㅁ

마르크스(Marx, K) 100
말리부 221
매콜리(Macaulay, T.B) 41
맬턴(Malton, T) 98
멈포드(Mumford, L) 12, 231, 232
메드록 124
메리 바턴 112
면직도시 108
모슬리 가 109
모어(More, H) 55, 74

모지스(Moses, R) 227
미러클마일 224

ㅂ

바넘(Banham, R) 220
바우어(Bauer, C) 231
반더립(Vanderlip, F) 222
반유대주의 198
방갈로 108, 209, 234
배터시라이즈 73
백배이 154
백오피스 254
뱃놀이 클럽 47
버거롱(Bergeron, L) 145
버지니아인 198
버켄헤드 파크 138
벌링턴(Burlington, L) 66
베이스워터 103
벨그라비아 94, 117
벨에어 221
별장주택 160
보이어 234
보즈웰(Boswell, J) 49
보 카르티에 146, 150
복스(Vaux, C) 138, 158
복스홀 48
복음주의 134
복음주의운동 52
볼드윈(Baldwin, C) 79
볼드윈 철도회사 179
부르주아 유토피아 24
부르주아지 44
불법점유자 154, 158, 172
브라운 69, 191
브라이튼 91
브렌우드 리비에라 221

브로델(Braudel, F) 32, 245
브로드에이커시티 243
브루클린 178
브루클린하이츠 153
브룩스 110
브리콜라주 58, 65, 71
브릭스(Briggs, A) 113, 232
블레이즈 햄릿 95
베벌리팜스 221
베벌리힐스 220
비처 158
비컨힐 154
빅토리아니즘 53
빅토리아 시대 48
빅토리아 파크 70, 122, 124, 163
빌라와 카티지 162

ㅅ

사륜마차 132
시우스 갠싱딘 103
산업도시 23, 27
새로운 도시 255
생시몽(Saint-Simon, H) 149
샤르트르 대성당 17
서던퍼시픽 철도회사 204
서머슨(Summerson, J) 95
석조농가주택 193
선벨트 236
성 마틴 가 44
성바울 대성당 36
성별 분리 129
성장회랑 33
세인트마틴인드필즈 187
세인트베리 112
세인트 앤드루스 190
센트럴 파크 138, 165

셰익스피어 21
셴스톤(Shenstone, W) 165
소사이어티 힐 154
소용돌이 도시 26, 34
소이어(Soyer, A) 131
소호 스퀘어 48
손톤(Thornton, J) 73
쇼세당텡 143, 144
쇼어(Shore, J) 73
스카스대일 178
스퀘어 40
스태튼 아일랜드 138
스토(Stowe, H.B) 159
스톤(Stone, L) 24, 51
스트라이프(Strype, J) 22, 35
스티븐(Stephen, J) 74
스프롤 246
스피탈필즈 21
슬럼 36
승합마차 118
시골 유한계급 60
시카고 사회학파 27
실리콘밸리 239, 253
실리콘프레리 253
심층구조 59

ㅇ

아내를 찾는 켈렙스 56
아일 오브 레이크 178
알세이셔 22
애커만(Ackerman, J) 68
에어 에스테이트 계획 89
엘킨스(Elkins, W) 195
엥겔스(Engels, F) 104, 135
여성교육의 구조 55
역마차 49

연령별 분리 129
연방주택국 229
영(Young, G.M) 53
영국 노동계급의 상태 104
영국 상인 46
영국에서 신용증서의 본질과 영향에
 관한 연구 86
오스만(Haussmann, E) 29, 146
오스트레이 파크 59
오스틴(Austen, J) 45
오웰(Orwell, G) 50
오크 파크 178, 192
옥스퍼드 가 48
옴스테드(Olmstead, F.L) 25,
 70, 138
옴스테드 주니어 222
와이드너(Widener, P) 195
와트(Watt, I) 50
왈리 레인지 110
외부도시 31, 239
우드랜드 카티지 98
워너메이커 196
월폴 67, 71, 97
웨스트엔드 38, 103
웨스트우드 221
웨슬리(Wesley, J) 52
웰스(Wells, H.G) 34, 174, 242
위대한 유산 101
위사이콘 인 187
위사이콘 하이츠 185
위스터(Wister, O) 198
윌리엄스(Williams, R) 70
윌버포스(Wilberforce, W) 53
윌셔 대로 224
유원지 48
유소니언 하우스 231
6월 혁명 142

은장 69
음주 클럽 47
이스트 225
이스트엔드 102
이탈리안 양식 97
잉글랜드의 가족, 성, 결혼:
  1500-1800 51

ㅈ

자분정 204
자연 증가 115
자카리 매콜리 74
잔디밭 문화 190
잭슨(Jackson, K) 32, 158
저먼타운 182
전적응상태 106
전차왕 195
젠트리피케이션 254, 257
조직 인간 258
존스(Jones, I) 40, 66
존슨(Johnson, S) 49
주말빌라 58
주변도시 32
주택법 229
준교외지역 239
중산층 주거교외 34
즐거운 인생 238
증기기관 108

ㅊ

차일즈(Childs, E.E) 168
착취 무역 103
참깨와 백합 133
철도 175
체스넛힐 184

초서(Chaucer) 20
치스윅 66
치펜데일 44
침상공동체 32

ㅋ

카네기(Carnegie, A) 155
카라칼라 욕장 17
카프라(Capra, F) 238
캔터베리 이야기 20
캘버리 파크 163
켄트(Kent, W) 69
코번트가든 40, 48
콥던(Copden, R) 122
쿠퍼(Cowper, W) 73, 75
쿡(Cook, W) 220
큐빗(Cubitt, T) 94, 117
크랩그래스 프론티어: 미국의
  교외화 152
크레디 퐁시에 148
크롤리(Croly, H) 206
크리스(Creese, W) 163, 172
크리스탈 팰리스 138
크리플게이트 21
클라크(Clark, C) 69
클래펌 72, 107

ㅌ

타우어 가 47
타운하우스 22
탈산업화 102
탈중심화 31, 40
테크노버브 32, 239
테크노시티 33, 239
텔레비전 259

토머스 바빙턴 매콜리 74
톰 아저씨네 오두막 159
트럼바우어(Trumbauer, H) 192
트랙하우스 66, 226
트웨인(Twain, M) 152
트위켄햄 66
튜더 양식 96

ㅍ

파리 부동산회사 149
파크 빌리지 70, 91, 94
파킨슨(Parkinson, T) 113
팍스턴(Paxton, J) 138
팔라디오 양식 96
팔라디오풍 주택 68, 97
팰러스버디스 222
팰레이 로열 144
퍼시픽팰리세이드 221
펀치와 주디 쇼 48
페티오 231
펜(Penn, W) 179
펜실베이니아 철도회사 179
펩스너(Pevsner, N) 68, 99
포스터(Forster, E.M) 81
포어클로저 229
포웰턴 빌리지 182
포프 66
푸리에(Fourier, C) 137
푸에블로 드 로스 앤젤레스 203
프라이스 96, 164
프레리 학파 192
프린스 파크 163
플럼(Plumb, J.H) 82
플리니 64
플리트 디치 39
필라델피아 크리켓 클럽 187

ㅎ

할리우드힐스 205
합동석유회사 220
합자회사 149
해드필드 130
헉스터벌 260
헌팅턴(Huntington, H.E) 204
헤이마켓 48
헤이즐허스트 & 허클(Hazelhurst & Huckel) 192
헤른힐 133
헨리 조지 115
호르텐시우스 64
혼합용도 22
홈비 힐스 221
화이트 257
회랑도시 209
휘틀리(Whitley, H.J) 205
휴스턴(Houston, H) 184

■ 지은이
로버트 피시만(Robert Fishman)
미국 럿거스 대학교 역사학과 교수
저서: *Urban Utopias in the Twentieth Century*(Basic Books, 1977)

■ 옮긴이
박영한(朴英漢)
서울대학교 문리과대학 지리학과 및 동 대학원 졸업
독일 뮌스터 대학교 수학 및 동 대학교 객원교수
현재 서울대학교 사회과학대학 지리학과 교수
논문:「교외지역의 도시화에 관한 연구」(1967)
　　「서울 도심지역의 설정과 내부구조에 관한 연구」(1973)
　　「대학의 입지가 지역발전에 미치는 영향분석」(1995) 외 다수
역서:『사회지리학』(공역, 1998, 법문사)

구동회(具東會)
서울대학교 사회과학대학 지리학과 및 동 대학원 졸업
현재 서울대학교 국토문제연구소 상근연구원
논문:「대도시 주민의 전원지향 이주과정과 생활양식」(1998)
　　「전원주택의 출현과 입지적 특성」(1999) 외 다수
역서:『포스트모더니티의 조건』(공역, 1994, 한울)

한울공간환경시리즈 9
부르주아 유토피아

ⓒ 박영한·구동회, 2000

지은이/로버트 피시만
옮긴이/박영한·구동회
펴낸이/김종수
펴낸곳/도서출판 한울

편집책임/전미경
편집/채은해

초판 1쇄 인쇄/2000년 4월 10일
초판 1쇄 발행/2000년 4월 20일

주소/120-180 서울시 서대문구 창천동 503-24 휴암빌딩 3층
전화/영업 326-0095(대표), 편집 336-6183(대표)
팩스/333-7543
전자우편/newhanul@nuri.net
등록/1980년 3월 13일, 제14-19호

Printed in Korea.
ISBN 89-460-2740-1 93330

* 가격은 겉표지에 있습니다.